Menschenkinder...

Lou Andreas-Salomé

J. G. Cotta'sche Buchhandlung Nachfolger G. m. b. H. in Stuttgart.

Die nachstehend verzeichneten Romane und Novellen sind auch
elegant in Leinwand gebunden zu beziehen.

=== Preis für den Einband 1 Mark. ===

Andreas-Salomé, Lou, Ruth. Erzählung. 2. Auflage. Geheftet M. 3.50.
— „ — Aus fremder Seele. Eine Spätherbstgeschichte.   „   M. 2.—
— „ — Fenitschka. Eine Ausschweifung. Zwei Erzählungen.   „   M. 2.50.
— „ — Menschenkinder. Novellencyklus.   „   M. 3.50.
Bobertag, Bianca, Moderne Jugend. Roman.   „   M. 4.—
Bourget, Paul, Das gelobte Land. Roman.   „   M. 3.—
Boy-Ed, Ida, Die Lampe der Psyche. Roman.   „   M. 4.—
Bülow, Frieda von, Kara. Roman.   „   M. 4.—
Burckhard, Max, Simon Thums. 2. Auflage.   „   M. 3.—
Ebner-Eschenbach, Marie v., Erzählungen. 3. Aufl.   „   M. 3.—
— „ — Bozena. Erzählung. 3. Auflage.   „   M. 3.—
— „ — Margarete. 4. Auflage.   „   M. 2.—
— Moriz von, Hypnosis perennis. Ein Wunder des
          heiligen Sebastian. Zwei Wiener Geschichten.   „   M. 2.—
Eckstein, Ernst, Nero. Roman. 6. Auflage.   „   M. 5.—
Fulda, L., Lebensfragmente. Zwei Novellen. 2. Auflage.   „   M. 2.—
Haushofer, Max, Planetenfeuer. Ein Zukunftsroman.   „   M. 3.50.
Heer, J. C., An heiligen Wassern. Roman. 3. Auflage.   „   M. 3.50.
Heyse, Paul, Neue Novellen. 7. Auflage.   „   M. 3.50.
— „ — Marthas Briefe an Maria. 2. Auflage.   „   M. 1.—
Hillern, Wilhelmine von, 's Reis am Weg. 2. Auflage.   „   M. 1.50.
— „ — Ein alter Streit. Roman. 2. Auflage.   „   M. 3.—
Hopfen, H., Der letzte Hieb. Eine Studentengeschichte. 3. Aufl. „   M. 2.50.
Junghans, Sophie, Schwertlilie. Roman. 2. Auflage.   „   M. 4.—
Kirchbach, Wolfgang, Miniaturen. Fünf Novellen.   „   M. 4.—
Lindau, Paul, Der Zug nach d. Westen. Roman. 9. Aufl.   „   M. 4.—
Lindau, Rudolf, Martha. Roman.   „   M. 5.—
Loti, Pierre, Japanische Herbsteindrücke.   „   M. 3.—
Mauthner, Fritz, Hypatia. Roman. 2. Auflage.   „   M. 3.50.
Muellenbach, E., (E. Lenbach), Abseits. Erzählungen.   „   M. 3.—
— „ — Vom heißen Stein. Roman.   „   M. 3.—
Petri, Julius, Pater peccavi! Roman.   „   M. 3.—

Menschenkinder.

Novellencyklus

von

Lou Andreas-Salomé.

Stuttgart 1899.

J. G. Cotta'sche Buchhandlung Nachfolger

G. m. b. H.

Druck der Union Deutsche Verlagsgesellschaft in Stuttgart.

Meinem Mann.

Vor dem Erwachen.

Die Waggonfenster sind von der Januarkälte so be=
schlagen, daß man das Hereindämmern des Morgens kaum
gewahr wird. Die Eisfiguren auf den Scheiben färben
sich bläulich, und auf dem schmalen Gange, der in dem
Waggon des Harmonikazuges an den Einzelcoupés ent=
lang läuft, hört man von Zeit zu Zeit den kleinen Kellner=
jungen mit klirrenden Tassen aus dem Küchenraume vor=
übereilen.

Von den drei Insassen des Coupés erster Klasse hat
nur die alte Dame ihre Morgentoilette schon beendet
und sitzt, frisch gekämmt und gebürstet, stramm aufge=
richtet da, während sie mit schlecht verhehltem Interesse
das Paar ihr gegenüber beobachtet. Der Herr, der,
gleich ihr, ausgestreckt gelegen, und, gleich ihr, keinen
Schlummer gefunden hat, sucht die Schnallriemen der
Reisedecke hervor und holt aus dem Netzwerk eine Krücke
und einen Fellfußsack, wobei ihm sein steifes Bein sichtlich
zu schaffen macht. Er ist halb gelähmt, und sie kommen
aus dem Süden: so viel hat die alte Dame am Abend
vorher den Worten der Tochter entnommen, die sich in der
Fensterecke wie ein Knäuel zusammengerollt und in einer
fast unmöglichen Lage, worin jeder sich den Hals ver=
renkt hätte, augenscheinlich vortrefflich geschlafen hat.

Das intelligente Gesicht des Vaters, das angenehm
und vornehm aus der Umrahmung ergrauenden Haupt=

haares und Bartes herausschaut, wird ganz Liebe und
Güte, als er jetzt sanft die Schlummernde weckt:

„Edith! Wir sind gleich in Büchen!"

Sie hebt ihre schlafroten Wangen vom Luftkissen,
streckt sich, fröstelt, gähnt und lacht ihn an.

„Hast du geruht?" fragt sie, und schält sich aus der
großen getigerten Reisedecke, „— du, die Sachen da,
die pack' ich."

„Du mußt dich noch selber zurechtmachen," bemerkt
er, indem er ihr ein Necessaire mit Toilettenutensilien
reicht, setzt sich aber doch hin und läßt die Sachen
liegen, „die Wascheinrichtung ist ganz am Ende des
Ganges."

Sie schüttelt den Kopf und, ganz schlank und schmieg=
sam, bewegt sie sich gewandt im engen Raum und ver=
schnürt die zwei großen Plaidbündel.

„Dort ist es gewiß schauerlich; begossen, verbraucht,
eingeräuchert," erwidert sie mit einem fragenden Blick
auf die frisch gebürstete Dame.

Diese nickt.

„Sie sind ja überdies für heute bald am Ziel Ihrer
Reise. Lübeck?" fragt sie ihrerseits.

„Ich, ja. Mein Mann fährt aber noch heute nach
Hamburg weiter," antwortet Edith.

Die Augen der alten Dame vergrößern sich un=
natürlich und bleiben voll Staunen und Schreck an dem
ungleichen Paar haften. Es ist gut, daß niemand Zeit
hat, es zu beachten. Ehe noch Edith ihren Wintermantel
umwerfen kann, hält der Zug, und draußen wird die
Gangthür aufgerissen.

Ihren Hut in der Hand, nur einen blauen Reise=

schleier über den kurzgeschorenen dunkelblonden Krauskopf geknüpft, will sie hinaustreten.

Eiskalt bringt die scharfe neblige Morgenluft durch den Gang herein.

Da vertritt jemand die Thür. Ein hochgewachsener Mann im Pelz, mit schwarzen Augen, die von Lust und Laune sprühen, langt mit schnellem Griff nach dem Handgepäck.

„Heraus, meine Herrschaften! Büchen!"

„Hans Ebling! Wo in aller Welt kommen Sie her?"

„Ich fahre schon seit Hannover mit Ihnen; — schönen guten Morgen, Klaus Rönnies, — Frau Edith, machen Sie schnell!"

Die alte Dame muß sitzen bleiben. Sie fährt nach Hamburg durch. Aber die Augen schauen ihr aus dem Gesicht, als wollten sie noch um die Ecke sehen.

„Lieber Himmel! Der ihr Mann! Der Krüppel, den sie geleiten muß! Wie ist es möglich? Dies Kind, — wie alt kann sie sein? Achtzehn? Auch der andre ist längst zu alt für sie."

Die drei überschreiten inzwischen den Bahnkörper und suchen sich Platz im Lübecker Lokalzug, wobei Klaus von den beiden andern hereingeholfen wird.

„Wen haben Sie eigentlich in Lübeck, Bester?". fragt Klaus Rönnies, der froh und angeregt aussieht; „ich habe nie gehört, daß Sie hier jemand aufsuchten."

„— Wen — — —?" Hans Ebling wirft seinen weichen Filz ins Netz und fährt sich mit einer nervösen Bewegung durch das dichte Haar, in dessen Braun sich schon einzelne graue Fäden mischen; — „— ach so, ja,

— einen alten Freund, — Studienfreund von ehemals, — Kunstgenossen. — Ja, wissen Sie, eines Tages also traf ich in Stuttgart in der Neckarstraße Ihren Verwalter und Intimus, der grade einen langen Brief von Ihnen gehabt hatte. So erfuhr ich von Ihrer Route."

„Wie nett für dich, Edith! Meine Frau wollte sich gern in Lübeck eine Nacht ausruhen, ehe sie nach Habersleben in den bewegten Verwandtenkreis kommt. Unser Gepäck geht dorthin durch, während ich noch in Hamburg zu thun habe."

„Wohin Sie nicht mit wollen?" sagt Hans Ebling und sieht Edith froh an.

„Wenn sie mitkäme, so müßten wir der dortigen Freunde und Bekannten halber länger bleiben, und wir sind reisemüde," antwortet Klaus Rönnies für sie.

„Wie geht es denn in Stuttgart Ihrer Frau?" fragt Edith, und gähnt zum letztenmal.

Hans Ebling zieht die Brauen zusammen.

„Danke."

Klaus Rönnies fragt nicht; er weiß, daß der Freund, nach einem an Frauenliebe reichen Jugendleben, doch noch „hereingefallen" ist.

„Wir haben beide Sehnsucht nach unserm ‚Zuhause‘," lenkt er ab, „ich nach meiner bequemen Ecke am Kamin, wo jetzt ein ganzer Stoß neu eingelaufener Journale, Bilder und Bücher auf uns warten muß, — und Edith wohl noch mehr nach ihrem geliebten Getier, nach ihren Hunden und Pferden, Kälbern und Kühen, den Vögeln und auch den Pflanzen. Sie stellt sich auch gerne vor, es ginge nichts ohne sie."

„Es geht auch nicht," versichert Hans Ebling, der

keine Sehnsucht nach Hause hat, „es ist schlimm genug. Den ganzen Winter würd' es mir fehlen, daß ich nicht täglich bis hinter Göppingen auf Ihr Gütchen hinaus= laufen kann. Und sicherlich treib' ich mich nur deshalb das halbe Jahr in Wien und Paris und Rom und Mün= chen herum. Wer ist am Ende schuld? — Drum lieb' ich den Sommer so.“

Edith schweigt und blickt aus dem Fenster; die Gegend liegt flach da im ruhigen Schneegestöber, und tief im Hintergrunde zieht sich verschneiter Wald hin. Der Zug hält ein paarmal an; auf den Zwischenstationen steigen lärmende Schulkinder ein; endlich werden die spitzen Türme von Lübeck sichtbar.

„Was thun wir nun?“ fragt Hans Ebling, als sie zu dreien auf dem Bahnsteig stehn.

„Ich verschwinde und mache mich nachträglich schön, und Sie erwarten mich beide im Bahnhofsrestaurant,“ meint Edith.

„Gräßlich! Muß es durchaus ein Bahnhofslokal ein?“

„In die Stadt kann ich wohl kaum, mein Zug geht schon bald,“ bemerkt Klaus Rönnies.

Hans Ebling zieht die Uhr.

„Bald? — — Wie bald? — Nun gut, so schreck= lich stimmungslos das auch ist,“ erklärt er resigniert, während sein Gesicht strahlt, und aus dem dunkeln Bart die Zähne blitzen.

Als Edith zurückkehrt, findet sie beide am gedeckten Kaffeetisch in eifrigem Gespräch, wobei Hans Ebling das Kursbuch studiert.

„Eigentlich ist es toll. Wenn Sie nach Hamburg

wollten, so hätten Sie ja gleich von Büchen dahin fahren können."

„Ja. Aber ich wollte zugleich Edith hier in einem guten Hotel absetzen. Das thun S i e nun."

„Gewiß. Und dann machen wir einen riesengroßen Spaziergang. Und nachher speisen wir im ‚Schifferhaus‘."

Eine Minute vergeht bei stummem Kaffeetrinken. Hans Ebling steht zwecklos auf und setzt sich wieder hin.

„Sie sind nervös geworden. Man sollte nicht glauben, wie beängstigend die Prosa eines Bahnhofslokals auf empfindliche Künstlernerven wirkt," bemerkt Klaus Rönnies ironisch.

„Nein. Nur zu viel gemalt in letzter Zeit ... Und allerlei entbehrt ... Jetzt müssen Sie aber fort," behauptet Hans Ebling und sieht starr auf die große runde Bahnhofsuhr.

Sie gehen langsam auf den Bahnsteig hinaus und schreiten auf und ab. Indessen sind es noch über zehn Minuten bis zur Abfahrt.

„Herzbrechender Abschied auf zwei Tage," ironisiert Hans Ebling seinerseits.

Noch acht Minuten, — noch fünf. Noch immer fünf. Manchmal steht die Zeit einfach still.

Klaus Rönnies sieht unbehaglich und verlegen aus. Auch er ist fast nervös geworden.

„Ich will doch lieber einsteigen," meint er etwas haftig, schüttelt dem Freunde die Hand und küßt seine Frau.

„Auf Wiedersehen in Hadersleben! Amüsiere dich gut, Edith."

Sie scheint unruhig, sie folgt ihm mit den Augen,

während Hans Ebling ihm hineinhilft. Und plötzlich reißt sie die Coupéthür auf und ist bei ihm.

„Klaus, Lieber, was ist dir? ... Dir ist was! ... Soll ich mitfahren?"

„Aber Kind, welche Idee! Mir ist nichts." Er faßt sie am Kopf und flüstert ihr ins Ohr:

„... Es ist nur ein Unsinn, Maus. Mich störte es, dir vor ihm Abieu zu sagen. — — Ich danke dir."

Sie umhalst ihn und küßt ihn ab, mehrere Male.

„Nein, ... nicht, ... nicht, ... Edith!" wehrt er ihr, „... ich bitte dich, spring hinaus ... Der Zug könnte sich in Bewegung setzen ..."

Das Signal ertönt. Hans Ebling hat diskret den Rücken gewandt, indem er bei sich denkt:

„Ich weiß, was hinter meinem Rücken vorgeht. Sie spielen Mann und Frau. Und sind doch nicht Mann und Frau. Er kann ja nicht lebendiger geworden sein, als er schon lange vor seiner Verheiratung war. Aber eben deshalb sollt' er sie auch nicht küssen."

Erst wie der Zug davonrollt, dreht er sich um. Edith steht neben ihm.

Er sieht ihr mit einem unentwirrbaren Gemisch von Scherz und Ernst in die Augen.

„Nun sind Sie also mein auf vierundzwanzig Stun= den. — Frau Edith, angenommen einen Augenblick, ich wär' Ihr Mann, so würd' ich jetzt meinen Kopf auf die Schienen legen."

Sie sieht ihn blitzend vor Uebermut an.

„Nicht nötig, liebster Mann. Hans Ebling ist ganz ungefährlich."

Sie lachen beide.

„Also einen Dienstmann und ein gutes Hotel! Sie lassen mich doch für alles sorgen, liebste Frau? Man wird uns nämlich unabweislich für Mann und Frau halten.“

Das Hotel ist ganz in der Nähe. Ein Dienstmann geleitet sie. Ein Hotel wie alle Hotels.

Hans Ebling steigt mit dem Zimmerkellner eine Treppe hoch. Er bestellt die Zimmer und die Heizung. In wenigen Minuten ist er wieder unten, wo Edith auf ihn wartet.

Draußen hat das Schneegestöber aufgehört. Ein schwerer lichtloser Himmel wölbt sich über der Stadt und verschwimmt in der Ferne mit der weißen Ebene ringsum.

Sie suchen aus den Straßen hinaus zu gelangen auf die höhergelegenen, mit Bäumen bepflanzten Wege in den Parkanlagen. Der Schnee singt unter ihren Füßen. Kein Vogellaut. Nur über dem Feld, das sich neben ihnen ausbreitet, fliegen ein paar Dohlen auf und krächzen. Wie sie mit weit ausgespannten Flügeln, scharf abgezeichnet gegen die schwere bleigraue Luft, langsam dahinschweben, mahnen sie an ein japanisches Vogelbild, schwarz auf weiß.

Hans Ebling ist schweigsam geworden, gefesselt von der Landschaft um ihn her, worin die hellen Birkenstämme mit ihren schneebehangenen Zweigen wie mit zartem Griffel auf den Himmelshintergrund radiert erscheinen. Eine Symphonie von weißen Farben. Und doch, in den Baumwipfeln spielen, kaum sichtbar, rötliche, grünliche, braune Töne sanft ineinander.

„In diesem Jahre liegt der Schnee sogar in Schwaben

hoch; wir haben ihn für die Felder ersehnt, die voriges
Jahr so gefroren haben," sagt Edith, „ihnen thut er gar
gut. Aber er ist noch für etwas andres gut: für die Kinder,
daß sie mit ihren Schlittchen die hügeligen Straßen von
Stuttgart herab rutschen können. Wenn ich das sehe,
möcht ich immer klein sein und ein Schlittchen haben."

Er lacht.

„Ich glaube, die Natur wirkt nur physisch auf Sie ...
oder doch so stark physisch, daß sie als Bild zurücktritt ...
Uebrigens, was hat der Süden Ihnen denn diesmal
gesagt? Gegen den vorigen Winter in Rom ist Meran
doch wohl hoffentlich abgefallen? Ich sage ‚hoffentlich‘,
weil ich in Rom mit dabei sein durfte."

„Nein, das nicht. In Rom kam ich kaum zu
Atem. Zum Teil durch Sie. Ich vergaß, daß ich müßig
ging. In Meran hingegen, da ging ich umher und sah
viele Kranke und hatte allerlei Gewissensbisse. Ich schämte
mich fast, so gesund und stark zu sein."

„So gesund und stark? ... Jawohl, das müssen
Sie überhaupt manchmal fühlen neben ...", er hätte
fast gesagt: neben Klaus. Aber er fährt fort: „neben
uns andern. Sie sind ganz eigentlich zu gesund, ...
zu unzersetzt ... nun, zu schön und zu lieb auch."

„Wie schade," sagt Edith, „sonst sind Sie gar nicht
so fad."

„Ach, ein Kompliment sollt es nicht sein. Das
verstehn Sie nun wieder nicht. Den Menschen, die eine
so schlechte Folie abgeben, sollte man aus dem Wege
gehn. Wenigstens gehört entsetzlich viel Mut dazu, sich
so ganz zu ihnen zu gesellen, wie ..., ich hätt ihn zum
Beispiel nicht gehabt an Klaus' Stelle ..."

Sie errötet lebhaft, lächelt aber.

„An seiner Stelle hätten Sie keinen gebraucht. Ich hab den Mut für ihn gehabt. Den Mut und überhaupt alles ... Er hat mich gar nicht geheiratet: ich hab ihn geheiratet," erwidert sie in trotzigem, und doch frohem Ton; man fühlt, daß sie ihn damit zu verteidigen wünscht.

„Das ist doch nur ein Wort. Es kommt auf eins heraus."

„Nein, nicht nur ein Wort. Eine wirkliche That= sache. Und so natürlich. Wir waren ja sowieso zusammen, unzertrennlich. Klaus war immer Mamas Lieblings= bruder, und seit er sich wegen seiner Gesundheit drunten in Schwaben ansiedelte, und wir zu ihm zogen, wurde mirs auch nirgends so wohl wie da. Weder in Kopen= hagen noch in Holstein bin ich so gern gewesen. Außer= dem verabscheu ich das leere Leben in den Städten. Und als Mama nun starb, fand ich, es solle so bleiben. Und heiratete ihn. Da blieb es so."

„Hm!"

„Ja!" sagt sie mit Nachdruck, zornig über seine Miene; „und schöner könnt es nicht sein. Wir haben immer in allen Interessen und Neigungen übereingestimmt."

Er antwortet nichts, aber die eine unartikulierte Silbe hat ihr die Laune verdorben. Oder, sie hat sie sich selber verdorben durch alles, was sie da sprach, und was ihr hinterdrein mißfällt. Oder dadurch, d a ß sie überhaupt davon sprach.

Hans Ebling hat die Wahl zwischen diesen drei Möglichkeiten. Er versucht, Edith wieder zu besänftigen. Aber sie bleibt gereizt. Sie verschmäht seinen Arm an einer glatten, vereisten Stelle, obwohl sie ins Gleiten

und Stolpern kommt. Und endlich läuft sie ihm einen
Schritt voraus.

Er betrachtet sie in aller Muße und Ausführlichkeit,
mit innigem Wohlgefallen, wie sie da, auf schneever=
wehtem Pfad, vor ihm hergeht, den Rock hochgenommen,
sodaß der schmale Fußknöchel sichtbar wird.

Ihr Gang ist ihm immer besonders anmutig er=
schienen. Im Gehen wächst sie. Obgleich sie mittelgroß
ist und nicht hager, sind alle ihre Glieder, — jede Linie
an ihr, — so schlank und lang und fein, daß man sie
für groß hält. Die Schultern sind noch zu schmal, —
unausgewachsen.

„Wiegende Grazie,“ denkt Hans Ebling und ruft:
„Kätzchen.“

Sie sieht sich nicht um.

„O pfui! Ich bin keine Katze.“

„Der Weichheit Ihrer Bewegungen nach könnten
Sie es schon sein. Auch hab ich Sie schon schnurren
hören, wenn man Sie streichelte, — und soeben fauchen
sehen. Aber ich dachte gar nicht an eine Katze.“

„Sondern?“

„. . . Also wissen wollen Sie es doch? . . . An die
Kätzchen dacht ich, die an den Weidenbäumen hängen
und sich schaukeln, sobald ein Lüftchen drüber geht.
Zart, flaumig, blaßgelb. Wer sie berührt, dem bleiben
Duft und Farbe in der Hand zurück, wie von einem
Schmetterlingsflügel . . . Vorfrühling.“

Sie bleibt stehn und wendet sich ihm zu.

„Ich habe vergessen: ich muß telegraphieren. In
Hadersleben müssen sie genau meine Ankunft wissen.
Wir hätten das vorhin thun sollen.“

„Muß es gleich sein?"

Sie nickt.

„Nun gut. Also auf die Hauptpost. Sie steht groß und neu und herrlich neben dem Bahnhofsgebäude."

Der Weg wird im Geschwindschritt zurückgelegt. Unterdessen schiebt sich das einförmige Bleigrau des Himmels ein wenig auseinander, und die Sonne kommt zum erstenmal zum Vorschein. Rotleuchtend, einem ungeheuren Monde gleich, steht sie in der Oeffnung, nach oben und unten in einen blendenden Strahlenschweif auslaufend.

Hans Ebling lehnt im Telegraphenamt am Fenster und sieht zu, wie Edith, neben ihm über das Pult gebeugt, ein Formular vor sich hinlegt und mit ihren großen, gar nicht zierlichen Buchstaben schreibt:

„Herrn Professor Theodor Rönnies. Hadersleben. — Ankunft morgen früh. Edith."

Er fällt ihr in die Hand, so daß die Feder in einen langen Strich ausspritzt.

„. . . Verschrieben. Es heißt: morgen abend. Und die Zeit wissen wir nicht. Ich will im Kursbuch nachschlagen."

„Ich reise heut nacht," sagt Edith.

Er blickt sie schweigend an.

Dann, nach einer Pause:

„. . . Ihr Ernst? . . . Sie wollen nicht übernachten?"

Sie schüttelt den Kopf.

„. . . Und warum nicht? . . . Was ist geschehen . . . ?"

„Nichts. Ich habe die Lust verloren."

„Edith! . . . Und wenn ich Sie bitte, sehr, sehr bitte! . . . auch dann nicht?"

Sie schüttelt den Kopf.

„Das ist schlecht von Ihnen. Fast so schlecht, als ob Sie mir die Freundschaft gekündigt hätten."

Sie zuckt die Achseln und ergreift das Formular.

„Zerreißen Sie es! ... Sagen Sie doch ein Wort! ... Haben Sie denn die Sprache verloren, Kind?"

Sie antwortet nicht, wendet sich zum Schalter und zahlt.

„Noch ist es Zeit. ... Sie reisen nicht. Telegraphieren wir um."

„Ich reise," sagt Edith.

Sie verlassen das Postgebäude und gehn stadteinwärts. Hans Ebling sieht sie von der Seite an.

„Mußte sie es telegraphieren, um ihrem neuen Entschluß treu zu bleiben, mußte sie sich dazu binden? ... Eilte es deshalb so?" fragt er sich, und in seinen tiefen Verdruß mischt sich helle Freude.

Inzwischen ist es draußen licht geworden. In wahrhaft königlicher Herrlichkeit liegt die weiße Landschaft unter der strahlenden Wintersonne da, deren Glanz sich in jedem Eiskörnchen, jedem Schneefederchen widerspiegelt. Und in diesem Meer von Licht erschimmern am Himmel mattblaue und rosige Farben und finden auf der goldweißen Erde ein zartes kaum wahrnehmbares Gegenspiel. Blaurosa erglänzt es vom Grunde der halbgefrorenen Trave, und blaurosa über dem lebenleuchtenden Schnee.

Hans Ebling bleibt stehn.

„Ist der Winter nun nicht ein Farbenkünstler, trotz allem Frühling!" ruft er hingerissen, und vor seinen Augen schweben Madonnengesichter von Botticelli und Engelsköpfe aus der Frührenaissance.

Edith blickt gradaus auf das Stadtbild, das sich jenseits der Trave erhebt. Die winkligen Dächer und Häuser begrenzen die Straße am Ufer, die dann scharf abbiegt ins Innre der Stadt. Und darüber schillern grünlich die spitzen Kirchtürme, deren Schiefergrau das Alter gefärbt hat. Wunderbar malerisch und traumversunken liegt Lübeck da zwischen seinen zwei Wassern, lang und schmal hingestreckt, wie verschneit und vergessen.

„Und dort, — dort brandet das Meer!" entfährt es ihr unwillkürlich.

Etwas Gewaltiges, mit unwiderstehlicher Kraft Daherbrausendes sieht sie in ihrer Phantasie hinzu, — sieht, wie es von fernher dies Stückchen Landschaft und Tod und Winter umbrandet.

Und eben dies, was nicht da ist, nicht sichtbar gegenwärtig ist, erscheint ihr als das Schönste am Bilde, — als das Notwendigste und Ergreifendste.

Schweigend gehn sie weiter.

„Jetzt wollen wir das ‚Schifferhaus‘ suchen, es muß hier ganz in der Nähe sein," sagt Hans Ebling froh, und die Freude, die bisher nur seinen Verdruß ein klein wenig versüßt hat, quillt plötzlich in ihm über: „Lübeck ist eine wunder-, wunderliebe Stadt und steckt voll von Märchen und den allerschönsten Menschenkindern."

„Wieso?"

„. . . Weil wir in ihr spazieren gehn," erwidert er scherzhaft, „und weil heute alle Dinge von ihren Geheimnissen zu mir reden."

„Warum?"

„Fragezeichen! Wahrscheinlich, weil die Sonne sie

ihnen entlockt ... Aber im Ernst, nichts in der Welt
stimmt so zur Freude, wie die Dinge ringsum, die ‚leb=
losen‘, wie man sie nennt, die Formen und Farben, und
was weiß ich. Nichts spricht so verständlich und thut so
anspruchslos wohl. Das ist die ‚Dingfreude‘, die kennen
Sie noch nicht recht. Wenigstens nicht so ... Und viel=
leicht sollen Sie sie auch nicht ganz kennen lernen, denn
das setzt möglicherweise bei solchen Naturen, wie Sie eine
sind, Schmerzen voraus: ein Stillwerden, ein Müde=
werden, — etwas von Resignation, — Enttäuschungen in
den lebendigen Beziehungen des Lebens.“

Sie schaut ihm aufmerksam ins Gesicht. Er sieht
so gut und ernst aus in diesem Augenblick.

„Und Sie?“

„Ich?“ er nimmt den Hut ab und fährt sich wieder
nervös durchs Haar; „ich kenne keine bessere Freude.
Alles andre ist gemein — d a n e b e n. Welch ein Glück
und Wunder, daß die Dinge in ihrem unerschöpflichen
Reichtum immer bleiben, immer neu, immer rein, immer
tröstend und erheiternd, wie sehr wir selber auch ver=
armen und verderben, — wie sehr das Leben uns auch
verarmt und verdirbt.“

Edith erwidert nichts. Sie fühlt etwas wie Be=
schämung, daß er so voll ist von dem, wovon sie so
wenig versteht. Er ist ein bedeutender Künstler, aber
was ist sie? Gewöhnlich betrachtet sie ihn als etwas,
was gewissermaßen ihr zugehört und ein wenig von
ihren Launen abhängig ist. In diesem Augenblicke fühlt
sie, daß sie seine Ueberlegenheit fürchtet und liebt.

Im berühmten „Schifferhause“ sind sie fast die ein=
zigen Gäste. Der grob geschnitzte und bunt bemalte

Matrofe am Eingang weift mit feiner einladenden Ge=
bärde in einen leeren Raum; nur in der fernften Ecke
fißen bei einem Glafe Grog zwei Lübecker Herren, die
mit ihren fpißen Kinnbärten und fteifen Gefichtern felber
gefchnißten Köpfen gleichen.

Edith und Hans Ebling feßen fich in die Nähe des
Fenfters, beftellen die Speifen und laffen ihre Blicke durch
den originellen Saal wandern, von deffen niedriger
Decke kleine Schiffe herabhängen. Edith ift ftill und in
fich verfunken, aber während des Effens löfen die be=
hagliche Wärme und der gute Rheinwein ihr die Zunge.
Die Stimmung fchlägt um. Sie kommt ins Plaudern
und wird gemütlich.

Hans Ebling fpricht nicht viel mit, aber feine fein
verftehende, fein nachgehende Art lockt zum Erzählen, wie
der Wein, den er einfchenkt. Und ihm ift es grade
hierum zu thun: ift es ihm nun doch, als wanderten fie
zu zweien durch die Felder, wie fo oft dort in Schwaben
an lauen Sommerabenden, wo Edith die zitternden
Aehren durch die Finger gleiten und ihn fo zutraulich
teilnehmen ließ an all ihrem Leben und Erleben. Und
in ihren plaudernden Worten fieht er fo deutlich den
ganzen Tageslauf dort wieder, diefen ruhigen und ge=
funden Wechfel von praktifchen und geiftigen Intereffen
— und die fchöne, frifche, gleichmütige Heiterkeit, die
von Ediths Wefen ausgeht und allem, allem den Cha=
rakter gibt.

„Wiffen Sie, was ein glückfeliges Menfchenlos ift,
Kind? Soll ich es Ihnen erzählen?"

Sie nickt und nippt vom Glafe.

„So wie Sie vom Norden kommen, vom kräftigen

Norden der Holsteiner und vom verfeinerten, allzu ver=
feinerten Norden der Dänen, und in erster Jugend hinein=
gesetzt werden in den gesegnetsten Fleck deutscher Erde und
deutschen Südens, dort Wurzel fassen, bis sich alle
Keime in sorgloser, unverkümmerter Entfaltung aus=
wachsen . . ."

Sie nickt wieder und sagt:

„Das ist Klaus' Werk. Auf dem Lande ist nur gut
sein mit so einem Klugen, Ernsten neben sich. Seitdem
er kein rechter Landwirt mehr sein kann, ist er fast ein
Gelehrter geworden. Ohne ihn wär ich verbauert. Ich
habe Anlage dazu."

„Nein, zum Verbauern nicht. Aber wahr ist es, daß
Sie sich alles Geistige nur in eigentümlich engem Zu=
sammenhang mit dem Leben selbst zu assimilieren ver=
mögen. Sie können sicher noch eine gelehrte Zoologin und
Botanikerin werden, wenn Sie nämlich dabei Pflanzen
und Tiere aufziehen, den Feldbbau kontrollieren und das
Melken beaufsichtigen dürfen."

Sie lacht und macht ein zufriedenes Gesicht.

„Aber, etwas fehlt noch," setzt er fort.

Sie blickt überrascht auf. „Nun? — das wäre?"

„Das weiß ich noch nicht. Ich sage mir nur: All
dies ist schön, weil reicher gesegneter Boden für schönstes
Wachstum. Was wird er hervorbringen? Welche Blüten?
Noch haben Sie nicht geblüht, Edith."

„Was für Blüten denn?" fragt sie unsicher und
naiv. Sie ist fast ein wenig gekränkt, ohne recht zu wissen,
ob sie das zu sein hat.

Hans Ebling sieht sie an und fühlt etwas wie wirk=
liche Rührung, während sie so dasitzt und darüber nach=

denkt, was er wohl meine, das an ihrem „glückseligen Menschenlos“ noch fehlen könne.

Sie beenden ihre Mahlzeit, das Gespräch erlahmt. Hans Ebling will es scheinen, als ob ein Anflug von Schwermut über Edith liege. Aber vielleicht ist es nur Müdigkeit. Die Nachtreise und der lange Schneegang machen sich geltend. Sie hat hochrote Wangen und müde Augen und fängt an zu gähnen.

„Ihre großen Augen werden ganz klein,“ bemerkt er lachend, „ich fürchte, Sie müssen schlafen.“

„Ach ja,“ gibt sie kleinlaut zu, „wenn ich nur gleich hier einschlafen dürfte.“

„Wir sind gleich so weit,“ tröstet er sie und winkt einer vorüberfahrenden Droschke, während der Kellner Edith den Mantel umhängt. Eine unbändige Lust, Edith, so wie sie da ist, in die Arme zu nehmen und hineinzutragen, faßt ihn, — nur sie so zu wiegen, in den Armen einzuwiegen, bis sie schläft: weiter nichts.

Er sitzt neben ihr in der Droschke, siedend heiß, und betrachtet aus dem Fenster den Fahrdamm mit den hohen Schneehaufen zu beiden Seiten.

In wenigen Minuten sind sie da, und Edith wird hinaufgeleitet.

„Nummer einundzwanzig? Nummer dreiundzwanzig?“ fragt der Kellner und schließt nacheinander zwei Thüren auf, zwischen denen sich eine dritte Thür befindet.

Edith bleibt in Nummer einundzwanzig, wo sie ihre Reisedecke vorfindet. Sie wirft Hut und Mantel ab und sieht sich um. Das Bett steht, frisch gemacht, an der Seitenwand, der gegenüber eine Thür nach Nummer zweiundzwanzig führt. Im Ofen prasselt das Feuer, es riecht nach feuchter Wäsche und eingeschlossener Luft.

Da stößt jemand die Thür zum Nebenzimmer auf. Hans Ebling erscheint auf der Schwelle.

„Sie schlafen doch nicht etwa schon im Stehn? Ich wollte Ihnen vorschlagen, es hier zu thun."

„Wo? ... Was ist denn dort für ein Zimmer?" fragt sie erstaunt.

„Es liegt zwischen unsern Schlafzimmern. Es ist unser Salon. Irgendwo müssen wir doch bleiben können. Wir können doch nicht immerfort spazieren gehn."

Edith sieht in einen kleinen vorn rund ausgebauten Salon mit vielen Fenstern ringsum. Den Boden deckt ein weicher dicker Teppich, eine bequeme Couchette steht quer vor dem Kamin, von großen brennenden Holzscheiten beleuchtet.

Hans Ebling trägt die Reisedecke und den Fußsack hinein und schließt die Verbindungsthür.

„Ich werde Sie jetzt nicht mehr stören. Gute Nacht. Wenn Sie nach menschlicher Berechnung ausgeschlafen haben, so klopf ich bescheiden an."

Damit nimmt er ihre Hand und küßt sie, und geht geräuschlos hinaus.

Edith streckt sich mit einem Gefühl höchsten Behagens auf der breiten, weichen Couchette aus. Sie ist so müde, daß sie kaum noch etwas wahrnimmt. Einmal kommt das Mädchen herein, um nach dem Kamin zu sehen. Dann wird es ganz still. Nur das Feuer knistert leise.

„Es sind gewiß nur wenig Menschen außer uns im Hotel," denkt sie noch, und dann verwirren sich ihre Gedanken.

Ob sie geschlummert hat, und wie lange, weiß sie
nicht. Ihr ist, als ob alles sich soeben erst zugetragen
habe, und sie den Schlummer noch suche. Aber sie
hört ein leises Klopfen an der Thür. Ist es wieder das
Mädchen, das nach dem Feuer sieht? War sie nicht eben
erst hier?

Halb bewußtlos sagt sie: „Herein.“

Es ist Hans Ebling.

„Nun, sind Sie fertig? Ausgeschlafen?“ fragt er
und setzt sich an das Fußende der Couchette.

Edith richtet sich ein wenig auf.

Die Beleuchtung des Zimmers kommt ihr verändert
vor. Ist es doch schon so spät? Oder sind die vielen
Fenster ringsum so dicht zugefroren, daß sie das Tages=
licht nur gedämpft hereinlassen? Das Zimmer erscheint
wie mit einer mattschimmernden Krystallwand umgeben,
durch die niemand hindurchblicken kann.

„Wie im Märchenpalast,“ denkt sie träumend und
hat Sehnsucht, so weiter zu schlummern, aber nicht ganz,
sondern mit offenen Augen und der süßen Müdigkeit in
den Gliedern.

Im Kamin sind die brennenden Holzscheite zusammen=
gesunken, und die Kohlen darunter glimmen rot.

Sie versucht aufzustehn, und kann es nicht.

„Ich habe wohl in den schneenassen Stiefeln ge=
schlafen, in denen ich gegangen bin. Jetzt drücken sie
und thun mir weh, und ich habe kein andres Schuhzeug
bei mir,“ murmelt sie und legt sich wieder zurück.

Hans Ebling tastet vorsichtig an ihrem Stiefel und
knöpft ihn auf.

„Sie brauchen keine andern Schuhe, wozu hätten

Sie denn meine Hände,“ erwidert er und zieht ihn aus.
Der kleine warme Fuß im dunkeln Strumpf liegt wie
erlöst in seiner Hand. Edith macht eine schwach wider=
strebende Bewegung, aber er hält ihn fest, und mit ein
paar raschen, leisen Griffen löst er auch den zweiten
Stiefel.

„Stillhalten, — ganz stillliegen und stillhalten,“ sagt
er und langt nach dem Fußsack und steckt Ediths Füße
hinein, „sonst fallen die beiden Vögelchen aus ihrem
warmen Nest.“

„Danke!“ entgegnet sie unwillkürlich, und dann, mit
einem tiefen Atemzug:

„Es riecht nach Frühling.“

Er steht auf, kommt zu ihr ans Kopfende und beugt
sich über sie. In seinen Händen hält er eine Fülle
von Rosen, — Rosen in allen Farben und in voller
Blüte, — lose, ungebunden, auf hohen Stielen.

„O wie herrlich,“ ruft sie entzückt, „Sie müssen sie
ins Wasser . . .“

Da rieselt es auf sie nieder, ein weicher, köstlicher
Regen von Hunderten von duftenden Rosenblättern.

„Diese müssen sterben!“ sagt Hans Ebling und
zerpflückt die letzten. Einzelne Blättchen fallen in ihr
kurzes Gelock, auf ihr Gesicht, er entfernt sie behutsam,
und seine Hand berührt dabei ihr Haar und ihre Wangen
mit einer ganz zarten Liebkosung, die kaum fühlbar wird,
die sich kaum von der Berührung der Rosen unterscheidet.
Edith schließt die Augen und atmet den feinen Duft
ein, der um sie her aufsteigt. Sie sieht dabei so kindlich
und zufrieden aus, daß Hans Ebling ein plötzliches, mäch=
tiges Entzücken überkommt.

„Mein Kind, — mein liebes, liebes, — — du Liebe, Süße."

Er spricht es nicht hörbar aus, er bewegt nur die Lippen und kniet neben ihr an der Couchette nieder, ohne daß sie es sieht.

Sie bleibt regungslos liegen.

Und er blickt sie minutenlang schweigend an und denkt:

„Auch dies heißt genießen. Man muß lange lernen, um es zu können. Vor zehn Jahren hätt ich es nicht gekonnt. Aelter muß man dazu geworden sein: ohne die drauflosstürmende Ungeschicklichkeit und Ungeduld der Jugend. Aelter? Oder nur verdorbener, wissender, kundiger, die Einzelheiten genießend, anstatt im Ganzen unterzugehn ... Zum Beispiel so etwas, wie knieen und räsonnieren."

Dabei wiederholt seine Hand die sanfte Berührung von vorhin, die Edith unbefangen zuließ, und dann streicht er ihr das Haar aus der Stirn, wie man einem Kinde thut.

„Dies kennt sie: so macht Klaus es auch," denkt er und fühlt Ingrimm, „ich benehme mich scheinbar ganz väterlich — und vermag das schon. Und sie fühlt dabei kindlich — und vermag es noch. So berühren sich die Extreme und verführen einander."

Seine Hand gleitet liebkosend an ihren Wangen, ihrem Halse hin, und er schiebt sie ihr unter den Nacken. Weit davon entfernt, dadurch geweckt und aufgerüttelt zu werden, scheint Edith wieder in ihren frühern Halbschlummer zu versinken, woraus sie kaum noch erwacht war. Sie ruht wie traumumfangen, und in das rein

körperliche Behagen, so mit gelösten Gliedern willenlos
dazuliegen, mischt sich mehr und mehr ein fremdes, selt=
sames Wohlgefühl, das sie noch nie empfunden hat,
von dem ihr aber ist, als habe sie danach verlangt,
— schwach, traumhaft, wie der Rosenduft, der sie
umhüllt.

Ohne daß Edith es weiß, gibt sie Hans Eblings
Berührung nach und unbewußt, fast unmerklich, schmiegt
sie sich hinein in seine liebkosenden Hände.

Er fühlt es deutlich, und ihn erfüllt Freude und Dank=
barkeit, wie wenn unvermutet jemand ihm Blumen in den
Schoß geworfen hätte. Jede noch so leise, noch so schwache
Regung, die durch ihre Nerven zittert, nimmt er wahr
und gibt ihr nach und geht ihr nach mit so wunderbar
feiner Sicherheit, als ob seinen empfindlichen Künstler=
händen Geist und Bewußtsein innewohnte. Und bei aller
Zartheit seiner Berührung ist es ihm, als sähe er mit
allen seinen Sinnen Edith nackt vor sich, als sähe er
vor seinen geschlossenen Augen den schlanken Umriß der
biegsamen Schultern, die zu schmalen Hüften, die noch
etwas Pagenhaftes haben, die zarte Rundung der Glieder,
deren Grazie er aus jeder ihrer Bewegungen so genau
kennt.

Wie ein Musiker, der auf den Saiten die Töne
einer Melodie andeutend erklingen läßt, so wähnt er
Musik um sich zu hören, leise präludierend, süß und be=
seelt, beseelt wie die Goldfarben, die über die Schnee=
felder hinliefen und den Schnee zum Leben erweckten.

Sein Gesicht verwandelt sich dabei und verschönt sich
sonderbar; ein neuer Ausdruck liegt darauf, lauschend,
aufmerksam, entrückt, — Künstlerandacht.

Die Zeit rückt vor, es wird dunkel. Die zugefrorenen
Fensterscheiben glänzen weißlich durch die tiefer sinkende
Dämmerung, und hier und da blitzt es in ihnen auf,
ein funkelndes Lichtlein, wenn die Laternen auf der
Straße angezündet werden. Alle Gegenstände im Zimmer
sind in weiche Schatten gehüllt. Die Glut im Kamin
ist erloschen; nur einzelne Funken spielen noch unter
der Asche.

——— ——— ——— ——— ——— ———

Hans Ebling liegt am Boden und küßt Edith. Er
küßt ihre Hände, ihre Schultern, ihr Haar, ihren Mund.
Lang und innig küßt er einmal ihren Mund, ohne daß
sie sich regt. Er weiß nicht, ob sie schläft, ob sie wacht,
ob sie träumt. Er fühlt unter seinen Händen die ruhigen,
gleichmäßigen Schläge ihres Herzens, und wie sanft der
Atem ihre jugendliche Brust hebt.

Da ertönt schrill eine elektrische Klingel im Korridor.

Edith schlägt die Augen auf.

Sie erzittert an ihrem ganzen Körper, aber sie sagt
kein Wort. Ihre Augen, groß geöffnet, schauen gradaus in das dämmernde Zimmer, über den Mann neben
ihr hinweg. Alles in ihr ist wie im Bann eines
tiefen Staunens, des Erstaunens, womit man manchmal
im Traum erwacht, in einer ganz fremden, ganz un-
wahrscheinlichen Wirklichkeit. In diese Wirklichkeit ist
nicht einmal ihre Phantasie ihr vorausgelaufen, noch
auch haben ihre Ahnungen damit gespielt. Wohl hat
auch sie früher dunkel geträumt von großer Liebe und
von allmächtigen Leidenschaften, von einem geheimnisvollen Sturm und Wahnsinn, der bis zur Ekstase
erhebt und bis zur Vernichtung zermalmt, weil das

ganze Leben in einem einzigen Menschen aufgeht und untergeht.

Aber hier, in dieser neuen Wirklichkeit, gibt es gar keinen so geliebten Menschen, — sie findet nur sich selbst. Es gibt keinen Sturm und Wahnsinn, der sie ihm entgegenrisse in höchster Erregung aller Kräfte, — nur ein tiefes Ausruhen in einer ganz sanften Wonne, wie tiefes Atemholen, wie stilles Trinken im Durst.

Ihr ist so ernst zu Mute wie noch nie in ihrem Leben, aber ernst ohne Schwere und voll Vertrauen. Vielleicht war es auch damals so, als sie noch ein ganz kleines Kind war, das auf schwankenden Füßchen vom Vater zur Mutter ging, und mit dem erstaunten, ungemessenen Ernst der Kinder ihre allerersten Entdeckungen in einer Welt machte, die noch mit fremden, märchenhaften Stimmen zu ihr redete.

Hans Ebling hält sie mit beiden Armen umfaßt, sein Gesicht an dem ihren.

„Wer bist du?" flüstert er verhalten, „. . . wovon träumst du? warum versteh ich dich nicht? warum kennst du die Sehnsucht nicht? — — Ich habe sie nicht wach geküßt. — Sie schläft. — — Kannst du lieben? — Wen? — — Nie? — — Doch, sie wird kommen. — Eine Sehnsucht wird über dich kommen, die reine, gewaltige, — und ihm wirst du zu Füßen stürzen, der sie weckt. — — Ahnst du sie nicht? — — Die Sehnsucht — nach dem Kinde."

Sie öffnet die Lippen ein wenig, ein Beben läuft durch ihre Glieder, und plötzlich füllen sich ihre Augen mit großen warmen Thränen.

Hans Ebling stößt einen kurzen Laut aus. Er trinkt

die Thräne, die an ihrer Wange hinabgleitet, und bedeckt ihr Gesicht mit wilden besinnungslosen Küssen. Vergessen ist alles, was er sich vorgenommen hat, über den Haufen geworfen ist das weise Maß und die tastende Vorsicht des Erfahrenen, Genußmüden; heiß und rückhaltlos bricht die Leidenschaft durch, — ihn selbst und alle seine Gedanken mit sich fortreißend wie der Wind die Spreu. Er fleht, rast, bebt, bittet, und außer sich hebt er sie in seinen Armen empor und drückt sie an sich.

Edith hat sich in seinen Armen langsam aufgerichtet. Ohne ein Wort, ohne ein Zeichen des Erschreckens. Aber wie ein Blitz plötzlicher Ernüchterung geht jähes Erwachen und Verstehn durch ihre Augen.

Es ist fast ganz dunkel, sie vermögen kaum einander zu erkennen. Und doch, ebenso schnell, ebenso blitzartig begreift er sie, fühlt, daß sie für ihn verloren ist, — daß sie erkaltet, — wach, — fremd, — in einem einzigen Augenblicke tausende von Meilen weit fort von ihm ist, als hätte sie gesagt: „Ach, bist du da? Ich glaubte mich allein. Warum schreckst du mich auf?"

Noch hält er sie fest, aber nur am Gewand, und mit erlahmenden Händen.

„Edith! Mein Kind! Mein Geliebtes! Geliebte! Mein alles!"

Sie ist aufgestanden, sodaß die welken Rosen= blätter an ihr niedergleiten. Langsam geht sie auf ihren Strümpfen über den Teppich an das Eckfenster und bleibt dort stehn.

Sie schellt nicht, sie verlangt kein Licht.

Sie steht nur da und haucht zerstreut auf die Scheibe,

bis ein kleiner kreisrunder Ausguck darauf entsteht, durch
den die Außenwelt zu ihr hereinschaut.

Draußen, auf der erleuchteten Straße, fährt mit
klingelnden Schellen ein Schlitten vorüber.

Es klingt so hell und fröhlich und unschuldig ins
Zimmer hinein, und von irgendwoher fallen ihr mit
zwingender Deutlichkeit die Stuttgarter Straßenkinder
mit ihren Schlittchen ein, so daß sie lächeln muß ...

Eine Viertelstunde später bestellt Edith Thee und
eine Lampe. Als der Kellner mit der Lampe und einem
gefüllten Servierbrett erscheint, ist sie allein in der Stube.
Sie sitzt am Kamin, die Schuhe gegen den Rost gestemmt,
und liest im Kursbuch. Erst als das Abendbrot bereit
steht, kommt Hans Ebling herein und setzt sich an den
Tisch.

Edith erhebt sich, schenkt beide Tassen voll und be=
nimmt sich ganz als Hausfrau, ganz wie sonst am Thee=
tisch in Göppingen. Genau so, wie sie jetzt da steht,
in ihrem dunkelblauen Reiseanzug, mit den immer frischen
Gesichtsfarben, meint Hans Ebling sie so manches Mal
gesehen zu haben, als das Frauenrätsel, das ihn reizte und
quälte und entzückte.

Bis auf den ernstern, nach innen gekehrten Aus=
druck ihrer Augen ist nichts an ihr verändert, nicht ein=
mal ihre Freundlichkeit gegen ihn. Aber es ist eine zer=
streute Freundlichkeit, wie wenn sie dabei an etwas ganz
andres dächte. Er sieht, sie ist aufs tiefste mit etwas
beschäftigt, — mit sich selbst beschäftigt, nicht mit ihm.
Ohne daß sie es weiß, reizt und quält ihr eignes Rätsel
sie heute, und darüber vergißt sie fast ganz, daß auch er
da ist und wesentlich daran mitbeteiligt ist.

Gewiß nur deshalb kann er keine Spur von Erregung oder Zorn oder Verlegenheit an ihr bemerken,
weil er ihr entschwunden und nur ihr eignes Erleben ihr
groß und fremd gegenwärtig ist.

Hans Ebling ist nicht imstande zu essen; er schiebt
seine Tasse zurück, steht auf und geht im Hintergrunde
des Zimmers, fern vom Lichtkreis der Lampe, auf
und ab.

Er weiß recht gut: es ist nur die gekränkte Eitelkeit in
ihm, und sie wird vorübergehn, aber er kann nicht Herr
werden über sich selbst, — es bewegt und erschüttert ihn,
es plötzlich so deutlich zu wissen, so mit Händen zu greifen,
wie wenig er ihr ist.

Bis dahin war es zwar nicht anders, aber die Ungewißheit erlaubt den Gedanken das Spiel mit unbe-
grenzten Möglichkeiten. Und bei einem solchen Spiel
der Gedanken genoß er ihre zutrauliche Unbefangenheit.
Jetzt hat er die Grenze gefühlt.

Im stillen nennt er sie unweiblich, egoistisch, kalt
und im höchsten Grade grausam, weil sie so in sich ver-
sunken dasitzt. Und es bereitet ihm Pein, nicht in sie
hineinsehen zu können, nicht zu wissen, was in ihr vorgeht. Dies hier erlebt sie ganz allein. Hätte er sie zur
Liebe emporgerissen, so würde sich ihm auch ihr Wesen
erschließen. Statt dessen ist er jetzt sogar bis an die
Grenze des Zutrauens gelangt.

Als es Zeit ist, nach dem Bahnhof zu fahren,
nimmt Edith ihre Sachen zusammen, klingelt dem Kellner,
bestellt eine Droschke und macht sich reisefertig. Unwillkürlich blickt sie verwundert auf, als auch Hans Ebling
nach seinem Mantel greift.

„Worüber wundern Sie sich? daß ich noch auf der
Welt bin? Ich stellte mich nur in den Schatten, aber ich
war immer da. — — Ich werde Sie doch auf den Bahn=
hof begleiten dürfen."

Sie fahren den kurzen Weg im dichten Schnee=
gestöber, das wieder begonnen hat. Als sie anlangen,
hält der Zug schon, aber man darf noch nicht ein=
steigen.

Edith steht am äußersten Rande des Bahnsteiges
und sieht gedankenlos zu, wie der Maschinist am letzten
Waggon einen Hahn über dem Rade aufdreht. Zischend
schießt ein Strahl siedenden Wassers heraus und ergießt
sich neben das Geleise, wo er zu gefrieren anfängt,
während der eigne Dampf ihn noch umhüllt.

Die Minuten schleichen ebenso langsam wie am
Morgen, als sie auf demselben Bahnhof auf Klaus' Ab=
fahrt warteten.

Der Vergleich muß ihnen beiden einfallen.

Endlich ist es Zeit.

Edith steigt in das Coupé, dessen Thür Hans Ebling
für sie offen hält. Er springt ihr nach und schlägt die
Thür zu.

Einen Augenblick stehn sie einander schweigend gegen=
über, unter dem kleinen Licht der Deckenlampe.

„Sie fahren also mit," sagt sie nur.

„Ja. Ich muß. Ich werde Sie nicht stören. Ich
kann nur so nicht von Ihnen fort, Edith."

Sie antwortet nicht, setzt sich in eine Fensterecke und
zieht die Uhr. Es sind Fünfviertelstunden bis Kiel. Dort
muß sie nach Hadersleben in den Hamburger Schnell=
zug umsteigen.

Hans Ebling stört sie wirklich nicht. Er sitzt auf der=
selben Seite des leeren Coupés in der andern Fensterecke,
und blickt hinaus. Er hadert mit sich selbst und findet
sich obendrein dumm und lächerlich. Jetzt freilich denkt
sie nicht an ihn, aber wenn es später wieder geschieht,
so wird immer eine unangenehme Erinnerung damit ver=
knüpft sein. Dann wird ihr immer einfallen, daß der
heutige Abend nicht sein durfte. Und er durfte es auch
nicht, da Hans Ebling nicht imstande gewesen war, ihn
durchzuführen. Er war aus der Rolle gefallen und hatte
die Maske verloren. Er war dumm und verliebt ge=
wesen, — zu verliebt. Der unverfälschte Mensch hatte
plötzlich den vorsichtigen, genießenden Verführer in die
Flucht geschlagen.

„Und das wird sie nun zeitlebens für meine
‚Schlechtigkeit‘ halten,“ denkt er erbittert, „... daß
ich dich zu lieb hatte, um mit Besonnenheit schlecht
zu sein, ... Herr Gott, ich lieb dich ja, ... ich lieb
dich ja!“

Edith thut es leid, daß er so stumm dasitzt. Seine
Worte von vorhin haben sie gerührt. So ernst ihr auch
im Herzen ist, so fern ist sie von jeder Mißstimmung gegen
ihn. Denn durch all ihren Ernst und ihre Versunken=
heit hindurch fühlt sie sich voll Frische, Gesundheit und
innern Wohlseins, ohne zu begreifen, warum. So wie
es nach tiefem Schlaf oder während einer Genesung den
Nerven wohl zu sein pflegt. Sie fühlt sich herzlich ge=
stimmt und dankbar und weiß nicht wem, noch auch
wofür.

Als der Zug in Kiel einfährt, wendet sie Hans
Ebling den Kopf zu und sagt:

„Ich muß hier umsteigen und möchte in ein Damen=
coupé."

„Das heißt, meine Begleitung ist Ihnen läftig.
Hab ich Sie wirklich gestört?"

„Nein. Aber ich bitte Sie darum."

„Wie Sie befehlen."

Er langt nach ihrem Gepäck und steht auf, um die
Thür aufzustoßen.

Da ist sie plötzlich bei ihm, hebt beide Arme und
legt sie ihm um den Hals.

„Abieu!" sagt sie leise.

Und innig, ohne Aufregung oder irgend ein Zeichen
weiblicher Liebe, aber mit der offenen Herzlichkeit eines
dankbaren Kindes, küßt sie ihn auf den Mund.

Noch fühlt der Ueberraschte ihre warmen frischen
Lippen auf den seinen, als die Thür schon von draußen
aufgerissen wird, sie beide auf dem Bahnsteig stehn, der
andre Zug vorfährt, die Thüren auf= und zuschlagen, und
fremde Menschen sie umdrängen und trennen.

Edith sieht sich im Coupé um. Sonst ist niemand
eingestiegen, sie wird allein bleiben. Sie streckt die Arme
empor und atmet tief auf. Das hat ihr vorhin sehnsüchtig
vorgeschwebt: eine einsame stille Nachtfahrt, ganz still,
und sie mit sich selbst ganz allein. Da will sie ins klare
kommen über alles, — ja, und mit sich selbst ins Gericht
gehn will sie auch.

Sie ist so gewohnt, jegliches schnell und selbständig
anzugreifen, daß sie sich diese beiden Dinge einfach vor=
nimmt, als jetzt zu erledigende.

Hans Ebling steht noch vor dem Waggon und
blickt, von den widerstreitendsten Empfindungen erfüllt,

zu dem Fenster auf, hinter dem Edith ihm entschwun=
den ist.

Da läßt sie das Fenster herunter. Grad in dem
Augenblick, wo die Signalpfeife ertönt. Tolles Ver=
langen ergreift ihn, nur noch einen Augenblick lang ihr
Gesicht ihn anschauen und grüßen zu sehen.

Aber sie sieht nicht heraus. Nur eine schmale
Hand in grauem Wildlederhandschuh schiebt sich über
den Fensterrand, und während der Zug die Bahnhofs=
halle verläßt, flattert ein blauer Reiseschleier Hans Ebling
entgegen.

Der Luftzug entreißt ihn der Hand, die ihn hält.
Er fliegt auf, senkt sich wieder und bleibt am blanken
Thürgriff des Coupés hängen.

Wie ein blaues Wölkchen schwebt er dort grüßend im
Winde.

Hans Ebling läuft einige Schritte nebenher, dann
schwingt er sich mit einem Sprung, der ihm in der Zeit
seiner verwegensten Turnkünste Ehre eingetragen haben
würde, und ihm das Genick hätte kosten können, auf das
Trittbrett, das er nur mit einem Fuß eine Sekunde lang
berührt, und reißt den Schleier an sich.

Auf dem Bahnsteig haben sich die Menschen schon
verlaufen, der mitfahrende Schaffner aber ruft ihm
empört eine Flut von Drohungen zu.

Den Schleier in der Hand zusammengeballt, lenkt
Hans Ebling langsam seine Schritte nach dem Bahnhofs=
gebäude.

„Wann geht der nächste Zug nach Lübeck?" fragt
er einen Beamten, dem er begegnet.

„Fünf Uhr früh," lautet die Antwort.

Also in den Wartesaal bis fünf Uhr früh. In die Stadt hineingehn will er nicht — allein.

In der Bahnhofsrestauration, in genau einer solchen, wie sie noch heute morgen seine Ungeduld weckte, sitzt er geduldig vor einem Glase abgestandenen Bieres und fröstelt.

Die gekränkte, ärgerliche Stimmung ist verflogen, seine Gedanken hängen voll wachen, warmen Interesses an Edith, folgen ihr auf ihrer Nachtfahrt, laufen noch einmal, Stunde um Stunde, den Tag zurück, der zwischen Morgen und Abend liegt. Was ist an diesem Tage in der Tiefe ihrer Seele geschehen? Er weiß es nicht. Was wird, durch diesen einzigen Tag vielleicht, irgendwann einmal noch in ihrem Leben geschehen? Küßte sie ihn, weil sie ihn liebte? Nein. Küßt man so für eine Liebkosung, die kalt gelassen hat? Nein. Was er auch denken mag, was er auch sorgen, hoffen, fürchten mag, es sind leere Phantasieen. Den Schleier hat er nicht von ihrem Wesen gehoben.

Aber während Bild auf Bild in seinem Künstlerkopf aufsteigt, wird er nicht müde, mit berauschter Phantasie dem alten, ewigjungen Rätsel nachzugehn, an das er die Jahre seiner Jugend gewandt hat, und das ihn noch einmal gefangen nimmt.

— — — — — — — — —

Inzwischen liegt Edith lang ausgestreckt auf dem Polster ihres Coupés. Auf der nächsten Station steigt noch eine Dame ein, aber es stört sie nicht, und sie merkt es nicht. Alle Vorsätze, die sie für diese Nacht gefaßt hatte, alle tiefen Gedanken, die sie ergründen wollte, sind

ihr vergangen, und auch, daß sie mit sich ins Gericht
gehn wollte, hat sie ganz vergessen.

Den Fellfußsack als Kissen unter den Kopf geschoben,
schläft sie süß und fest und träumt von einer breiten,
blitzend weißen Schneefläche, worauf ein Schlittchen mit
hell klingenden Schellen hinabgleitet, — — — hinab —

Abteilung: „Innere Männer."

———

„Sieh her, Otto, eine offizielle Danksagung der Mitglieder der Familie von Brinken: ‚Für die allgemeine Anteilnahme beim Tod und Begräbnis unsrer unvergeßlichen Schwester und Nichte Christiane von Brinken, Krankenschwester am St. Michaelshause‘.“

Doktor Otto Griepenkerl steht am Fenster seines Arbeitszimmers und blickt schweigend hinaus, wo ein feiner kalter Novemberregen vom Ostwind gegen die Scheiben getrieben wird. Im Hintergrunde, hell umstrahlt vom Schein der grünen Studierlampe, sitzt seine Frau am Tisch über die Abendzeitung gebeugt.

„Christiane?“ wiederholt er nach einer Weile zerstreut, wie erstaunt, und seine Gedanken verbessern unwillkürlich: „Christel!“

„Die Teilnahme war auch wirklich allgemein,“ bemerkt seine Frau; „es sterben doch immer die unrechten Leute, Otto. Das könnt auch ihr Aerzte nicht ändern. Und sie war so gesund, Schwester Christa. Man sah noch kein weißes Haar auf ihrem Scheitel. Aber vielleicht nur, weil sie blond war. Meinst du nicht auch? In meinem Haar zum Beispiel, da verrät es sich eher.“

Doktor Griepenkerl antwortet nicht. Er blickt noch immer auf das Straßenbild dicht unter ihm, auf das Treiben der Hauptstadt, das Drängen und Fahren, und

auf die Menschen, die mit hochgehaltenen Schirmen vor=
wärts haſten.

„Wie gemütlich es hier ausſehen muß: von der
Straße aus geſehen,“ denkt er zuſammenhanglos, —
„das behagliche Zimmer im Erdgeſchoß, im grünlichen
Lampenſchein.“ Und er denkt weiter: „Chriſtel hatte kein
Heim.“

„Von ſo einer Lungenentzündung wird ja gar mancher
ſchnell fortgerafft,“ erwidert er ſeiner Frau.

Sie legt die Zeitung zuſammen und faltet darüber
ihre beringten vollen Hände.

„Der Prediger ſagte ſehr ſchön: ‚Das war eine Seele,
die durfte in Frieden den Tod erwarten, wann er ſie auch
immer abrufen mochte, denn ihr ganzes Leben, von zarter
Jugend an, ſtand im Dienſte chriſtlicher Liebe und Selbſt=
aufopferung; — folgen wir ihr nach.‘ — Ja, ich ver=
ehrte ſie auch ſehr. Aber nachfolgen, — — nicht jeder
kann doch ſo leben. Für ſo viele Menſchen, und für die
Kranken und Leidenden, mein ich. Man kann doch nicht
mehr als ſeine Pflicht thun. Nicht wahr, Otto?“

„Nein, natürlich nicht,“ verſetzt er etwas ungeduldig.
Sie iſt eine ſo tadelloſe Gattin und Mutter, ſeine Frau,
— ſie hat ſchon ein Recht, an dieſer Stelle ein kleines
Kompliment zu hören. Aber ihn verdrießt ihre Art, er
iſt nicht in der Stimmung zu loben.

„Ich will dich lieber nicht länger ſtören. Du haſt
gewiß noch viel zu thun. Morgen fällt dein Kolleg wieder
ſehr früh. Ich will nun zuſehen, wie Ernſt und Martha
mit ihren Schularbeiten fertig werden.“

Er nickt nur, ohne ſich umzudrehen, während ſie
hinausgeht. Aber von der Thür aus ſieht ſie noch ein=

mal freundlich zurück auf die stattliche Gestalt ihres
Mannes mit dem leichten Ansatz zur Fülle, und auf sein
kluges, behäbiges Gesicht. Vielleicht ist er in diesem
Augenblick nicht bei Laune, — aber alles in allem
macht seine äußere Erscheinung den Eindruck unzerstör=
barer Zufriedenheit.

Ihm selbst kommt mitten in seiner Verdrossenheit
mit Ueberzeugung der Gedanke: nicht nur von draußen
mag es hier traulich aussehen, — es ist in Wahr=
heit voll Frieden und Glück. Eine musterhafte Frau,
wohlgeratene Kinder, sichere Carriere, Achtung und An=
sehen, und ein nettes Vermögen. Alle irdischen Güter
dieser Sorte weiß Doktor Griepenkerl zudem sehr wohl
nach ihrem Wert zu schätzen. Nur heute, an dem naß=
kalten Novemberabend, kriecht die Melancholie durch jede
Thürritze. Ganz hinten, auf dem Grunde seiner Seele,
ganz tief und dumpf, da fühlt er auch heute noch ein
unangetastetes Behagen. Aber er hat keine Lust, es sich
einzugestehn, keine Lust, zu loben, weder seine Frau noch
sein Leben.

Er wendet sich vom Fenster ab, geht an seinen
Schreibtisch und kramt eine Weile darin herum. Er muß
die Lampe zu Hilfe nehmen, um zu finden, was er sucht.
Endlich fällt es aus einem vergilbten Briefumschlag her=
aus: eine kleine Photographie, etwas verblaßt, ein ganz
junges Mädchen in der Tracht der barmherzigen Schwe=
stern vom Sankt=Michaelshause. Eine weiße Schürze
über dem klein gemusterten, eng anliegenden Leinenkleide,
ein weißes Häubchen auf dem dichten Blondhaar. Dar=
unter ein sehr liebes Gesicht, aus dem nußbraune
Schelmenaugen keck herausschauen. Ihm fallen gleich Verse

ein, sobald er diese Augen wiedersieht. Keine selbstge-
dichteten freilich, — denn Doktor Griepenkerl gehört
durchaus zu den seltenen Menschen, die sich niemals haben
hinreißen lassen, Verse zu machen. Er hält sich für seinen
Bedarf an anerkannte Muster und am liebsten gleich an
die Klassiker, um sicher zu gehn.

Aber diese Verse, wie sind sie ihm vertraut geworden, als wäre er selbst ihr Dichter, — vertraut bis zu
der kleinen Abänderung, die er an ihnen vornehmen
mußte, damit sie genau paßten:

> Hab' oft einen dumpfen, düstern Sinn,
>   Ein gar so schweres Blut!
> Wenn ich bei meiner Christel bin,
>   Ist alles wieder gut.
> Ich seh' sie dort, ich seh' sie hier
>   Und weiß nicht auf der Welt,
> Und wie und wo und wann sie mir,
>   Warum sie mir gefällt.
>
> Das dunkle Schelmenaug' dadrein,
>   Die dunkle Braue drauf,
> Seh' ich ein einzig Mal hinein,
>   Die Seele geht mir auf.
> Ist eine, die so lieben Mund,
>   Lierunde Wänglein hat?
> Ach, und es ist noch etwas rund,
>   Da sieht kein Aug' sich satt! u. s. w.

In den übrigen Versen des in eine unbekannte
Christiane R. verliebten Goethe ist ein Ton, der zu dem
Bilde des Fräuleins von Brinken nicht recht hätte stimmen
sollen. Grade durch ihre vornehme Erziehung, grade dadurch, daß sie in allen Vorzügen und Vorurteilen des Adels
groß geworden war, erschien sie ja dem Kleinbürgersohn,

dem Studenten aus einfachem Hause, so überaus an=
ziehend. Und doch hatte, wenn er recht nachdenkt, troß=
dem eine frische, fast derbe Urwüchsigkeit in ihr gelegen.
Keine Spur von Gemessenem oder Geziertem. Die edle
Haltung saß ihr ebenso natürlich, wie der ärgste Schelm,
und aus allem blißte die übersprudelnde Lebenslust. Dieser
Einklang von Form und Frische, von Feinheit und Derb=
heit bezauberte ihn ganz. Trug er doch selbst zwei Seelen
in seiner Brust, von denen die wohlbekannte eine sich in
sinnlicher Lebenslust mit klammernden Organen an die
Erde hielt, während die andre großes Vergnügen an den
Gefilden hoher Ahnen fand, von denen Christel abstammte,
— und überhaupt eine starke Neigung zu allem besaß,
was aufwärts führt in der Welt und Gesellschaft und
dort Geltung und Ansehen gibt.

Gleich am ersten Tage, wo er Christiane in ihrem
elterlichen Hause kennen lernte, erschien sie ihm wunder=
schön. Und wieder erinnerte sie ihn an ein Goethisches
Bild, obgleich der Vergleichungspunkte wirklich nur wenige
waren: Lotte im Gesellschaftsanzuge Brot schneidend, —
es fehlte aber ganz die Hauptsache, der Kreis kleinerer
Geschwister, — sie stand nur da und beaufsichtigte das
Tafeldecken, einen Stoß Damastservietten auf dem run=
den Arm, der aus einem seidenen Spißenärmel hervorsah.
In der andern Hand hielt sie eine Brotrinde, in die
sie selber tapfer hineinbiß.

Unter den Gästen, die bei ihren Eltern verkehrten,
war Doktor Griepenkerl der bescheidensten einer, und wie
ernst seine Absichten auch alsbald wurden, einstweilen
durfte er das Christel nur von fern und in aller Zurück=
haltung verehren. Das that er denn auch mit der größten

Ehrfurcht und Beflissenheit längere Zeit hindurch. Aber es war ganz seltsam: mochte er sich dem Christel in noch so ehrerbietiger und formvoller Haltung nähern, — immer kam dies zwischen den beiden wie eine Komödie heraus, die sie der andern wegen miteinander aufführten. Ihm selbst klebten die verschiedenen gesellschaftlichen Formen, an die er nicht lange genug gewöhnt war, noch so lose an, daß er manchmal Angst hatte, sie könnten sich plötzlich einmal, unter der Einwirkung irgend einer Hitze, wieder von ihm loslösen, und so hielt er sie auch in diesem Fall mit einer gewissen übertriebenen Würde sehr fest. Doch auch durch die korrekteste und gemessenste Unterhaltung, die er mit Christiane von Brinken führte, klangen für ihn die kecksten Worte und Anspielungen hindurch, und genoß er den Reiz einer zweideutigen Situation.

Aber seine zukünftige Gemahlin, als die er sie sich unausgesetzt dachte, durfte von solchen gottlosen Regungen nichts ahnen noch verstehn. Das war ja eben so eigentümlich reizvoll: sie sich gewissermaßen vorweg-zunehmen, als das Christel seiner leichtsinnigen Träume, als das Mädel, das er drückte und küßte, — und sie zugleich zu wissen als das vornehme Fräulein von Brin-ken, das sie vor aller Welt und vor ihm selber war. Und auch vor ihm sein sollte! Er wollte es gar nicht anders!

Er konnte noch jetzt mit großer Selbstzufriedenheit an sein Betragen in jener Zeit zurückdenken, und er fühlte damals recht wohl, wie er immer lieber im Hause gesehen wurde. Einem andern jungen Mann, der mit ihm dort aus und ein ging, Hans Ebling, einem sehr talent-

vollen, angesehenen Künstler, hatte er vollends den Rang
abgelaufen. Hans Ebling machte Christels älterer Schwester
Liselotte stark den Hof, aber Heiratsabsichten hatte der
nicht. Und immer wenn er sich verliebte, — und das
that er oft, — machte er sich irgendwie unmöglich. Er
kompromittierte die Gegenstände seiner Liebe rechts und
links. Doktor Griepenkerl hätte um die Welt sein Christel
nicht kompromittiert. „Ansehen, nicht anfassen!" lautete
sein Wahlspruch in dieser Beziehung.

Zum Anfassen sind ja andre Frauen in die Welt
gesetzt, mit denen man sich schlecht und recht durchschlägt,
bis man in die solide Futterkammer der Ehe gerät. — —
Hans Ebling freilich gab das nun wieder nicht zu, —
er behauptete, das seien grade die einzigen Frauen, die
dafür nicht in Betracht kommen sollten, — aber der
warf auch immer mit Paradoxen um sich.

Nachdem Hans Ebling fast ganz aus dem Brinkenschen
Hause verschwunden war, weil die Eltern ihn ungern
sahen, tauchte er unvermutet wieder auf, als beide kurz
nacheinander starben und die Töchter ziemlich mittellos
zurückließen. Liselotte, seine Flamme, die bereits zwei Be-
werber um ihre Hand ausgeschlagen hatte, einen Assessor
und einen Offizier, entschloß sich, das Oberlehrerinnen-
examen zu machen und sich dem Lehrfach zu widmen.
Christel hingegen wurde durch Beschluß der versammelten
Mitglieder der Familie von Brinken zur Krankenpflege
abkommandiert. Besondre eigne Neigungen oder Wünsche
schien sie nicht zu hegen, auch war sie daran gewöhnt, sich
dem Rat und Willen der Ihrigen zu fügen. Man wählte
das Sankt Michaelshaus, — das „Volkshospital", wie
es auch hieß —, weil es keinen ausgesprochen kirch-

lichen Charakter hatte, was Christel widerstanden haben
würde, und ein wenig auch, weil Doktor Griepenkerl es
befürwortete, der dort kurz vorher als Assistenzarzt an-
gestellt worden war. — —

Doktor Griepenkerl hebt noch einmal die kleine ver-
blaßte Photographie gegen das Licht der Lampe. Neben
dem reizenden Kopf in der Umrahmung des weißen Häub-
chens nimmt sich die Hand, die das Bild festhält, unangenehm sinnlich-plump aus, — die sorgsam gepflegte Hand
des Arztes mit ihren etwas zu kurz geratenen Fingern.

Er wirft die Photographie in das Schreibtischfach
zurück und fängt an, im Zimmer auf und ab zu gehn.
Lange, lange hat ihn diese alte Erinnerung nicht heim-
gesucht, — der Tod erst mußte kommen, daran zu rütteln. Aber einen Grund sie zu scheuen, hatte er wahrlich nicht. Nur an Besseres und Notwendigeres zu denken
in seinem strebsamen Leben, als an alte Liebesgeschichten.

Das arme Christel hatte im Spital die erste Zeit
sehr gelitten. Sie vermochte sich nur schwer und langsam in ihre Aschenbrödelstellung hineinzugewöhnen. Zwei
ganze Wochen freute sie sich immer auf ihren freien Nachmittag, den sie bei Liselotte zu verbringen pflegte, —
alle vierzehn Tage einmal. Doktor Griepenkerl war es
sehr angenehm, daß sie auf diese Weise von allem Ver-
kehr, den er nicht kannte, abgeschnitten wurde, daß die
Vergnügungen und Bälle aufhörten, bei denen er immer
fürchten mußte, sie bliebe irgend einem andern im Arm
hängen, — und daß ihr jetziges hartes Leben sie hinlänglich genügsam machte, um einst das Leben an seiner
Seite als üppig genug zu empfinden. An den freien
Nachmittagen ging auch er zu Liselotte hinüber, die ihre

Wohnung nahe am Frauenlyceum hatte, an dem sie damals studierte, und bei der man häufig Hans Ebling antraf. Die enge Mietsstube mit dem schmalen Bettalkoven, womit sie sich behelfen mußte, stattete sie sich mit Ur= väter Hausrat so schön und vornehm aus, daß Christel wähnen konnte, sie sei wieder daheim. Dann kauerte Christel zufrieden in dem alten hochlehnigen Sessel, dessen geschnitzter Rücken das Familienwappen der Brinkens trug, streckte die müden Füßchen auf den bequemen Groß= mutterschemel mit altmodischer Perlenstickerei und naschte von den verzuckerten Früchten, die Liselotte immer für sie bereit hielt. Auf Stunden vergaß sie dann mit ihrem leichten Sinn ganz, daß sie da, in der Mietsstube, unter Fremden, so verlassen saßen wie auf einer kleinen Insel im Weltmeer. Liselotte vergaß es nie, aber zwischen ihren Familienmöbeln und Ahnenbildern schaute sie drein wie eine Schloßfrau.

Eines Tages, als die beiden jungen Männer von den Schwestern nach Hause gingen, bemerkte Hans Ebling:

„Sie sind eigentlich ein schauderhafter Philister, Doktor. Haben dies reizende Ding, die Christel, gern, stopfen sich voll mit Heiratsprojekten und allerehrbarsten Absichten und sehen dabei ruhig zu, wie sie sich quält und abmüht, ihre Frische, ihre Munterkeit verliert, ohne daß es Sie jammert. Wenn Sie dann endlich so weit sind, daß Sie sie als ihr regelrecht Verlobter einmal ab= zuküssen wagen, dann wird sie längst nicht mehr das alte Christel mit den lachenden roten Lippen sein."

„Davon verstehen Sie wirklich nichts," hatte Doktor Griepenkerl ungehalten erwidert; „was ich an ihr liebe, bringt eine solche Probezeit nicht um. Ihnen freilich ist

sie nur ein hübsches Bild. Mir muß sie sich als mehr er=
weisen: als das weibliche Ideal, das jeder von uns sich so
oder so bildet, wenn er nicht schon so abgebrüht ist wie Sie."

Hans Ebling lachte.

„Und darauf bilden Sie sich wohl noch etwas ein?
Unsre eignen Schwächen und Fehler spielen nicht zum
wenigsten mit bei der Bildung unsrer sogenannten Ideale,
mein Lieber. Besonders unsrer Frauenideale. Es wäre
interessant, dies in Ihrem speziellen Fall ein wenig zu
detaillieren. — Uebrigens ist es ziemlich unangenehm für
die Betreffenden, ‚idealisiert zu werden‘, wie ich sehe. —
Wer die Frauen weniger hoch taxiert, ist barmherziger
gegen sie."

So sprach Hans Ebling damals in aller Harmlosig=
keit. Aber die Ereignisse sorgten dafür, daß diese Unter=
redung Doktor Griepenkerl im Gedächtnis blieb. Er
konnte es in der Folge gar nicht vergessen und verwinden,
daß er mit solcher Verehrung vom Christel als von seinem
weiblichen Ideal geredet hatte.

Kurze Zeit darauf traf er sie besonders häufig im
Krankenhaus, denn sie war aus dem Saal der Verwun=
deten, der mechanisch verletzten Männer — in der Schwe=
sternsprache „Abteilung für äußere Männer" genannt —
in einen Saal für innere Krankheiten versetzt worden,
wo Doktor Griepenkerl als einer der jungen Hilfsärzte
beschäftigt war. Wie oft fanden sie sich am Bett des
Kranken, wie oft begegneten einander Augen und Hände,
wie schwer wurde es manchmal, die Maske aufzubehalten,
das gemessene Wesen beizubehalten, — doppelt schwer
gegenüber dem erregten, unsicheren und nervösen Be=
nehmen, das Christel neuerdings zeigte.

Und dann — dann bekam sie die Nachtwache. Zu
deutlich, abscheulich deutlich, steht noch diese Scene vor
seinem Blick.

Neben dem großen Saal, wo zwanzig Betten, mei=
stens mit Typhuskranken besetzt, standen, befand sich, wie
bei jedem Saal, eine schmale Reservestube mit einem ein=
zelnen Bett darin, in der bisweilen einer der Kranken
isoliert wurde, wenn er durch lautes Stöhnen oder sonstige
Unruhe den Schlaf der anderen zu sehr störte.

Eines Nachts hatte Doktor Griepenkerl die Thür
zu dieser Nebenstube geöffnet, um nach ihrem Insassen,
einem jungen herzleidenden Arbeiter, der bald darauf
starb, zu sehen.

Schwester Christa war bei ihm beschäftigt.

Sie war so beschäftigt, daß sie das Oeffnen der
Thür überhörte.

Sie stand da, tief über das Bett gebeugt, mit ge=
schlossenen Augen, mit regungslos niederhängenden Armen
und ließ sich herzen.

Es war nur ein Augenblick. Beide fuhren zurück,
als sie den Eintretenden gewahrten.

Aber ohne diesen Augenblick, diesen rettenden, Er=
kenntnis bringenden, wäre Schwester Christa heute seine
Frau. Das ist keine gemütliche Vorstellung! Wenn sie
ihm kommt, dann denkt er nicht, wie vorhin, in einer
Regung unwillkürlichen Mitleids: „Christel hatte kein
Heim!" sondern er denkt nur, nachträglich erschreckend:
„An wie wenig hing es, und ich hätte sie in mein Heim
aufgenommen!"

Aber er mag auf das häßliche Bild gar nicht in
seinen Gedanken zurückkommen. Christiane von Brinken

ist tot und liegt im Grabe, — und wie alle bezeugen und
behaupten: nach einem aufopferungsvollen, bewunderungs=
würdigen Leben strenger, entsagender Pflichterfüllung.
Man muß doch an das Gute glauben, was ihr in die
Grube nachgerufen wird. Auch er will gern daran glauben.
Und doch — — und doch! — — Dahinter? Hinter all
dem, was die Welt mit ihren kurzsichtigen Augen sieht?
Hinter dem ganzen Außenleben im Hospital, — in den
stillen Stunden, von denen niemand etwas weiß? Ist
es denn denkbar, daß der Augenblick, den er belauscht,
der einzige dieser Art geblieben ist? Ist es wahrschein=
lich, ist es auch nur möglich, wenn eine solche Handlungs=
weise ihrer verborgenen Natur entsprach, und sie ihr da=
mals schon nachgegeben?

Andererseits, — die Brinkens waren ein guter Schlag.
Ein wie ernstes, vortreffliches Mädchen war Liselotte ge=
blieben, im höchsten Grade achtungswert. Darum bekam
sie ja auch, nachdem sie vor einigen Jahren eine Privat=
schule für „höhere Töchter guter Familien“ übernommen,
Doktor Griepenkerls eigenes Töchterchen zur Erziehung.
Immer wenn er Liselotte sah, — den dunkeln, jetzt wie
weiß gepuderten Kopf mit den Brinkenschen Familien=
zügen, die in ihrer Jugend etwas zu scharf hervortraten,
ihr nun aber vorzüglich stehen, — dann kam es ihm
immer vor, als habe er jenen Moment mit Christel nur
geträumt. So stark wirkt Liselottes verschlossene Würde.
Sie ist gut emporgekommen, sie hat Haltung. Ihm
scheint, sie müßten sich gegenseitig sehr schätzen, — er
und sie. Aber er ist sich dessen nicht sicher, denn sie hat
so etwas Undurchdringliches. — — —

Doktor Griepenkerl hat seinen Spaziergang im

Zimmer unterbrochen und sich vor dem Schreibtisch nieder=
gelassen, um sein Kollegienheft für morgen durchzusehen.
Sein sehnlicher Wunsch, die akademische Carriere ein=
zuschlagen, ist ihm durch das Vermögen seiner Frau er=
füllt worden. Denn als er nun wirklich heiratete, suchte
er nicht mehr im Adel, wo es ihm übrigens auch an
weiteren Konnexionen gebrach. Statt der süddeutschen
Adeligen wählte er eine norddeutsche Bürgerliche aus
reichem Kaufmannshaus. Und er wählte ausgezeichnet, —
die solideste Ware. Aber eine Vernunftheirat war es
darum doch nicht. Für ihn traf es sich einfach immer
so glücklich, daß Vernunft und Neigung sich auf das
schönste verbanden.

So hat ihm die böse Erfahrung zum Besten ge=
reicht. Er ist eben immer der Mann, der da weiß,
was er will, und es auch bekommt. Mit solchen Menschen
ist die Vorsehung im Bunde. Wenigstens nennt seine
Frau es so. Er selbst macht sich mit der Vorsehung und
Aehnlichem nichts zu schaffen. Daher schreibt er es
eigenem Können zu.

Aber an diesem Punkt seiner Gedanken angelangt,
seufzt Doktor Griepenkerl und schiebt seine Hefte zurück.
Nach der ganzen langen Erinnerungspromenade ist seine
Laune um nichts besser geworden, und beinah fühlt er
ein leises Bedauern und Vermissen, wenn er an Christel
denkt.

Es gibt eben nichts Vollkommenes unter der Sonne,
und thöricht wäre es, das zu beanspruchen. Seiner tabel=
losen Frau fehlt eine Kleinigkeit, — oder man könnte
es auch so ausdrücken: Sie besitzt ein Uebermaß von
Tugenden. Dabei sind dann ihre Sinne leer ausge=

gangen. Ihr fehlt mit einem Wort das, was aus Christels
Schelmenaugen den Doktor Griepenkerl so verlockend an=
geblitzt hatte. Selbst ihre unbezweifelbare Schönheit war
von einer gewissen nervenberuhigenden Art. Nie waren
ihm jemals Verse eingefallen, wenn er sie um sich sah.
Es wurde reichlich aufgewogen durch ihre guten Eigen=
schaften. Aber es machte, daß ihr Gatte genau in dem
Maße an Tugendhaftigkeit verlor, als sie davon zu viel
besaß. — —

Nun, das ist schließlich etwas, was kein Mensch weiß.
Es geht auch keinen Menschen etwas an. Niemand hat
ihm das Geringste vorzuwerfen. Niemand lebt, der ihn
nicht als vortrefflichen Gatten, Vater, Bürger und Berufs=
menschen anerkennen müßte. Man findet ihn immer auf
dem richtigen Weg und auf dem Posten, — und danach
allein hat man zu urteilen. Das andere, — ob man
gelegentlich der kleinen Seitensprünge, ob man gelegent=
licher Privaterholungen ein wenig abseits bedarf: das ist
am Ende doch nur eine Temperamentsfrage. Das ist
doch nur nebenher, — so ganz nebenher, daß man es
selbst kaum bemerkt, — ein ganz kleines, ganz zierliches
Teufelsschwänzchen, das auch das tadelloseste Leben irgend=
wo aufweist. — —

Auf dem Vorplatz klingelt es. Doktor Griepenkerl
achtet nicht darauf: er sitzt jetzt und macht Notizen in
seinen Papieren.

„Ob der Herr Doktor zu sprechen ist,“ fragt eine
bekannte Stimme im Vorzimmer.

„Fräulein von Brinken! Legen Sie doch ab! Bitte,
kommen Sie zu mir herein. Wie schön von Ihnen, zu
kommen!“ ruft seine Frau in einem so rücksichtsvoll für

ihn gedämpften Ton, als läge ein Kranker oder ein Schlafen=
der in der Arbeitsstube nebenan.

Liselotte hat einen Schritt ins Wohnzimmer ge=
macht und läßt sich den Mantel abnehmen. Lang wallt
der schwarze Trauerschleier über ihr Kleid nieder, und
mit tief ernstem Ausdruck schaut ihr Gesicht unter dem
vorzeitig ergrauten Haar hervor, das es wie eine lichte
Wolke umgibt. Wer Liselotte sieht, glaubt nur schwer,
daß sie unverheiratet geblieben ist und keine Kinder be=
sessen hat: Kinderherzen fliegen ihr zu und ebenso das
Vertrauen der Eltern.

„Mein Mann ist gerade sehr beschäftigt, gnädiges
Fräulein, — wollen Sie nicht ein wenig mit uns blei=
ben, — er kommt dann herüber. Oder darf ich es ihm
übermitteln?"

Liselotte schüttelt den Kopf.

„Danke, nein, es ist ein zu persönliches Anliegen.
Und ich kann auch nicht auf ihn warten. Sie müssen
mir schon erlauben, ihn zu stören. In wenigen Augen=
blicken ist es erledigt," erwidert sie, und Frau Doktor
Griepenkerl begleitet sie zögernd und unschlüssig bis zur
Thür des Heiligtums.

Auf ihr Klopfen ertönt ein ziemlich unwilliges
„Herein!". Aber als sie demselben Folge leistet, fliegt der
Stuhl vor dem Schreibtisch zurück, und es bewillkommnet sie
die schönste Verbeugung und das liebenswürdigste Gesicht.

„Ich mußte Sie einen Augenblick sprechen," sagt
Liselotte, „es duldete keinen Aufschub, denn ich habe
Ihnen etwas zu überbringen."

„Es gibt nichts, was mir, von dieser Hand über=
bracht, nicht zugleich Freude brächte," scherzt er galant.

Sie zieht einen geschlossenen und versiegelten Brief aus ihrem schwarzen Sammetbeutelchen.

„Nein, — keine Freude," entgegnet sie mit bedeckter Stimme, „aber etwas Hohes und Kostbares. Schieben Sie Ihre Arbeit oder was Sie sonst vorhatten, zurück, werfen Sie fort, was Sie beschäftigt, und rufen Sie zum zweitenmal nicht „Herein', wenn es an Ihre Thür klopft. — — Es ist das Vermächtnis meiner Schwester Christiane an Sie."

Er hält den Brief in der Hand, in der Ueberraschung das Gesicht so ausdruckslos wie möglich, und sucht nach Worten.

Sie steht vor ihm in ihrer tiefen Trauerkleidung, den Kopf ein wenig gesenkt, sie blickt ihn nicht an.

„Nun haben Sie es in Händen," sagt sie kalt, fast feindselig, „lieber hätte ich es verbrannt."

Eine leichte Neigung des Kopfes gegen ihn, und ehe er noch hinzutreten und die Thür vor ihr öffnen kann, verläßt sie das Zimmer.

Draußen empfängt seine Frau sie, etwas ängst= lich und bedenklich und auch etwas Neugierde in den Augen.

„Liebes Fräulein von Brinken, so rasch? Er ist wohl sehr beschäftigt?"

Liselotte nickt.

„Sehr. Wir wollen ihn nicht stören." — — —

Doktor Griepenkerl aber steht neben seinem eben verlassenen Stuhl am Schreibtisch. Die Hände auf die Tischplatte gestützt, niedergebeugt über die losen Brief= blätter, die vor ihm liegen, liest er, was Christiane von Brinken vor sechs Jahren für ihn aufschrieb.

„St. Michaelshaus.

„Ich schreibe diese Zeilen für den Fall, daß ich vor Ihnen sterbe. Wohl bin ich rüstig und gesund, und noch lang scheint der Tag der Arbeit. Doch niemand kann wissen, wie rasch es ihn ereilt. Und dann will ich gethan haben, was der sterbende Verbrecher thut, wenn er in letzter Stunde den Priester kommen läßt: ich will gebeichtet haben. Aber nicht dem Priester, sondern dem Mitschuldigen.

„Nein, es ist wohl ein zu hartes Wort und ein ungerechtes Wort dazu. Jedenfalls aber sind Sie der einzige Mensch auf Erden, der es erfahren soll, daß ich den Tod eines Menschen auf dem Gewissen habe.

„Ich muß weit ausholen. Alles hängt so eng zusammen. Manchmal kommt es mir vor, als ob, ein kleines Stück aus den Alltagsereignissen herausgelöst, auch die ereignisschwersten Dinge anders gekommen wären.

„Wie ich Sie kennen lernte, mit neunzehn Jahren, da war ich noch ein Kind. Gut und dumm und glücklich wie ein Kind. Nie hatte ich jemand so recht ernstlich lieb gehabt, außer Liselotte, den Eltern und meiner Großmutter, so lange sie lebte. Das waren zugleich lauter überlegene Wesen und Respektspersonen für mich. Denn selbst Liselotte, obschon sie doch nur drei Jahre mehr zählte als ich, benahm sich gegen mich fast mehr mütterlich als schwesterlich. Und auch Sie wurden eigentlich gleich eine Respektsperson für mich. Sie machten einen so viel gesetzteren, ernsthafteren Eindruck als unsere jungen Lieutenants und Referendare. Das würde meine heitere Gemütsart sicher nur wenig angesprochen haben ohne Ihre Bemühungen um mich. Damit will ich nicht sagen, daß ich Sie aus geschmeichelter Eitelkeit lieb gewonnen

hätte. Ich will nur sagen, das Erste, das Entscheidende,
ging von Ihnen aus, Sie nahmen mich, Sie weckten
mich, weckten mein Selbstbewußtsein, Sie machten, daß
ich mich ausgezeichnet und erkoren fühlte. Und dann
kam noch etwas anderes hinzu, das ich nicht nennen kann.
Ich kann es auch nicht deutlich beschreiben. Es lag in
Ihrer Art mich anzublicken und zu berühren. Wir ver=
kehrten ja gewiß förmlich miteinander — förmlicher als
mit all diesen jungen, uns zum Teil verwandten Män=
nern, mit denen Liselotte und ich im Elternhause scherzten
und lachten. Aber bei keinem von ihnen allen überkam
mich, wie bei Ihnen, das wunderliche Gefühl, wie wenn
die äußere Verkehrsform nur so ganz Oberfläche und Schein
sei, während die wirkliche Sinnesart, das wirkliche Be=
nehmen davon abwiche. Mir schien es immer, ohne daß
ich recht begriffen hätte, warum, als verkehrten wir heim=
lich und vertraut. Empfindungen, allerlei verlangende
Regungen, wie ich sie nie gekannt und die ich nicht ver=
stand, wachten in mir auf. Ich versuchte herauszufinden,
ob es bei Liselotte ebenso sei und was sie davon halte.
Sobald ich aber ein solches Gespräch anfing, verfiel Lise=
lotte darauf, mich vor Ihnen zu warnen. Natürlich nahm
ich ihr das übel, denn ich konnte ja sehen, daß alle bei
uns Sie achteten und man von Ihnen und Ihrer Zu=
kunft nur Gutes sprach. Ich vergalt es ihr gewöhnlich
damit, daß ich Hans Ebling anschwärzte, auf den sie
große Stücke hielt und der doch einen entsetzlichen Lebens=
wandel führen sollte. Sie sagte einmal darauf: ‚Es
gibt Menschen, an denen sieht man alles Häßliche, und
ihr Ruf thut noch etwas hinzu. Vor denen ist es leicht,
sich_in acht zu nehmen. Dann gibt es andere, von deren

Innerem sieht man nichts, und ihr Ruf redet gut. Das ist sehr nachahmenswert, aber nicht liebenswert. An Hans Eblings entsetzlichen Lebenswandel hält man sich infolge einer einzigen sicher verbürgten Geschichte: nur weil sie sich in der Gesellschaft abspielte.'

„Als die Eltern starben, war Liselotte die einzige, die davon abriet, mich ins Krankenhaus zu stecken. Man hörte nicht auf sie, und das ist ein großes Unglück für mich geworden. Der Beruf einer Krankenschwester eignet sich nach meinen Erfahrungen auf die Dauer nur für zweierlei Menschen: für solche mit ausgeprägter spezieller Lust und Begabung für die Krankenpflege, die nicht jedermanns Sache ist, und dann für alle, die irgendwie Schiff= bruch gelitten haben mit ihren Hoffnungen und ihrem Lebensglück, mit einem Wort, für die Resignierten, denen es wohlthut, fremde Leiden zu lindern, um das eigene Leid zu vergessen. Es bleibt noch eine dritte Möglich= keit: daß das Los der barmherzigen Schwestern so günstig gestaltet, so erleichtert und verbessert werde, daß es keiner ungewöhnlichen Barmherzigkeit bedarf, um es zu tragen, daß es den Vergleich aushält mit anderen bürgerlichen Berufen, in denen wohl Ansprüche an die Leistungsfähig= keit und Tüchtigkeit gestellt werden, nicht aber an eine rein abstrakte Selbstlosigkeit. Dann würde dieser Beruf aber auch die üble Vornehmheit verlieren, durch die er es erreicht, daß unversorgte Waisen unserer Stände ihm als dem standesgemäßesten einfach verfallen.

„Von einem jungen, zwanzigjährigen, lebenslustigen Ding, wie ich eins war, darf man nicht zu viel ver= langen. Mir steckte das Herz voll Erwartung und Er= regung, ich hätte mich schon bei jeder sonstigen Thätig=

keit zusammennehmen müssen, um ihr zu genügen. Und
dazu kam noch das heftige Widerstreben meiner verfeinerten
Gewohnheiten und Nerven hinzu. Ich fürchtete mich
keineswegs vor Blut und Operationen, aber ich ekelte
mich namenlos vor der Berührung mit Eiter und be-
schmutztem Zeug, vor den groben täglichen Handreichungen
und Dienstleistungen. Mein Körper fing an darunter zu
leiden, daß ich zu viel und zu widerwillig arbeitete. Sahen
Sie das alles nicht, unter dessen Augen es sich doch zutrug? Ihre Befürwortung dieser Berufswahl war einer
der stärksten Gründe, weswegen ich standhielt. In meiner
erregten Einbildungskraft suchte ich mir vorzustellen, meine
Arbeit sei mir von Ihnen selbst und gleichsam wie eine
Aufgabe auferlegt worden, die ich bestehen sollte, um Sie
zu gewinnen. Ich wußte wohl, daß nur strenge Ehren-
haftigkeit Sie davon abhielt, offen um mich zu werben,
und daß Sie es an demselben Tag thun würden, wo die
äußere Möglichkeit dazu vorhanden sein würde. Aber
sie blieb lange aus, und mir erging es nicht besser. Als
ich von den Frauen und Kindern weg in die Abteilung für
Männer geschickt wurde, verschlimmerte es sich noch. Häu-
figer als sonst sah ich Sie in ungesuchter, ungewollter
Vertraulichkeit am Krankenbett, und stärker als sonst
ging von Ihnen die sonderbare Erregung aus, die ich
nicht zu deuten wußte. Dabei verwirrte es mich immer
wieder seltsam, daß ich in Ihrem äußeren Benehmen
nach wie vor, wie an eine glatte Mauer, an der man
hilflos abgleitet, auf die förmlichste Haltung stieß.

„Man glaube nicht, daß die unsinnige Ueberbürdung
mit Arbeit, der viel zu schwere Dienst bei diesen kranken
Männern dagegen ein Heilmittel gewesen wäre, weil er

mich aufrieb und ermattete! „Er war im Gegenteil der beste Bundesgenosse bei dem Werk, mich zu Grunde zu richten; an ihn gab ich meine Kraft, meine Ueber= windungskraft hin, und dann stand ich da in meiner Haltlosigkeit, Ueberreizung und Schwäche.

„Vielleicht besitzen Sie noch das kleine Bild, daß Sie sich gleich nach meiner Einkleidung von mir erbaten: ‚Um des reizenden Kontrastes willen‘, sagten Sie, ‚den dieses Kleid zu diesem Antlitz bildet.‘ Es schmeichelte mir da= mals, ich begriff noch nicht das Mitleidlose und Kalt= herzige darin, daß Sie mich gerade so ausstaffiert vor sich sehen wollten.

„Unter meinen Mitschwestern gab es gute Kamera= dinnen, aber keine Freundinnen für mich. Wir Brinkens schließen uns schwer an und mein süßestes Geheimnis hätte ich ja doch nicht preisgeben mögen. So blieb Lise= lotte die einzige Vertraute. Aber ihr selbst ging es schlecht. Sie saß über ihren Schulbüchern fast ebenso ungern, wie ich am Bett meiner Kranken. Manchmal fand ich sie tief niedergeschlagen, einmal in Thränen — Liselotte in Thränen! — über einer alten angelsächsischen Grammatik. Oder war es gar nicht die Grammatik, weswegen sie weinte? Ich wußte es nicht. Ein anderes Mal erschien sie mir wieder, ebenso unmotivierterweise, wie erstrahlend von Leben und Glück. Vorübergehend dachte ich, sie habe jemand ihr Herz geschenkt, aber wer konnte das sein? Hans Ebling konnte sie nicht so be= glückt erscheinen lassen, auf den war kein Verlaß.

„Um diese Zeit, etwa eineinhalb Jahre nach meinem Eintritt in das St. Michaelshaus wurde uns dort ein junger taubstummer Arbeiter eingeliefert. Er hatte an

Gelenkrheumatismus gelitten, bei welcher Gelegenheit ein schweres älteres Herzleiden konstatiert wurde. Manchmal lag er in einem Schwächeanfall da, dann wieder war er von erregtester Lebendigkeit. Er fiel auf durch seine jugendliche Schönheit, durch den Kopf voll weichgelocktem, braunem Haar, durch seine tiefblauen, merkwürdig klar glänzenden Augen, — die Augen der Herzkranken. Und er war ein Taubstummer. Jetzt, wo ich dies so hin=schreibe wie irgend eine andere Thatsache, berührt es mich selbst wie etwas Unbegreifliches, daß ich jahrelang nur mit Entsetzen und Grauen daran habe denken können. Als enthalte diese Taubstummheit eine gespenstische, über=natürliche Gewalt, ja, als sei er nicht ein gewöhnlicher Sterblicher gewesen, sondern ein mehr als menschliches Wesen.

„Anfangs verschönte seine Stummheit ihn nur in meinen Augen. Man muß wissen, wie roh und ernüch=ternd die Worte aus dem Munde der Arbeiter oft auf mich wirkten, um das zu verstehen. Dieser sprach nicht, er riß keine Witze, er polterte nicht seine Ungeduld heraus, er gefiel sich in seinem Bett nicht als der bediente Herr, der die Schwestern in Atem hält. Dieser lag still da, hilfloser als die anderen, nur von Zeit zu Zeit mit einer kleinen rührenden Handbewegung mich herbeibittend. Was mich an seinen Genossen störte, war äußerlicher Art und machte mich ungerecht gegen sie; was mir an ihm gefiel, war auch nur Außenseite, machte mich aber geneigt, alles Fehlende hinzuzudichten. Darin rächte sich unsere Er=ziehung an mir, die auf die äußere Form mehr Wert legt, als ihr zukommt, und den Blick für das Innen=leben trübt.

„Weil er des Nachts unruhig war und im Schlummer häufig laut stöhnte, wurde er nach einer Weile in die Nebenstube umgebettet. Hier war er einige Tage lang sehr krank und nahm meine Pflege fortwährend in Anspruch. Dann, als der Anfall vorüber ging, folgten mir seine Augen unausgesetzt mit dem Ausdruck einer beharrlichen Zärtlichkeit. Mit der dankbaren Zärtlichkeit eines Kindes, dem man wohlgethan hat und das seine Pflegerin herbeisehnt. Und wie ein von mir abhängiges Kind hatte ich ihn liebgewonnen, während ich ihn stützte und bettete, fütterte und bewachte. Dann folgte dem Zustand gänzlicher Ermattung wieder das aufgeregte Wesen. Oft griff er nach meiner Hand, meinem Arm und hielt sie fest, oft blickte er, als ob er etwas von mir heische, auf mich mit einem Ausdruck unwiderstehlichen Willens in den Augen. Ich war ihm zu Willen, soviel ich konnte und verstand, ich nahm seine lebhaften Bewegungen, mit denen er mich in seine Nähe rief oder festhielt, für die ihm einzig mögliche Sprechweise, und ohne daß es mich beunruhigt hätte, empfand ich seine Hand, seinen Blick als eine wohlthuende Macht.

„Da erhielt ich den Nachtdienst.

„Sie werden meinen, was nun geschah, brauchte ich nicht mehr zu erzählen. Aber Sie können nicht wissen, nein, Sie können nichts davon ahnen, wie ausschließlich in dieser ganzen Zeit meine Gedanken sich mit Ihnen beschäftigten. Nur an Ihnen hing ich, nur Sie allein habe ich geliebt! Ich verlangte mit meiner ganzen Seele nach Ihnen, und dieses Verlangen, ungestillt, in steter Unsicherheit erhalten, zugleich angereizt durch Ihre Gegenwart und verwirrt durch Ihre Haltung, gerade das wurde mir zum Verderben. Ich kann es nicht erklären, ich kann nur schildern, wie ich empfand — bin ich eine Kranke, bin ich eine Verworfene gewesen? — ich weiß es nicht. Ich weiß nur, daß ich mir keiner Untreue gegen Sie bewußt wurde — ja, daß eben dieselbe leidenschaftliche Spannung, die S i e weckten, mich i h m, dem fremden Arbeiter, gegenüber wie ohnmächtig machte. Ich fühlte mich schwach in den Armen und Knieen, wenn ich bei i h m war, und ich weinte im Traum nach I h n e n, wenn ich schlief. — Wenn man in die nächtlichen Träume einer Menschenseele hinabsehen könnte, würde man sie in ihren Widersprüchen und geheimen Aengsten vielleicht oftmals verstehen. In meinen Träumen vermischten sich mir beide Gestalten so unentwirrbar miteinander, daß ich nur einen zu sehen glaubte, den ich liebte, das aber waren Sie. Sie waren es, dem ich seinen Körper lieh, und Sie flehte ich an, mir von Ihrer Liebe zu sprechen, mir Gewißheit und Halt zu geben — fortzuwerfen, was Sie aus äußer= lichen Rücksichten so fremd und förmlich gegen mich machte — und Sie waren es, der nicht zu mir reden konnte, weil er taubstumm war.

„Damals würde ich Liselotte mein ganzes Herz aus= geschüttet haben, und vielleicht hätte sie mich gerettet. Aber Liselotte hatte mich verlassen. Seit einem Monat war sie in Paris, um französisch sprechen zu lernen. Und schon seit vielen Monaten weilten ihre Gedanken nicht mehr bei mir. Ich fühlte, daß sie vor mir etwas heim= lich hielt, und das machte mich selbst verschwiegen. Wir waren zueinander nicht mehr ganz unbefangen, und wenn wir zusammensaßen, sprachen wir manchmal vom Früh= ling, der draußen ausschlug, anstatt von uns. Und in den

Frühling reiste sie hinaus — ‚dort blüht es schon längst!‘
sagte sie mit leuchtenden Augen — und ich blieb traurig
und allein zurück und starrte aus meinem Schwestern-
stübchen in den breiten Spitalhof hinab, dessen Buschwerk
sich mit jungem Grün bedeckte.

„In der Nacht, in der Sie so unerwartet die Nebenstube am großen Typhussaal betraten, hat er mich ge-
herzt und geküßt. Nur diese Küsse habe ich in meinem
ganzen Leben von einem Mann empfangen, nur diese
Hände haben mich berührt und geliebkost — und doch
war die Wirkung so groß, so entsetzlich, wie nur Schande,
Schmach und Laster sie nach sich ziehen können.

„Eine Sekunde lang kam es mir wie etwas Unmög-
liches, etwas Wahnsinniges vor, daß Sie und er in zwei
getrennten Wesen und Gestalten da vor meinen Augen
stehen konnten. Was ich ohne inneren Zwiespalt wie eine
untrennbare, geheimnisvolle Einheit empfunden, das riß
plötzlich mit gräßlicher Eindringlichkeit in zwei Fratzen,
zwei Unnaturen auseinander, die ich in meinem eigenen
Innern getragen haben sollte. Ich sah alles grell, deutlich, mitleidslos, wie es war. Ich sah mich selbst als
Dirne, erkannt und gebrandmarkt von dem, den ich liebte.
Ich glaube nicht, daß es irgend ein Verbrechen gibt, das
eine solche Minute der Hölle und der Ewigkeit nicht
sühnte. Ich glaube nicht, daß es irgend einen Mann
gibt, der sich hineinzuversetzen vermöchte in das, was in
einer solchen Minute ein Weib durchleidet.

„Aber es wäre nutzlos, jetzt noch davon zu sprechen.
Ich möchte nur hinzufügen, daß meine Qual und Selbst-
erniedrigung mich nur noch unlöslicher an Sie kettete.
Der jähe Verlust dessen, was meine ganze Lebenshoffnung

ausgemacht, erhöhte Ihren Wert noch tausendmal für
mich und glorifizierte Sie förmlich in meinen Augen. Je
abscheulicher ich mir selber vorkam, desto größer und edler
erschien mir jetzt die Zurückhaltung, mit der Sie mir be=
gegnet, die Selbstbeherrschung und Ruhe, mit der Sie
auf Ihre Zeit gewartet. Mich dürstete jetzt nach Ihrer
Nähe in anderer Weise als bisher, mich dürstete nach
Ihnen wie nach der Gegenwart des Reinen und Hohen,
dessen ich mich unwürdig gezeigt hatte.

„Mit einer stumpfen Verzweiflung im Herzen, apa=
thisch und zerbrochen, versah ich in der nächsten Nacht
meinen gewohnten Dienst. Der Taubstumme hatte am
Tage einen schlimmen Anfall gehabt, und sollte alle zwei
Stunden eine Dosis Digitalis erhalten, um die gesunkene
Herzthätigkeit anzuregen. Bis zu dem Augenblick, wo ich
bei ihm eintreten mußte, um ihm die Arznei zu reichen,
war er aus meinen Gedanken wie hinweggelöscht gewesen.
Jetzt, da mein Blick auf den Schlummernden fiel, stieg
in mir ein Gefühl wilden Hasses auf. Und so wild und
ungezügelt dies Gefühl auch war, es lag für mich etwas
Helfendes darin: ich hörte wenigstens für einen Moment
auf, mich selbst zu beschimpfen und zu verunglimpfen —
ich entrüstete und empörte mich wider einen anderen.
Vielleicht war das Erste das Moralischere, aber dies Zweite
war sicher das Natürlichere für mich, denn im Grunde
fehlte mir ja doch das richtige Schuldbewußtsein. Aber
in meinem Haß lag zugleich auch ein sonderbares kaltes
Entsetzen: es muß wohl der Haß gegen den gewesen sein,
dem man rettungslos angehört, rettungslos, als sei man
dem Teufel selbst verschrieben. Denn das ist das Grauen=
volle und Unbegreifliche: daß ich mich zugleich vor ihm

fürchtete. Ich fürchtete mich vor seinem Erwachen, vor seinem Blick, vor der Nähe seiner Hand, dieser weißen, schmal gewordenen. Ich fürchtete mich wie jemand, der gelähmt und vernichtet am Boden liegt und keine, auch nicht die leiseste Bewegung der Selbsthilfe machen kann. Je monströser, je ungeheuerlicher mir das Geschehene vorkam, eine desto übermenschlichere Gewalt mußte ja von ihm ausgegangen sein, um es zu erklären.

„Ich stand wie im Starrkrampf am Bett, mit angehaltenem Atem und dem einzigen bis zur brennenden Sehnsucht gesteigerten Wunsch: ‚Sei nicht da! Sei nicht da! Wach nicht auf! Wach nicht auf!‘

„Die Zeit verstrich langsam, es blieb totenstill ringsum, nur hie und da ein schwerer, stöhnender Atemzug oder ein Aufhusten im großen Saale nebenan.

„Meine Finger umklammerten das Fläschchen mit den lebenstärkenden Tropfen, bis sie kalt und starr wurden.

„Da regte er sich.

„Ich flog zusammen, und mit eisigem Schreck im Herzen, mit trockenen Lippen und weitgeöffneten Augen sah ich auf ihn hin.

„Aber er bewegte nur, wie suchend, den Arm ein wenig, dann sank er wieder zurück.

„Mein Herz begann in wilden Schlägen zu schlagen, meine Pulse flogen. Zitternden Fußes, als gelte es jetzt nur noch kleine Anstrengung, um mich aus Todesgefahr zu retten, schlich ich hinaus. Die Stunden verrannen, eine nach der anderen.

„O diese Nacht! Wie steht sie vor mir, in mein Gedächtnis hineingebrannt, mit einer jeden ihrer endlosen Stunden! Ich irrte an seiner Thür vorüber, mehr

als einmal lag meine Hand auf dem Thürgriff, aber ich
öffnete sie nicht wieder. Sonderbar und wie in einer
geistigen Störung wurde ich von zwei einander wider=
sprechenden Gedanken gleichmäßig entsetzt und gepeinigt.
Der eine raunte mir immerfort zu: ‚Er stirbt! Er liegt
hilflos und leidet. Er ringt nach Atem, er erstickt! Siehst
du nicht, wie seine Nägel sich in das Betttuch einkrallen?
Und die Arznei in deiner Hand bedeutet sein Leben!‘ —
Der andere Gedanke aber, das war wie Wahnsinn, das
war wie ein höhnisches Gelächter: ‚Er kann gar nicht
sterben, nie und nimmer kann er sterben! Hat er nicht
Gewalt über sich und dich? Während du dich quälst, liegt
er da und lächelt.‘

„Ich weiß nicht, welche von diesen beiden Vorstellungen
siegte.

„Als der Morgen heraufkam, fand man mich neben
seiner Thür besinnungslos ausgestreckt, das Fläschchen in
der Hand.

„Er war tot. — — —

„Bin ich zu ihm hineingegangen, habe ich ihn sterben
sehen? Habe ich ihn schon als Leiche erblickt, als er starr
dalag? Sind das nur Bilder und Fiebergesichte, die
mich ängstigten und aufjagten, während ich in schwerem
Nervenfieber wochenlang zwischen Tod und Leben schwebte?

„Ich weiß es nicht.

„Als ich wieder zu klarem Bewußtsein erwachte, saß
Liselotte an meinem Bett. . Blaß und mager sah sie
aus, als läge auch hinter ihr Kampf und Krankheit, aber
ihre lieben Augen blickten so verständnistief, mit so viel
Mitleid und Güte in die meinen, daß ich zum ersten Glücks=
gefühle wieder kam, als ich mich an ihrem Halse ausweinte.

Sie war nicht nur sofort herbeigeeilt auf die erste
Nachricht von meiner Erkrankung, sie begleitete mich auch
auf das kleine Gut unseres alten Onkels, wo ich mich
in den Sommermonaten erholen sollte. Gewiß hat ihre
Art, mich mit stummer Liebe zu umgeben, das meiste
dazu gethan, daß ich wieder gesund wurde. Aber meiner
Sehnsucht, mich gegen sie auszusprechen, kam sie nicht
entgegen. Einmal des Abends im Garten, als wir zu=
sammen saßen und meine Hand sich in die ihre schlich,
da umfaßte sie mich plötzlich mit ihren Armen und sagte
ganz leise, zärtlich und eindringlich:

„‚Christa! Halt mich nicht für fremd und kalt! Ich
versteh’ alles, ich weiß alles! Aber du mußt schweigen!
Wir alle müssen es. Später wirst du es selbst einsehen
und dich freuen, daß kein gesprochenes Wort dir auf der
Seele brennt. Du hofffst Erleichterung davon, aber es
ist Belastung. Quäle dich nicht um vergangene Ge=
danken und Handlungen, gib dir dein eigenes Recht zu
allem, was du gethan haben magst, aber denke, daß auch
die Welt nach ihren eigenen Gesetzen lebt und leben muß.
In unsere tiefsten Herzen hat sie nicht hineinzusehen.
Und in Bezug auf unser tiefstes und verborgenstes Empfin=
den gehört auch noch der liebste Mensch mit zur ‚Welt‘.
Du bist dir nicht schuldig, der Welt zuliebe zu leben,
aber Haltung bist du dir schuldig. Und wenn du dich
quälst und wenn sie dir schwer fällt, so nimm sie zum
freiwilligen Preis für das, was du dir vorwirffst.‘

„So ungefähr sprach Liselotte. Mochte sie sich aus
meinen Fieberphantasien, mochte sie sich aus ihren eigenen
Ahnungen einen falschen Sachverhalt zusammengestellt
haben, jedenfalls mißverstand sie mich im Hauptpunkt.

Aber dennoch klammerte ich mich an ihre Worte wie an eine Rettungsplanke, die einem Ertrinkenden zugeworfen wird. Weniger des Inhalts ihrer Worte wegen, als deshalb, weil diese überhaupt eine Vorschrift, eine Weisung, einen Rat enthielten. Aus der Angst und gänzlichen Verwirrung meines Inneren wuchs das starke Bedürfnis, mir ein Verhalten vorschreiben zu lassen. Denn zu dem einzigen Verhalten, das ich mir anfangs zagend selber vorgeschrieben hatte: bekennen, nicht Liselotte im Vertrauen bekennen, sondern eben gerade der ‚Welt‘, von der sie sprach, — dazu fehlte mir der Mut.

„Und so hörte ich aus allem nur das eine heraus, daß ich schweigen durfte, wo mir das Sprechen so unsäglich schwer fiel — wenn ich dafür auch schweigen mußte ihr gegenüber, der zu bekennen mich so inbrünstig verlangt hatte. Je größere Selbstüberwindung das Geheimnis zwischen uns mich kostete, desto richtiger, desto gerechter kam es mir vor, sie zu üben. Ich griff gierig auf, was einer freiwilligen Sühne gleichen konnte.

„Liselotte setzte es im stillen durch, daß mein Onkel mir den Vorschlag machte, das Krankenhaus ganz zu verlassen und bei ihm zu bleiben. Als ich darauf Liselotte mitteilte, mein fester Entschluß sei es gerade, mein ganzes Leben der Krankenpflege zu widmen, da weinte sie. Sie sagte nur traurig: ‚Wenn du so fühlst, mußt du freilich so handeln, Christa.‘

„Mir graute vor meinem eigenen Entschluß wie vor dem lebendig Begrabenwerden. Doch eben deshalb meinte ich, ihn auf mich nehmen zu müssen. Wie konnte es anders sein? Ich vermochte das, was geschehen war, nur mit d e n Augen zu betrachten und zu beurteilen, die uns

die Erziehung dafür eingesetzt hat. Daraus folgte die
innere Nötigung, mir eine Buße für mein Thun aufzu-
erlegen und mir unter allen Opfern das schwerste aus-
zusuchen. Auf diesem Wege — dem Wege der christlichen
Askese, deren Glaubensvorstellungen bei vielen von uns
schon wanken, deren Moralideen uns aber in Fleisch und
Blut übergegangen sind, — bin ich im stillen, harten Seelenkampf die selbstlose, pflichttreue Schwester Christa geworden, als die man mich heute rühmt. Zu Liselottes Privat-
moral mich zu erheben, fehlte mir der Charakter und
damals auch der freie Kopf. Von dieser Moral, die
übrigens ja ebenfalls ganz und gar das Resultat bestimmter
Lebenskreise und Standesvorurteile ist — eignete ich mir
nur ein kleines Stückchen an, wohin ich mich gelegentlich
vor meinem Allerweltsgewissen zurückzog wie in ein Schlupf-
winkelchen. Dies Stückchen enthielt die Worte: ‚Die
Welt braucht uns nicht ins tiefste Herz zu sehen, und
was da vorgeht, soll nicht vor dem Pöbel profaniert
werden. Nichts gehört uns so unveräußerlich an wie
unser Büßen und Sehnen.‘

„Heute bin ich viel, viel älter als damals. Im
grauen Einerlei meines Lebens habe ich über manches
still nachdenken gelernt. Ich habe mit der peinvollen
Arbeit aufgehört, mich zu verurteilen und Sie zu glori-
fizieren. Ich habe die verlorene Seelenruhe wiederge-
wonnen, wennschon es eine tödliche Ruhe ist. Ich durfte,
ich sollte mich im Dienst der anderen vergessen, mit allem,
was an Reue oder Sehnsucht, an Weh oder Glück in
mir gelebt haben mag, und ich that das so getreulich,
bis ich im Grunde kein rechtes eigenes Selbst mehr besaß — ja, bis ich die ausgezeichnet fungierende Liebes-

maſchine geworden war, die man jeden Tag nur friſch aufzuziehen braucht.

„Und jetzt frage ich mich, warum mir im Anfang dieſes Schreibens das Wort ‚Mitſchuldiger‘ entſchlüpfte. Es muß Worte und Empörungen geben, die ſich in unſere Träume einzuſchleichen wiſſen, ohne daß wir ihnen im Wachen ein Recht zugeſtehen. Ich nehme dieſes Wort zurück und lege mein Bekenntnis als das der allein Schul= digen in Ihre Hände, als in die eines Menſchen, der es offenbar beſſer verſtanden hat als ich, ſich rein und feſt zu erhalten in den Wirrniſſen und Verſuchungen, die uns umgeben.

„Ich will nicht rütteln an der Verehrung meiner Jugend.

„Sie ſind emporgeſtiegen, und ich bin gefallen im Kampfe des Lebens.

„Es mußte wohl ſo ſein. —
Chriſtel von Brinken.“

Mädchenreigen.

Der Tapezierer arbeitete schon seit Stunden im Hochparterre des alten Familienhotels. An den Rolljalousien derjenigen Stuben, die in den schattigen Garten hinausgingen, wurden Aenderungen angebracht, damit sie besser funktionieren möchten — dergleichen war hier ziemlich oft notwendig in diesem altmodischen Gebäude. Dafür lag es aber auch so behaglich, einem ruhigen Gartenhause ähnlicher als einem Hotel inmitten Münchens, und wer hier wohnte, der blieb gern und lange, das konnte man den Zimmern ansehen. Passantenzimmer waren das nicht.

Besonders dies eine, wo jetzt seine Leiter am Fenster lehnte: die Art schon, wie der breite bequeme Schreibtisch stand, mit einem Fell darunter, und dann dieser glückliche Einfall, das Bücherregal, wofür sich kein rechter Wandplatz mehr gefunden hatte, von der schmalen Zwischenwand der beiden Fenster aus mitten ins Gemach hineinragen zu lassen — das ergab zwei Nischen mit konzentriertem Licht und war gar nicht übel: etwa für ein Herrenzimmer der nächsten bestellten Wohnungseinrichtung in knapp bemessenen Räumen.

Dem Schreibtisch gegenüber befand sich am Fenster ein großer Sessel von stark abgenutztem Strohgeflecht, auf dem niederen Tischchen davor lag neben dem sehr

simpeln Rauchzeug eine Reitgerte. Darüber hingen, mit
blanken Reißstiften befestigt, mehrere Photographien:
schöne jugendliche Mädchenköpfe.

Der Tapezierer stieg von seiner Leiter und sammelte
das Handwerkszeug zusammen, das er auf dem Toiletten=
tisch am Bettwandschirm zerstreut hatte. Da war näm=
lich Platz genug dafür: nur ein einziger Kamm, nach=
lässig in eine Ecke geschoben, deutete auf die Bestimmung
der Toilette hin. Ein eitler Mann konnte es nicht sein,
der sich morgens vor ihr frisierte.

Schräg über den Gang stand die Thür zum letzten
Zimmer auf, wo es noch zu arbeiten gab — einem präch=
tigen Ecksalon. Eben erst schien es besetzt zu werden:
noch lag eine Juchtenhandtasche auf dem Teppich und
nur das Reisenecessaire war schon herausgezogen und auf
dem Tisch geöffnet worden. Das Abendlicht der Sonne,
das rötlich durch die blühenden Kastanienwipfel draußen
hereinfiel, blitzte und flimmerte auf der silbernen Ein=
fassung all der zahlreichen Dosen, Krystallflacons, Bürsten
und Handspiegel, die da durcheinander standen.

Zwischen ihnen lag eine Handvoll langstengeliger,
schwer duftender roter Rosen.

In diesem Augenblick kam ein leichter, fester Schritt
den Gang hinab, machte unweit der Thür Halt, und ein
junges Mädchen warf einen flüchtigen Blick auf das Still=
leben auf dem Tisch. Ja, es war wohl ein junges Mädchen,
ein recht junges sogar, und daß es nicht so aussah, kam
wohl von der Radfahrtracht mit den Pumphosen her.

Sie nahm die kleine Mütze vom dunkeln, kurzge=
schnittenen Haar, zog einen Schlüssel aus der Tasche und
als sie ihre Zimmerthür unverschlossen fand, sagte sie

noch in halb fragendem Ton zum Tapezierer hinüber, dem sie dabei freundlich zunickte:

„Bei mir ist's wohl schon fertig?"

Aber der Mann, der gerade seine Leiter neu aufstellte, vergaß vor lauter Verwunderung zu bejahen; denn die Stube, die sie offenbar bewohnte, das war ja das „Herrenzimmer" drüben!

Inzwischen trat in die Eckstube der Hausknecht mit einem Koffer auf der Schulter und bald hinter ihm ein groß gewachsener junger Mann ein, der sich den Koffer gleich aufschnallen ließ und sich dann über die Flacons auf dem Tisch hermachte. Der Tapezierer oben auf der Leiter, dessen Anwesenheit mit vielen Worten vor dem neuen Ankömmling entschuldigt wurde, mußte in sich hinein lachen: er wäre doch nun wirklich dafür gewesen, daß diese beiden Hotelgäste ihre Stuben und auch ihre Sachen tauschten! Wenn das so weiter ging, dann konnte man in dieser verkehrten Welt bald die Wohnungen der Frauenzimmer wie die der Mannsleute einrichten, und auch umgekehrt.

Aus dem Alkoven, in den der kleine Salon überging, kam ein feiner, leichter Duft nach sehr guter Seife und unaufdringlich parfümierter Erfrischungsessenz und mischte sich mit dem süßen Atem der Rosen auf dem Tisch. Der Herr trat vom Waschtisch zurück, wechselte den Rock und stieß die Glasthür auf, die von hier direkt auf eine breite, an mehreren Gemächern entlang laufende Veranda hinausging.

Ein paar Steinstufen führten von hier in den Garten. Unter den großen Kastanienbäumen sah man hie und da Windlampen erstrahlen, an einigen Tischen hatten Gäste es sich schon zum Abendschmaus behaglich gemacht. Andere saßen auch weiter ab auf den zwischen blühendem Gesträuch versteckten bequemen Rohrbänken und plauderten in der lichten Maidämmerung.

An dem der Veranda nächststehenden der hellerleuchteten Tische, an dem zwei einzelne junge Leute speisten, erhob sich der eine von ihnen etwas mühselig und kam leicht hinkend die Steinstufen hinauf.

„Sind Sie fertig, Alex? Was säumen Sie denn, alles wird kalt und geschmacklos," bemerkte er und nahm den Neuangekommenen unter den Arm. „Ich glaube, Knut gefällt es ganz gut hier — und Ihnen?"

„Ja, auch mir," nickte der. „Es scheint ja auch ein ganzes Badehaus mit allen möglichen sanitären Vorrichtungen dabei zu sein, vielleicht bekommt der lange Aufenthalt hier Ihnen recht gut, Ferdinand," fügte er hinzu, während er ihn an den Tisch zurückführte.

„Ach, mir! Ich halt's hier doch nicht mehr lange aus ohne Sie beide. Mir wär's schon am liebsten, ich brauchte keinen anderen Arzt auf dem Erdenrund als Sie, Alex."

Der dritte junge Mann am Tisch hob den feinen blonden Kopf und lachte mit gutmütigem Spott.

„Schöner Arzt das!" sagte er. „Sie sorgen wenigstens dafür, daß einer auf dem Erdenrund ihn daran erinnert."

„Seelisch meint' ich's," murmelte Ferdinand.

Alex aber erwiderte heiter:

„Belacht es mir nicht, bitte euch. Das große Staatsexamen absolviert — also! Und erinnern thu' ich mich selber dran: wenn jemand dermaßen seine Trägheit und mehr noch seine Empfindlichkeit hat überwinden müssen, wie ich zu dem Studium —"

„Um schließlich doch zu bleiben, was ich leider nur temporär sein kann: Der freie Mann," fiel Knut ein. „Sie bleiben ja doch zum Glück der reiche Sohn des reichen Vaters. Also wozu? Verrückt, sage ich!"

„Nicht so sehr verrückt. Man kann sich plötzlich mal — durch Erziehung, Gewöhnung, was weiß ich — plötzlich mal so verweichlicht und verweiblicht vorkommen, daß man in eine Abhärtungswut gerät. Vorurteil meinet= wegen."

„Und daß man schließlich gar ein nützliches Mitglied der menschlichen Gesellschaft wird?" bemerkte Knut zwei= felnd, während er seinen Zwicker aufsetzte und scharf in den Hintergrund des Gartens spähte.

„Nein. Aber daß man hinterher eine angenehme innere Erlaubnis verspürt, sich nun wieder mit unge= trübtem Genuß gehen zu lassen," erwiderte Alex, schob seinen Teller zurück, schenkte sich Wein ein und zündete eine Zigarette an.

Ferdinand lachte. Der andere hatte nicht recht zu= gehört. Er schien von dem, was er im hinteren Teil des Gartens sah, ganz erfüllt.

„Was, bitte, sehen Sie eigentlich da so Besonderes?" fragte Alex nach einer Pause.

„Ich sehe Ihre Witwe," entgegnete Knut dumpf.

Ferdinand lachte noch stärker, in der Manier sehr nervöser Menschen, als ob er nicht innehalten könnte.

„Also eine Witwe haben Sie sich zugelegt," be= merkte er und verschluckte sich fast.

Alex zuckte mit den Schultern.

„Keine Ahnung. Wie sollte die denn hierher kommen?" meinte er.

„Ganz einfach — höchst einfach: Sie ist Ihnen nachgereist. Ich begreife nur diese Geheimthuerei gar nicht," stieß Knut sichtlich erregt hervor — „wir sind doch unter uns."

„Ich weiß von keiner Witwe," behauptete Alex phlegmatisch, „es war da freilich eine Witwe im Florentiner Hotel, aber wieso soll das meine Witwe gewesen sein?"

„Sie müssen wissen," wandte Knut sich an Ferdinand, „er saß den ganzen Tag mit der Witwe und demonstrierte ihr mit seiner verfluchten Philosophie die Notwendigkeit, da ihre Ehe ihr den Geschmack an einer Wiederverheiratung genommen hatte — was er hochgradig begriff —, sich zum mindesten einen Geliebten zu nehmen. War es nicht so?"

„Doch wohl nicht ganz." Alex sah jetzt auch in den Garten hinein und fügte hinzu: „Sie ist es wirklich. Vielleicht irgend ein Zufall. Ich fühle mich unschuldig dran. Denn selbst wenn Sie nicht schauderhaft übertrieben, lieber Knut, so bewiese das doch nur meine Selbstlosigkeit, nicht wahr?"

Knut schob ihm plötzlich die Hand hin:

„Ihr Ernst? Bitte, seien Sie doch eine halbe Minute ernst! Sie haben kein Interesse für die schöne Witwe?"

Alex lachte leise auf. Er machte große Augen.

„Interesse — wie Sie es meinen: nicht die Spur," sagte er und schlug ein.

Knut sah verlegen aus.

„Das ist aber doch verrückt! rein verrückt!" murmelte er, „und ich — ja, was saßen Sie denn bei ihr —."

Alex antwortete nicht. Er rauchte nachdenklich vor sich hin. Knut bearbeitete nervös den Kies am Boden mit seinem Stock. Dann stand er auf und sah sich um. Und mit einemmal war er im Hintergrund des Gartens in der Richtung seiner beharrlichen Blicke verschwunden.

Ferdinand fragte nach einer Weile:

„War es denn wirklich nichts mit der Witwe?"

Alex schüttelte den Kopf.

„Gar nicht mein Geschmack. Aber sie war menschlich nicht uninteressant. Muß man bei allem und jedem wie ein Raubvogel sein? An aller Gier ist etwas Häßliches. Knut ist darin so — — nun, ich bin nicht besser."

„Doch. Ich glaube, Sie wären es jedenfalls, wenn Sie nicht gerade Balte wären. Ich meine, wenn es aussichtsvoller, erfreulicher wäre auf baltischen Besitzungen für einen Nichtrussen. So sind Sie eben zum Wanderer geworden — aber doch wandern Sie schöner und genußreicher als wir anderen, Alex," sagte Ferdinand.

„Ja, es hat seinen Reiz. Nämlich das Streifen: von Leben zu Leben — alles nur streifen: aber, wenn möglich, nicht ganz spurlos. Diese Witwe zum Beispiel — die mich als Mann kalt läßt — wird in ihren künftigen Handlungen und Gedanken etwas durch mich, durch unsere Gespräche mitbestimmt werden."

Alex bückte, während er das äußerte, den Kopf. Er hatte eine Ecke des Tischtuches von der ganzen Marmorplatte zurückgeschlagen und zeichnete mit dem Taschenblei ein zartes Madonnenköpfchen hin.

Ferdinand beugte sich vor.

„Die Witwe?" fragte er.

„Aber, Mensch! wo haben Sie Ihre Augen? Das

kleine liebe Mädel dort am Tisch rechts. Sie sitzt zwischen
zwei alten, graubärtigen Papas, wie eine kleine Holz=
schnittmadonna zwischen zwei Kirchenheiligen."

Ferdinand schob seinen Stuhl unauffällig etwas zur
Seite und schaute aufmerksam hin.

„Ein entzückendes kleines Profil hat sie," bestätigte
er, „wie genau Sie das aber getroffen haben! Uebrigens
steht der süße Mund ein bißchen albern offen. Und die
festgeflochtenen Zöpfchen rund um den Kopf geben ihr
was rührend Primitives. Wirklich nicht übel zwischen
den beiden Graubärten."

Vom Tisch her, an dem die drei Personen soeben
ihre Abendmahlzeit beendeten, schallte ein breites, lautes
Hamburger Deutsch. Nur die kleine Madonna, die höchstens
sechzehn Jahre zählen mochte, blieb ganz stumm.

Alex, der weiter gezeichnet hatte, aber immer wieder
mit seinen dunkeln Augen, die ausgezeichnet sein und
scharf zu sehen verstanden, hinübersah, bemerkte plötzlich:

„Ich hab' einen Rivalen. So unschuldig und lieb
dumm sieht sie aus und kokettiert doch schon. Aber wie!
Ich glaub' sogar, da ist schon ein Einverständnis."

„Mit wem denn?" Ferdinand strengte seine kurz=
sichtigen Augen an. Er sah wohl, daß das junge Ding
einmal wie zufällig den Kopf zur Seite wandte, und
daß sie dann lebhaft errötete. Aber vielleicht fühlte sie
sich von ihnen beobachtet. Auf der anderen Seite, über
einer Bank im fast dunkeln Gebüsch, gewahrte man nur
einen hellen Glimmpunkt, sehr klein, wie von einer Zi=
garette.

Der Kellner kam heran und begann die Tische ab=
zuräumen. Ein kühler Abendwind strich durch die Ka=

stanienkronen und warf Blütenschauer nieder. Als Fer=
dinand leicht fröstelte und sich nach seinem Ueberzieher
umblickte, zog Alex die Uhr und sagte:

„Gehen Sie lieber jetzt auf Ihr Zimmer. Wir sind
doch nicht hergekommen, um Ihre Gesundheit auf die
Probe zu stellen. Morgen ist auch noch ein Tag.“

„Ich geh’ ungern,“ erwiderte der andere, erhob sich
aber gleich, „ich bliebe am liebsten mit Ihnen die ganze
Nacht auf. Aber Sie bleiben doch noch? Sicher?“

Alex nickte.

„Sicher noch mehrere Tage. Ich wenigstens. Knut
vielleicht nicht — das weiß ich nicht,“ entgegnete er
und drückte die blasse, kränklich kalte Hand, die sich um
seine warmen, schmalen Finger fast klammerte, „gute
Nacht!“

Während Ferdinand sich langsam mit seinem etwas
hinkenden Schritt entfernte, sahen die drei am anderen
Tisch unwillkürlich hinter ihm her. Die beiden alten
Herren gleichgültig, der kleine Madonnenkopf mit einer
leichten Neugier, die Alex plötzlich abstieß.

Dennoch stand er auf und wählte außerhalb des
hellen Lichtkreises der Windlampen seinen Platz so, daß
er den Tisch im Auge behielt und auch der glimmenden
Zigarette im dämmerdunkeln Gebüsch näher kam.

Ganz deutlich sah er jetzt, wie die Blicke vom Tische
aus immer dorthin flogen. Den Oberkörper desjenigen,
dem sie wohl galten, konnte man hinter den Flieder=
zweigen nicht erkennen, doch eine Hand streckte sich ein=
mal ganz lang vor und hob sich etwas — eine ganz selt=
sam kleine Hand —, und nun machte sie nach dem Tische
hin ein Zeichen.

Und das Madonnengesichtchen senkte sich, mit schä=
migem Rot übergossen, aber es lächelte dabei verlegen
und verstohlen. Plötzlich entschlüpfte Alex' Lippen ein
schwacher Laut der Verblüffung.

Die beiden Graubärte rüsteten sich zum Aufbruch,
das Lampenlicht schien dadurch unbehindert über den
Kiesweg bis zur Bank. Und da erblickte man deutlich
zwei lange Mädchenbeine in schwarzen Strümpfen vor
dem Fliedergebüsch. Das also war der „Rivale"!

Trotzdem behielt für Alex' Gefühl das von ihm be=
obachtete Spiel etwas Seltsames, Kokettes. Sogar jetzt,
wie seine kleine Madonna einen grüßenden Abschiedsblick
nach der glimmenden Zigarette warf, sah sie weiblich be=
fangen und dabei listig aus. In ihrer Verwirrung ver=
lor sie den einen ihrer Handschuhe, der neben ihrem Stuhle
liegen blieb.

Zu gleicher Zeit entfernten sich noch mehrere Gäste.
Einzelne Lampen wurden verlöscht. Ganz still wurde es
im Garten. Als die letzten Schritte sich entfernt hatten
und der Kellner mit dem klappernden Geschirr um die
Ecke bog, vernahm man süß und weich den beginnenden
Nachtigallgesang.

Alex rührte sich nicht. Auch sein „Rivale" blieb
regungslos auf dem Platz.

Sie ahnten einander mehr, als sie sich wirklich sehen
konnten. Aber doch war irgend etwas Unausgesprochenes
zwischen ihnen, das sie aufeinander bezog. Alex kam die
Empfindung, als warte ein jeder von ihnen auf den
ersten Aufbruch des anderen.

Ein stärkerer Windstoß wehte Duft und Blüten auf
die Gartenwege nieder. Die Nachtigall hörte auf zu

schlagen. Sie verstummte ebenso plötzlich, wie sie ihr Locklied begonnen hatte.

Alex erhob sich und schritt langsam zum Tisch, neben dem der kleine Handschuh am Boden lag und auf dem die Lampe noch brannte.

Da, wie er sich eben bücken wollte, um den Handschuh aufzunehmen, stand blitzschnell, wie aus der Erde geschossen, jemand neben ihm. Ein schlankes dunkles Mädchen im knabenhaften Kostüm; ein paar wundervolle braune Augen sahen ihm voll Spannung ins Gesicht.

Sie ließ ihn den Handschuh ruhig aufnehmen, dann aber streckte sie die Hand danach aus:

„Bitte, geben Sie mir den!“

Sie standen einander gegenüber und starrten sich einen Augenblick schweigend an. Dann fragte Alex mit leichter Verbeugung:

„Sie kennen die Dame?“

Ungeduldig schüttelte sie den Kopf.

„Nein. Eben drum. Ich möchte sie kennen lernen.“

Er lächelte flüchtig.

„Vielleicht bin ich in derselben Lage —?“

Sie knitterte ihre Zigarette zusammen und warf sie in weitem Bogen fort. Dann sah sie ihn forschend an, mit Augen wie ein Untersuchungsrichter:

„Wer sind Sie denn?“

„Entschuldigen Sie — —“ er verbeugte sich wieder und stellte sich vor — „Baron Alexander Vresenhof. Hier ist der begehrte Handschuh, mein gnädiges Fräulein. Ich tröste mich gern damit, daß ich mit seiner Hilfe Ihre Bekanntschaft machen durfte.“

Sie griff haftig nach dem Handschuh und zuckte spottend die Achseln.

„Ein guter Geschmack!" warf sie nur so hin, und fort war sie.

*　　*　　*

Alex saß am anderen Tage in der offenen Glasthür zur Veranda. Er hielt ein Buch auf den Knieen, doch las er nicht darin. Seine Blicke schweiften immer wieder aufmerksam in den Garten hinab, wo sein „Rival" von gestern abend von mehreren jungen Mädchen umgeben dasaß. Die kleine Madonna war übrigens nicht darunter — —.

Sein Rival hieß „Hans" — so hörte er ihn rufen, und sogar im Fremdenbuch stand er als „Hans Holtema". Und nun saß er also und hielt förmlich Hof — oder richtiger: er machte ihn, denn die jungen Mädchen behandelten ihn ganz als Courmacher.

Das Problem „Hans" interessierte Alex lebhaft, er war nicht recht davon überzeugt, ob wirklich nur etwas Harmloses dahinter stecke. Als die jungen Mädchen sich jetzt nach dem Ausgang begleiten ließen, legte er sein Buch hin, warf noch einen Blick hinter sich in den Ecksalon, wo Ferdinand auf seinem Diwan lag und schlief, und stieg dann in den warmen hellen Garten hinunter.

Wie „Hans" zurückkehrte, begegnete er ihr geschickt auf ihrem Wege. Er grüßte sehr beflissen und wagte die Frage:

„Nun, mein gnädiges Fräulein, hat der Handschuh seine Schuldigkeit gethan?"

Sie erwiderte den Gruß, antwortete aber nur

indirekt auf die Frage, indem sie höchst unvermittelt
sagte:

„Glauben Sie, bitte, nicht, daß ich Ihnen etwa aus
Dankbarkeit jetzt meinerseits als Handschuh dienen werde
und die Bekanntschaft einfädle. Für junge Mädchen taugt
das gar nichts."

Dieser Ton und die erheiternd falsche Erklärung
seines Annäherungsversuches verdutzten ihn. Er wußte
nicht, wie viel davon er für echt nehmen konnte. So
meinte er nur obenhin im Konversationston:

„Das ist ja eine ganz empörend schlechte Meinung,
die wir uns von Ihnen zugezogen haben. So ganz un=
tauglich, ohne alle Gnade, machen Sie uns?"

„Was junge Mädchen brauchen, empfangen sie am
tiefsten und besten von ihresgleichen," bemerkte sie mit
plötzlichem Ernst, wechselte dann aber schnell das Thema
und fragte:

„Sie waren doch gestern zu dreien am Tisch? Ge=
hören Sie zusammen?"

„Als Landsleute nicht, aber als Freunde. Wir sind
oft zusammen oder treffen aus unseren verschiedenen Hei=
maten zusammen: ein Däne, ein Belgier, ein Balte."

„O ein Belgier — wie ich!" sagte sie.

„Sie sind Belgierin, gnädiges Fräulein?"

„Zur Hälfte. Meine Mutter war Südländerin.
Uebrigens war ich lang nicht in Belgien. Meine Eltern
leben nicht mehr."

Ihre Stimme wurde sehr sanft, wie sie diese Worte
sagte. Alex fürchtete jeden Augenblick, sie möchte ab=
schwenken und ihn stehen lassen, da sie am Hoteleingang
ankamen. Er bemerkte möglichst vorsichtig:

„Es ist so selten, daß man junge Damen so allein=
stehend antrifft — fühlen Sie sich nicht einsam?"

„Einsam? Ich habe zu thun. Uebrigens ist das zu
unserer Zeit auch nicht selten mehr. — Aber ich habe so
viel zu thun, daß —" sie brach ab und fügte mit fast kind=
lichem Stolz hinzu: „Ich bereite mich zum Abiturienten=
examen im Herbst vor. Ja, mein Gott, es ist spät
dazu," bemerkte sie schnell, seinen erstaunten Blick nicht
verstehend, „ich werde bald einundzwanzig Jahre alt.
Aber man kommt nicht immer gleich zu dem, was man
erstrebt."

„Wollen Sie studieren? Und was?" fragte Alex,
dem sie plötzlich ganz anders vorkam als gestern, fast wie
ein Kind.

Sie nickte.

„Jurisprudenz. Um eine Advokatur für weiblichen
Rechtsschutz zu errichten," berichtete sie schnell, ohne
Zögern.

Er verbiß ein Lächeln. Aber er antwortete nichts.
Unmöglich war sie doch nur ein liebes, naives Kind.
Nein, das sicher nicht! Ihm fiel ihre Bemerkung von
vorhin ein, und nach kurzer Pause fragte er langsam:

„Ich möchte wohl gern wissen, was Sie meinten,
als Sie vorhin behaupteten, was junge Mädchen brauchen,
empfingen sie am besten von ihresgleichen —? Darf ich
es nicht wissen?"

Sie hatte ihn gerade grüßen und ins Haus hinein=
gehen wollen; jetzt blieb sie stehen und entgegnete un=
schlüssig und gedehnt:

„Das —? O, das ist ja so wichtig und so seltsam
— ein Geheimnis."

„Ein Geheimnis —?"

Sie schaute ihn an, als messe sie in Gedanken seine Begriffsfähigkeit. Ihre Lippen öffneten sich ein wenig, wie wenn sie sprechen wollte, dann schüttelte sie plötzlich den Kopf mit einem tiefen, dunkeln Blick.

„Das sagt man keinem Fremden. — Ich könnt's ohnehin nicht." Damit ging sie ins Haus.

Alex blieb stehen und sah ihr nach. Die Gelegenheit, ihr hin und wieder zu begegnen, konnte er hier im Garten leicht aufsuchen, aber das hing rein vom Zufall ab. Er wollte unter allen Umständen eine Möglichkeit finden, sie eingehender zu sprechen, sie besser, nicht unter Redensarten und Komplimenten, kennen zu lernen. Langsam stieg er die Veranda hinauf. Morgen wollte er versuchen, ihr seinen Besuch zu machen.

Als er am nächsten Nachmittag ein paar Worte auf seine Karte kritzelte, um sie durch den Zimmerkellner zu Fräulein Holtema hineinschicken zu lassen, schaute Ferdinand ihm über die Schulter.

„Also die Madonna ist es nicht mehr!" bemerkte er nur, „wetterwendisch sind Sie."

„Es ist vielleicht überhaupt nichts Weibliches," meinte Alex lächelnd, „vielleicht nichts als eine Aeußerung — eine Vermutung —, was weiß ich? Ich glaube, daß dieses sehr junge Mädchen etwas Bemerkenswertes zu erzählen hat."

„Was Sie noch nicht wüßten —?"

Alex stand auf und steckte die Karte ein.

„Ach, Lieber," sagte er, „teilen Sie nur nicht Knuts Allerweltsauffassung, daß wir von den Frauen alles wissen. Wir wissen nichts. Man weiß von allen den Dingen nur wenig, die man stets nur ganz persönlich auf sich selbst bezieht — und thun wir das nicht mit ihnen?"

Ferdinand schwieg. Knut steckte immer voll interessanter Weibergeschichten, und das erheiterte ihn, den Kranken, von Frauennähe ziemlich Abgeschlossenen. Aber das wenige, was Alex überhaupt merken ließ, wog meist alle Knut-Geschichten auf.

Alex hatte gemeint, daß er in einem der unten gelegenen allgemeinen Wohnräume des Hotels von Hans empfangen werden würde. Zu seiner Verwunderung kam es jedoch anders. Sie arbeitete auf ihrem Zimmer und ließ ihn einfach hereinbitten.

So gelangte er in das „Herrenzimmer", das der Tapezierer für eine so unpassende Mädchenstube hielt. Hans saß hinter einem großen Tintenfaß und vielen Büchern, in etwas längerem Rock als gestern und in einer losen, weichen Bluse. Sie begrüßte ihn ganz so, wie wenn sie seinesgleichen wäre, bot ihm Platz und Zigaretten an, blieb aber vor dem Schreibtisch sitzen.

Während der ersten zwischen ihnen gewechselten Worte richtete Alex seinen Blick auf die schönen jugendlichen Mädchenköpfe an der Wand neben dem Strohsessel, er betrachtete sie mit Interesse.

„Verwandte oder Freundinnen von Ihnen, mein gnädiges Fräulein?"

Sie schüttelte den Kopf.

„Nein. Fremde Mädchen und Frauen, deren Photographien ich mir ihrer Schönheit halber zu verschaffen gewußt habe. Manchmal zu meiner großen Freude auch ihren Umgang."

„Um sie vor Männerumgang zu bewahren, nicht

wahr?" scherzte er, bemüht, dem Gespräch den beabsichtigten Kurs zu geben.

Hans sah ihn mit ihren dunkeln Augen gleich= mütig an.

„Kommen Sie wieder darauf zurück?" fragte sie etwas spöttisch, „es ist doch einfach genug, sollt' ich meinen: zwischen jungen Mädchen und jungen Männern spinnen sich bekanntlich fast stets Liebeleien an. Das führt zu nichts Schönem; — dies allein wollte ich gestern sagen."

„Erstens spinnt sich's gar nicht immer an, zweitens führt es aber doch manchmal zu was Schönem," warf er ein; „oder sollte die dichter=besungene Liebe nicht zum Schönen gehören?"

Hans lächelte sehr überlegen.

„Die Dichter besingen das, was sie träumen, nicht das, was ist," bemerkte sie, „und Mädchen verlieben sich in das, was sie träumen, nicht in das, was ist: deshalb ist's nichts mit der gerühmten Liebesschönheit."

„Realisiert nicht aber so mancher Mann manches Weibes Traum und umgekehrt?"

„Nein!" entgegnete sie so laut und bestimmt, daß ihre Stimme hart hinausklang. Dann fügte sie achsel= zuckend hinzu:

„Man braucht gar nicht viel Erfahrung, um das zu wissen. Man könnte mir vorwerfen, dann müßte ich viel mehr Männer kennen, als ich zum Beispiel während dreier Jahre bei meinen Verwandten in sehr regem ge= selligen Leben gesehen habe, — aber das ist nicht wahr. Das Gefühl sagt's einem so unwiderleglich: Die Mäd= chen, die den Mann lieben lernen, kennen ihn gar nicht, sie gestalten ihn sich aus einem eigenen, herrlichen Traum."

Alex antwortete nicht gleich. Wenn sie sprach, kam sie ihm so merkwürdig reif und kindisch zugleich vor. Es war eine fast männlich logische Ausdrucksweise bei aller Naivität des Wesens an ihr, die so wirkte.

„Also deshalb behaupteten Sie bloß, daß Frauen untereinander sich viel besser und tiefer geben können, was sie brauchen? Aber wie machen sie denn das? Erzählen sie einander ihre Träume? Das muß doch auf die Länge fad sein."

Dieser Vorwurf reizte sie. Sie schüttelte lebhaft den Kopf, so daß ihr das kurze braune Haar in die Stirn flog.

„Sie erzählen sie einander keineswegs, sondern leben sie für einander. Eine Frau kann nämlich der anderen gerade derselbe ideale Halt und Schutz werden, den sie vom angeblich überlegenen Mann erwartet."

Alex wurde sehr aufmerksam, er sagte ganz langsam:

„Das ist mir nicht ganz deutlich. Aber gleichviel. Jedenfalls würde dabei doch nur die eine von den beiden Frauen empfangen, was sie wünscht und träumt, die andere jedoch leer ausgehen, denn ihr müßte ja lauter männliche Eigenschaften für die andere in sich entwickeln, und wo bliebe da ihr eigener Glückstraum?"

Hans bückte sich und kreuzte die Arme um ihr Knie. Sie lächelte unmerklich.

„Sie sind ganz schlau!" meinte sie anerkennend.

„Das will heißen: Sie halten uns im allgemeinen für recht begriffsstützig?"

„Nun — viel ist mit Ihnen meistens nicht los. Wenn sich's nicht um zwei mal zwei gleich vier handelt. Aber trotzdem kann ich Ihnen kaum erklären, was Sie wissen wollen — es ist schwierig."

„Ich kann es mir denken. Es sind wohl Dinge, die nur halb klar im Gefühl schweben — — so rechte weibliche Gefühlsdinge.“

„O nein!“ Hans stand unwillkürlich auf. „Es ist eine ganz zusammenhängende Theorie, die ich mir dar= über gebildet habe.“

Sie lehnte sich mit dem Rücken gegen den Schreib= tisch, und ihm ihr blasses, schmales Gesichtchen voll zu= wendend, sagte sie lehrhaft:

„Wissen Sie, was Liebe ist? Ich meine: das Tiefste an ihr? Ich will es Ihnen sagen: Das ist ein Geheim= nis des vollkommenen Miterlebens dessen, was im anderen vorgeht. Man geht wie in Hypnose, wie mit ihm selber vertauscht und verwechselt, seinen leisesten Seelenregungen nach, genießt sie, erlebt sie, in ihm. Daher nennt man Liebe sogar eine Art Wahnsinn oder Besessenheit durch einen anderen. Was folgt daraus? Es folgt daraus, daß alle beide dasselbe erleben — sozusagen identisch werden — oder im besonderen Fall, von dem Sie sprechen: auch diejenige Frau, die um der anderen willen männ= liche Stärke und Tüchtigkeit entwickeln muß, genießt das Glück der anderen mit, die sich ihrerseits sanft und weib= lich anschmiegend fühlen darf. Sie genießt es, als ge= schehe es ihr selber, als sei sie das selber.“

„Die Anwendung dieser Theorie scheint mir aller= dings eine recht geheimnisvolle,“ bemerkte Alex zögernd und unterdrückte den Wunsch nach eingehenderen Fragen, „aber Sie haben sie jedenfalls erprobt?“ fügte er hinzu und erhob sich gleichfalls.

Hans nickte und sah vor sich hin.

„Ja. Es macht mich wie ein täglicher Ansporn zu

allem tüchtiger und kräftiger," verſetzte ſie einfach, „ich
würde ohne das vielleicht nicht ebenſo ſtrebſam arbeiten.
Ich möchte, daß die Frauen ſehen, wieviel man kann."

„Arbeiten Sie auch nicht zu viel? Sie ſehen eigent=
lich ganz ſchmalwangig aus," fragte er, ſich verabſchiebend.

Sie gab ihm freundlich die Hand.

„Ich ſoll ein paar Wochen aufs Land, hat der Arzt
geſagt. Mein Profeſſor, bei dem ich die meiſten Lehr=
ſtunden habe, verreiſt nämlich leider auf zwei Wochen,"
ſagte ſie.

„Aber ich hoffe: heute und morgen noch nicht. Ich
hoffe ſehr, Sie noch zu ſehen," erwiderte Alex als er
hinausging.

Er glaubte, daß Ferdinand ihn ſchon erwarte, und
ging deshalb in ſein Eckzimmer zurück. Indeſſen ſaß
Ferdinand dort am Tiſch, umgeben von loſen beſchriebenen
Blättern, und ſchaute zerſtreut auf, als er kam.

„Aller Welt fall' ich in die Arbeit, und nur ich
faulenze," äußerte Alex und ſetzte ſich zu ihm. „Sie
Glücklicher, der ſich mit Dichtertalent beliebige Welt
ſchaffen kann."

Ferdinand warf die Feder hin.

„Ja, ſeit Sie bei mir ſind — nur dank Ihnen,
Alex. Da raff' ich mich etwas auf. Viel iſt's ja ohne=
hin nicht. Mit der wackligen Geſundheit und dem alten
Beinſchaden — ja, wenn ich leben könnte, erleben,
wie ihr!"

„Dann würden Sie ſicher nichts leiſten — wie wir.
Das Leben iſt die große Verſuchung. Nicht nur in einem
gemeinen, gewöhnlichen Sinn. Sondern man kann dran
auch wirklich eine Unmenge geiſtiger und ſelbſt poetiſcher

Kraft einfach verschleudern — so im bloßen besseren Genuß=
leben selbst."

Ferdinand lehnte sich müde in den Diwan zurück,
worauf er saß.

„Sie wissen einen wenigstens immer zu trösten,"
meinte er lächelnd, „aber nun: Ihre Amazone? Wie
war die nun? Furchtbar männerfeindlich, abweisend,
trotzig, Kratzbürste — was? So sind diese ja alle."

„Das ist sie nicht — nicht einmal das," sagte Alex
langsam.

„Dazu gehört ja auch schon eine Spur des Sich=
Weib=Fühlens, zu allem trotzigen Amazonentum über=
haupt gehört schon der Widerspruch gegen den Mann.
Sie aber ist ganz einfach zutraulich, wie wenn sie unseres=
gleichen wäre. Das hat bis jetzt viel Zauber, unstreitig.
Aber später!"

Er riß ein Blatt Papier aus dem herumliegenden
Haufen heran und zeichnete mit raschen, so heftigen
Strichen, daß die Feder spritzte, ein Gesicht hin, das
Hans etwas glich: einem gealterten, vermännlichten Hans
mit scharfem, höhnischem Zug vom Nasenwinkel nach dem
Mund.

„Pfui Teufel!" rief Ferdinand, „das wär' ja aber
schade! Muß sie später mal so aussehen? Gibt's dagegen
kein Mittel, Sie Arzt und Philosoph?"

„Bin leider nur Dilettant und Stümper," mur=
melte Alex und vertiefte mit nervöser Hand überall die
Schatten, bis die Tinte auf dem Papier zusammenlief;
„sie müßte in Geschmack kommen. Geschmack bekommen
an unsereinem. Gleichviel schließlich, wodurch und an
wem: rein als Kur."

Ferdinand blinzelte ihn hinter halb geschlossenen
Lidern an. Er berechnete in diesem Augenblick, daß Alex
nun vermutlich noch mehrere Tage hier zu halten sein
würde: und er irrte sich nicht.

Es folgten sommerlich warme, schwüle, gewitter=
geladene Tage, und dennoch blieb Alex noch. Zwar war
er nicht immer mit Ferdinand zusammen. Er verließ
sofort seinen Platz neben ihm, wenn er Hans im Garten
erblickte, und einmal ritt er sogar mit ihr aus.

An einem Spätnachmittage sahen sie beide die kleine
hamburgische Madonna, die übrigens bei Tageslicht und
im modischen Hut viel von ihrem Frührenaissancereiz ver=
lor, mit allen Zeichen der Furcht und der Heimlichkeit aus
einer Laube des Gartens schleichen. Gleich darauf hing sie
sich einem der alten Herren, der, offenbar nach ihr suchend,
gerade vorüberkam, harmlos plaudernd in den Arm.

Alex ging auf die Laube zu; lesend und rauchend
saß Hans darin.

„Was war denn das?" fragte er mit einer Stimme,
deren unterdrückte Erregung im Ton ihn selbst wunderte,
„verkehrt etwa die kleine Madonna heimlich mit Ihnen?"

Hans nickte.

„Alberne Leute!" bemerkte sie gleichgültig, „weil sie
mich für eine emanzipierte Studentin ansehen, fürchten
sie, daß ich sie beiße."

Alex kam dicht auf die Laubenbank zu.

„Ist es nun nicht eine Art von Verführung, die
Sie da treiben? Verführung zu Heimlichkeiten?"

„Ach ja. Verführung zu allem Guten. Schlimm
genug, daß die heimlich sein muß." Hans atmete tief
auf und sah ihn mit glänzenden Augen an. „Wenn

Sie wüßten, wie es dies kleine Ding glücklich macht — sie sieht förmlich zu mir auf wie zu einem Ideal."

„Und das gefällt Ihnen gar gut, glaube ich?"

Alex hatte sich zu ihr gesetzt und sah erregt und ungeduldig aus.

Hans schüttelte leise den Kopf und senkte ihn tief.

„Ist denn das eine Frage des bloßen Gefallens?!" entgegnete sie ernst, „es ist ja das Höchste und Schönste, was so ein junges Ding überhaupt kriegen kann, es ist das, was wir alle so unmenschlich ersehnen! Das bezieht sich ja nur ganz scheinbar auf meine Person — so eitel und kindisch bin ich nicht —, ich aber leite es ab nach irgend einer Richtung, die so ein armes Menschendasein neu belebt, anregt, vielleicht ihm dauernd einen größeren An= halt gibt. — Mehr vermag ein Mensch am Menschen nicht."

Ihre Stimme klang tief und traurig. Alex schwieg betreten. Er hatte das Gefühl, daß sie in diesem Augen= blick weit über ihm stand. Aber auch, daß er sie gern in die Arme genommen und geküßt hätte, dies sonder= bare Kind mit den fast priesterlichen Gedanken.

Nach einer Weile sagte sie müde:

„Morgen reise ich."

„Morgen schon? Warum so bald?"

„Ich will erst hinausfahren und zusehen, ob ich mir eine schöne Unterkunft finde. Ich will das Isarthal hinauf. Mein Gepäck für ein paar Wochen kann ja hinterher kommen."

„Natürlich begleitet Sie eine ganze Mädchenhorde?" bemerkte er unzufrieden.

„Nein. Ich bin dafür zu müde und abgespannt. Warum fragen Sie denn danach?"

„Weil ich Sie sonst begleiten, Ihnen helfen möchte.“

„Sie? Ach, wozu? Ich bin so gewöhnt, mir in allen Dingen selbst zu helfen.“

„Vielleicht entwöhnen Sie sich davon auf einen einzigen Tag —?“

Nach einer Pause meinte sie:

„Gut. Auf einen Tag. Obgleich es sonderbar ist. Warum wollen Sie das eigentlich?“

Alex schwieg.

Dann fragte er leise:

„Wissen Sie es nicht —?“

Darauf kam keine Antwort.

*   *   *

Noch war es früh am Abend, aber da, wo der Zweispänner zwischen Breuerberg und Kochelsee in das sanft aufsteigende Gebirg hineinfuhr, breitete sich schon die beginnende Dämmerung aus. Der Wagen kam heute zum zweitenmal hier herauf. Das erste Mal, als Hans und Alex die Bahnstrecke verlassen hatten, und, nach einem guten Marsch, mitten in den blühenden Frühling hinausfuhren, um nun wirklich die begehrte Unterkunft für einige Wochen vor Abend zu finden. Weg auf, Weg ab erschien Alex nichts schön genug, bis er endlich im kleinen Gebirgsort, dem sie sich jetzt näherten, bei Wirtsleuten, die ihn selbst vor Jahresfrist beherbergt hatten, einigermaßen zufrieden gestellt wurde.

Eigentlich blieb nun kein Grund mehr, sich nicht zu trennen, wenn er noch einen Münchener Zug zurück erhaschen wollte. Aber da war es ihm als bringend nötig eingefallen, sich mit Hilfe der ausgeruhten Gäule noch einmal davon zu überzeugen, ob die Nachbarortschaften nicht doch am Ende noch schöner gelegen seien.

Der Frühsommer in seiner ganzen ersten Zartheit und Frische duftete und sang um sie. Längst verstummte jedes Gespräch. Nur Alex warf hin und wieder ein Wort hin, des Kutschers wegen, der abgestiegen war und schweren Schrittes neben den beiden Pferden herging, deren kleine Halsglocken eintönig in die Stille hineinklangen.

An Alex' Erinnerung zogen langsam allerlei Bilder — diesem nicht unähnlich — im immer wechselnden Rahmen der äußeren Umstände und Gestalten vorüber, und er entsann sich, wie oft er nach solchem selig schönen Tage freien Herzens weiter gewandert war. Es war ja auch heute nichts als ein schöner Tag gewesen. Dennoch durchbebte ihn das Bewußtsein, daß da neben ihm, dicht neben ihm, der schmale, schlanke Arm sich unwillkürlich an den seinen schmiegte, und daß Hans mit den dunkeln Augen — dunkel wie seine eigenen, als seien sie Geschwister — in vollkommener Selbstvergessenheit in die Landschaft starrte.

Es schien ihm, als riefe ihn das Gebimmel der kleinen Glocken an: „Wandere nicht weiter! Wandere nicht weiter!" Ja, als riefe es ihn zur Rast und Ruhe und endlich zum Glück ohne Vorübergehen.

„Jetzt sind wir gleich da!" sagte er halblaut, als der Kutscher wieder auf den Bock stieg, „und jetzt muß ich gleich fort," fügte er hinzu und beugte seinen Kopf tiefer zu dem emporgerichteten wie verklärten Gesichtchen, dessen Züge er nicht mehr genau erkennen konnte. Aber sein rechter Arm, der hinter Hans längs dem Rückpolster des Gefährtes ausgestreckt lag, machte dabei eine

leise — leise Bewegung, die sie gegen seine Schulter
sinken ließ.

Es geschah fast willenlos bei beiden. Die Stunde
war da. Ihre Hände und Lippen fanden sich — noch
nie war eine Hand, noch nie ein Mund dem seinen in
so zitternder Erschütterung entgegengekommen.

Alex wußte sich zu wenig eitel, um diesen stammelnden
Rausch, mit dem Hans ihm im Arm lag, zu überschätzen.
Gestern und die letzten Tage noch war sie ja so schlicht
zutraulich gegen ihn gewesen. Wenn jetzt das enge Zu=
sammensein, die Nähe des Mannes, dem sie vertraute,
ihr Blut in Wallung gebracht — dies südländisch heiße
Blut hinter allen ihren Mädchengrillen —, so bedeutete
das noch nicht ernste Liebe. Aber konnte denn nicht wer=
den, was noch nicht war?

Der Wagen hielt vor dem abschüssigen Fußpfad, der
zum Bauerngehöft hinaufführte. Weit und breit war nie=
mand zu sehen. Im ruhigen Abendrot lag der Hof mit den
angrenzenden Wiesen da; man konnte das feine eifrige Zir=
pen der Grillen im hohen Wiesengras deutlich vernehmen.

Die Wirtin, die vielleicht noch einmal in ihre Felder
gegangen war, hatte fürsorglich eine Kerze im blanken Blech=
leuchter auf das Geländer der Holzveranda gesetzt, falls es
spät würde. Ueber diesen Holzbalkon, der dicht am niedri=
gen Hügelabhang aufstieg und von Hans mitgemietet wor=
den, gelangte man in die beiden kleinen Bauernstuben.

Sie strauchelte fast, als Alex sie über den taufeuchten
Rasen hineingeleitete, sie schlang ihre Hände um seinen
Arm, an dem sie hing, als zitterten ihre Kniee.

Wie sie in der Veranda stand, glitt sie auf einen
Stuhl und brach in Thränen aus.

Alex kniete neben ihrem Stuhl nieder und wollte ihr kleines blasses Gesicht mit Küssen bedecken, aber sie entzog sich ihm rasch, trocknete ihre Augen und sagte:

„Steh auf! Du darfst nicht knieen. Niemals vor mir. Ich will dir in allem dienen. Ich liebe dich!"

Er umschlang sie innig und fühlte in diesem Augenblick nur Dank und Glück.

„Wann ist das nur über dich gekommen, Hans?"

„Das weiß ich nicht," versetzte sie naiv, „es kam, wie wir im Wagen saßen."

„Im Wagen?! Gar nicht eher?"

„Eher wußt' ich es nicht. Aber mir scheint jetzt, als ob ich immer — immer auf dich allein gewartet hätte. Um dir allein zu folgen, um zu dir allein aufzusehen?"

„Ach, lieber, dummer Hans! Verlangtest du das nicht gerade von den anderen? Sollten die nicht zu dir aufsehen?"

Sie mußte zwischen ihren Thränen lächeln und wurde ganz rot.

„Ja, gewiß bin ich dumm! Das war vermessen und kindisch. Das war nur, weil ich dich nicht hatte. Da mußte ich's wenigstens an anderen sehen, wie süß — wie süß das ist. O du! Du allein kannst alles, weißt alles, wirst mich alles lehren. So sahest du auch aus. Alles an dir sah so vollkommen aus — anders als an den gewöhnlichen Menschen —, so lieb und so schön."

Ihre Wangen brannten jetzt und ihre Augen glänzten wie in Ekstase. Alex hatte sich neben sie gesetzt und zog sie an sich. „Meint sie auch eigentlich mich mit dieser großen Liebe?" schoß es ihm mitten in seiner Erregung durch den Kopf, „verwechselt sie in ihrer Unschuld nicht ihre eigene momentane Aufwallung mit großer Liebe —

und ebenso mein äußerliches Wesen, das ihr wohl gefällt, mit meinem inneren Menschen, den sie gar nicht kennt?"

„Ich will dich vieles lehren!" sagte er dabei laut und küßte ihre kalten Hände, „all das viele, was zur Frau gehört und wovon du noch so wenig weißt —, womit du dich noch gar nicht befaßt hast, du studentischer Bub. Wie ein schöner Schmetterling sollst du mir aus der Puppe schlüpfen. Dein Haar lassen wir auch wieder lang wachsen. Nicht wahr? O sieh, wie schade, daß du dir solchen Bubenkopf gemacht hast und ich nun nicht damit spielen kann. Warum trägst du es so kurz? Und seit wann?"

Sie schmiegte sich schüchtern an ihn.

„Ich liebe langes Frauenhaar!" gestand sie, „aber für mich selber — da nimmt es so viel Zeit, es zu pflegen. Ich riß immer fürchterlich dran, jeden Morgen ärger — und endlich —"

„Endlich riß die Geduld und das Haar mit?"

„Ja!" bekannte sie und lachte leise.

„Aber jetzt wirst du Zeit dazu haben. Und noch zu vielem Aehnlichen. Du wirst dich pflegen und schön werden für mich. Nicht wahr? Soll ich dir sagen, was so schön an dir ist? Willst du es wissen? An all deiner scheinbaren Bubenhaftigkeit? Daß du von der weiblichen Koketterie noch nichts weißt und alles empfängst und entfaltest erst durch Liebe."

„Doch keine Koketterie?" fragte sie erstaunt und sah ihn an.

„Nein — das ist ja nur so ein Wort dafür — für Schönheitsentfaltung. Du wirst schon sehen! Und ich — ich will dich mit allem Holden umgeben, was ich ersinnen kann. Meine Frau soll sich wie eine kleine Königin fühlen."

Sie horchte aufmerksam, als erwarte sie, daß er fort=
fahren solle, die Herrlichkeiten des zukünftigen Ehelebens
aufzuzählen. Als nichts mehr kam, that sie es für ihn:

„Und dann werden wir beide arbeiten. Das heißt:
Ich ja nur als deine Schülerin. Du mußt mir alles
erzählen, was du thust und treibst und wie ich daran
teilnehmen kann. Du mußt nicht etwa denken, daß ich
für mich ehrgeizig bin! Nein! Was das anbelangt, so
kann ich gern alle meine Bücher verbrennen. Ich werde
nur auf dich stolz sein — aber unbändig stolz. Nicht
wahr, dann fühle ich mich doch erst wie eine wirkliche
Königin? Nur weil ich in deinem Streben aufgeh!"

Alex streichelte über das kurze, weiche braune Haar.

Er schwieg darauf. Eine sonderbare, unangenehme
Empfindung mischte sich fast erkältend in seine ehrliche
Verliebtheit. Im Augenblick wußte er nicht recht, was
es war, aber er fand keine Antwort.

Hans bemerkte sein Verstummen.

„Was ist dir?" fragte sie leise und sehr lieb.

„Nichts, nichts. — Ich glaube, nebenan rumort die
Wirtin schon. Hörst du nicht? Sie wird uns den Abend=
imbiß im Nebenzimmer aufgedeckt haben. Es wird ihr
auffallen, wenn wir nicht hineingehen — was meinst du?"

Hans nickte folgsam. Sie stand auf und guckte durch
die Thür ins Zimmer. Da war der Tisch mit grobem
Leintuch sauber gedeckt und eine frugale Abendmahlzeit,
aus Käse, Butter, Schinken, Brot und einer mächtigen
Kanne Bier bestehend, befand sich darauf. Eine kleine
Lampe mit gläsernem Fuß erhellte nur notdürftig das
tiefe Stübchen mit seinem Riesenbett und der Fenster=
nische voll blühender, gewürzig riechender Geranien.

Die Wirtin selbst hatte sich mit einem Gruß und der Anfrage, ob noch was fehle und was der Kutscher zur Nacht haben solle, zurückgezogen. Hans setzte sich an den Tisch und starrte in die Flamme, sie dachte nicht daran, zu essen.

Alex ging einigemale im Zimmer auf und ab, dabei schaute er sie doch voll Entzücken an: sah sie nicht wie berauscht und verklärt aus? Was aber würde sein, wenn sie sich erst näher kannten, wenn sie verheiratet waren? Nein, vielleicht morgen schon — übermorgen — beim ersten wirklichen Klarwerden der Zukunft?

Hans würde immer einen idealen, unerhörten Maß= stab an ihn legen, dem er entsprechen mußte, wenn ihr Rausch von heute abend je mehr werden sollte als nur ein verfliegender Rausch — wenn sie ihn lieben sollte. Sie wußte genau, was sie wollte, und erwartete alles von ihm. In ihrer Demut lag etwas verborgen, wovor ihm graute.

Jetzt hob Hans den Kopf und konstatierte zerstreut: „Wir können beide nicht essen.“

„Das braucht die Wirtin nicht zu wissen,“ bemerkte Alex, trat an den Tisch, schenkte Bier in die Steinkrüge und schnitt Brot und Käse an.

Dann ließ er das Messer sinken, blickte Hans in die Augen und fragte plötzlich:

„Sage mir, was thätest du nun, Hans, wenn ich gar nicht der wäre, für den du mich ohne weiteres hältst? Gar kein solcher Ausbund von Idealität und Kraft und Strebsamkeit und was weiß ich noch alles — würdest du mich dann auch lieben?“

Sie verstand ihn gar nicht gleich. Wie sie so dasaß, war sie gerade in die stille innere Beschäftigung vertieft ge= wesen, allerlei geheimsten und schönsten Sehnsuchtsbildern,

die sie je besessen hatte, einen bestimmten Namen und ein
bestimmtes Bild unterzulegen — Alex' Bild und Namen.

Als sie seine Frage aufgefaßt hatte, mußte sie daher
lächeln. Sie bemerkte nur treuherzig:

„Wie solltest du sonst wohl sein?"

„Wie? Nun, ich könnte eine ganz andere Auffassung
vom Leben haben und schließlich auch eine andere Auf=
fassung von der Frau und ihren Aufgaben. Ich könnte
einer von den dir ja bekannten Männern sein, die euern
manchmal sehr anspruchsvollen und weltfremden Traum
vom Leben gar nicht erfüllen. Würdest du dann statt
all der großen Demut etwas Nachgiebigkeit zeigen? Wür=
dest du solchen Mann auch lieben —?"

Hans sah ihn schweigend mit großen Augen an.
Dann schüttelte sie langsam den Kopf.

Eine Weile war es still. Alex dachte bei sich: „Sie
würde sofort enttäuscht sein — beim ersten Anlaß." Und
als er sich das vorstellte, bäumte seine Eitelkeit sich hoch
auf, diese ihre Enttäuschung wollte er nicht erleben.
Nein, auf keinen Fall —.

Die Wirtin klopfte an die Thür und kam gleich
darauf herein, um abzuräumen. Als sie sah, daß wohl
kaum gegessen worden war, entfernte sie sich wortlos.

Alex sagte etwas heiser:

„Du siehst, ich muß gehen. Es ist auch Zeit. Bis
Breuerberg komme ich noch."

„— Und: wann?" fragte Hans fast nur durch eine
Lippenbewegung.

„Ich muß zunächst nach München zurück. Aber dann
komme ich — schreibe ich. Oder du kommst. — Wir
richten's schon ein."

Sie stand langsam auf, ging am Tisch vorbei und brachte ihm selbst seinen Hut, der auf dem Fenstersims lag.

Durch die offen gebliebene Thür traten sie auf den Holzbalkon hinaus. Hans lehnte sich mit dem Rücken gegen das Geländer. Das Lampenlicht blinkte in hellem Streifen über die beiden hin. Ihr Gesicht sah ernst, es sah gequält und erstaunt aus.

Und plötzlich hing sie an seinem Halse:

„— Warum sagtest du — warum fragtest du — das vorhin —?"

Alex schwieg.

Sie schauten einander in die Augen, tief und ehrlich, als müßten die Augen allein ihnen alles verraten, sie über alles aufklären, besser, als Menschenmund vermag.

In ihren Augen lag Liebe. Aber neben der Liebe noch ein anderes, fremdes, ein Etwas, das bange und zaudernd sich selbst zu fragen schien: „Bist du es denn, den ich liebe —?"

Vielleicht gingen ein paar Sekunden hin, ihm jedoch schienen es Minuten, Stunden, Ewigkeiten.

Alex kam es vor, als ob sie Abschied voneinander nähmen, als ob leise verstohlen sich alles wieder löste, was eben erst geknüpft war.

Er ertappte sich auf dem halben Wunsch, es möchte so sein.

„Leb wohl!" sagte er gepreßt und setzte schnell hinzu: „Auf Wiedersehen."

Hans fröstelte zusammen. Langsam ließ sie ihn los und blieb stehen, blaß, still, wie inmitten einer ungreifbaren Kühle, die sie umgab.

Sie wollte etwas erwidern, machte aber statt dessen

nur eine Handbewegung, die ihn fortwinkte oder ihn grüßte, und trat ins Zimmer zurück.

Alex stieg mit zögernden Schritten hinunter. Er ging über das Wiesengras dem Fahrdamm zu, der hellgrau durch die dichte Dämmerung schimmerte. Dann hielt er inne, wandte sich um und näherte sich von neuem dem Holzbalkon.

„Hans!" rief er leise.

Aber sie antwortete nicht mehr.

Er stand lange im hohen, feuchten Gras und schaute nach ihren Fenstern. Er wollte die Nacht doch lieber in ihrer Nähe zubringen. Jenseits der Fahrstraße lagen mehrere Gehöfte, wo er unterkommen würde.

Morgen in aller Frühe konnte er sie dann noch einmal sehen —.

————————————————

Den nächsten Abend ging es sehr lustig zu im alten Hotelgarten in München. Man hatte sogar bunte Lampions zwischen einige von den Kastanienwipfeln gehängt. Eine heitere Gesellschaft saß an einer großen Abendtafel darunter: Knut war von kurzer Tour zurückgekommen, er hatte sich unterwegs einer Familie mit drei wunderhübschen Töchtern angeschlossen, und diese fand im Münchener Hotel unerwartet Bekannte, auch vorwiegend weiblichen Geschlechts. Die Champagnerpfropfen knallten. Selbst Ferdinand saß dabei, in eifrige Unterhaltung mit einer jungen Engländerin vertieft, er fand noch nicht einmal Zeit, Alex nach dem Erfolg seines Ausfluges zu fragen.

Alex hatte nicht mitgetafelt. Er stand nur dabei, an den Stamm einer Kastanie gelehnt, wechselte die notwendigsten Worte mit den Zunächstsitzenden und schaute wie gebannt in die frischen, lächelnden Mädchengesichter.

Es kam ihm vor, als sähe er heute zum erstenmal wachen Auges solche Gesichter mit all den Gedanken, die, unklar und seltsam, sich hinter den weißen Stirnen bewegen mochten. Und er dachte sich Hans mitten unter ihnen, er meinte zu hören und zu verstehen, was sie miteinander naiv zuversichtlich träumten und ersehnten. Einen ganzen zarten, lieblichen Mädchenreigen sah er, den in Wahrheit nie ein Mann durchbrach.

Dann kam der Mann, das wirkliche Leben, der Kampf und die Resignation.

Ja, alles das verstand er heute, und alles das hatte er Hans heute geschrieben. Besser verstehen konnte sie kein anderer, Ideale gab es auf Erden nicht, er liebte sie und sie würde es bei ihm so gut haben wie nirgends.

In aller Morgenfrühe hatte er sie heute wieder sehen wollen. Er war auch die Wiesenhänge hinaufgewandert, sobald er Leben auf dem Hof bemerkte. Da — seitwärts vom Holzbalkon blieb er stehen —

Hans stand dort, an die Holzwand gelehnt, den Kopf tief auf die Brust niedergesenkt, die Augen geschlossen und die schmalen Wangen feucht. Ihre Arme hatte sie hinter sich mit eigentümlicher Gebärde längs der Wand ausgestreckt, wie jemand, der schlafwandelnd Halt sucht.

Weiter sah er nichts. Weiter war es auch nichts.

Und doch stieg etwas in ihm auf wie Scham, ihr gegenüberzutreten.

Unwiderleglich sicher fühlte er plötzlich, daß auch über Hans, all seiner Liebe und Fürsorge ungeachtet, Einsamkeit ruhen würde lebenslang.

Eine Nacht.

———

Ein junges, schlicht gekleidetes Mädchen tritt in den Haupteingang zum Allgemeinen städtischen Krankenhause.

Das lange gelbe Spitalgebäude nimmt sich, von der Straße aus betrachtet, recht trübselig aus, drinnen aber, im großen ersten Hof, stehen die mächtigen alten Kastanien in voller Maiblüte, und auf den Bänken unter den tief= hängenden Zweigen sieht man in der Dämmerung Rekon= valescenten im hellen Spitalanzug dasitzen und friedlich miteinander plaudern. Im warmen Lufthauch sinken die Blüten matt von den Bäumen und nach längeren Regen= tagen verbreiten sie doppelt süß ihren Duft mitten im Geruch von Jodoform und Karbol, der hie und da aus einem der weit geöffneten Fenster dringt.

Das junge Mädchen geht an der Pförtnerloge vor= über und quer durch die Baumanlagen dem Direktions= gebäude zu, ohne daß der dicke Portier mit seinem würde= vollen Ernst an sie die übliche Frage richtet, zu wem sie wolle. Denn er kennt sie, vor einiger Zeit hat sie hier am Scharlachfieber krank gelegen und darauf wiederholt einen der Aerzte in der Abteilung zu sprechen gehabt. Nur die Gasflammen, die im Treppenraum des Direktions= gebäudes schon angezündet sind, leuchten grell und neu= gierig in das feine Gesichtchen, auf dem ein zugleich schalkhaftes und furchtsames Lächeln steht — furchtsam

gemacht durch jeden leichten Tritt, der so sonderbar deut=
lich widerhallt in dieser fast feierlichen Stille.

Dann kommt von den oberen Stockwerken eine ält=
liche Wärterin in weißer Schürze und Haube und mit
ernster, beschäftigter Miene; auch sie stellt keine Fragen;
auch ihr scheint es natürlich, daß niemand hier aus und
ein gehen kann, als wer dazu gehört, — leidend oder
handelnd in diesen Klosterfrieden eines Krankenhauses
gehört.

Zwei Treppen hoch bleibt das Mädchen vor einer
der dick ausgepolsterten Doppelthüren stehen, hinter denen
die Einzelzimmer der jungen Sekundärärzte liegen, blickt
sich scheu nach allen Seiten um, dreht leise den Schlüssel
im Schloß, zieht ihn wieder heraus und öffnet behutsam.

Im kleinen, quadratischen Raum mit dem hochge=
legenen breiten Erkerfenster brennt eine Lampe auf dem
Schreibtisch dem Bett gegenüber.

Niemand ist im Zimmer. Aber während sie ihren
dunklen Strohhut ablegt, klopft es von außen an die
Thür. Sie hält erschrocken inne, behält den Hut in der
Hand, hält den Atem an. Da klopft es wieder und
wieder, jetzt stärker. Und noch einmal. Eine weibliche
Stimme, dicht an der Thürritze, sagt flehend: „Herr
Doktor, ich bitt' Sie, um Gottes und aller Heiligen
willen, — kommen Sie zu uns! Wir warten in Aengsten
auf Sie! Herr Doktor, ich bitt' Sie!"

Dann eine Pause. Ein tiefer Seufzer. Jemand
kratzt mit dem Griffel auf der kleinen bei der Thür aus=
gehängten Schiefertafel herum. Endlich entfernen sich die
Schritte den Gang hinunter, — zögernd, widerwillig.

Nach ein paar Minuten kommen andere Schritte die

Treppe herauf, — sie springen sie herauf, — immer über zwei Stufen auf einmal. Ein leises besonderes Klopfzeichen an der Thür, und sie wird vom Mädchen geöffnet.

Ein junger Mensch tritt ein, ein langer, blonder Mensch mit sehnigem Hals und noch schmalem Brustkasten, beide Arme voll papierumwickelter Bierflaschen und kleiner Tüten. Er wirft alles von sich, auf den Tisch, auf den alten lederbezogenen Diwan — wo es gerade hinfallen mag —, und faßt mit beiden Armen nach dem Mädchen, und drückt es fest — fest an sich.

„Endlich! endlich!" murmelt er, vom raschen Gange noch atemlos, „— du Liebstes! mein liebster Mensch du! Wie ein Stück Glück steht sie da in meinem Zimmer. Hundert, — hunderttausendmal hast du mir gefehlt."

Er schaut so frisch und gut und lebensfroh aus mit seinem jungen, beinah noch bartlosen Gesicht.

Aber sie sieht ihm verwirrt in die frohen Augen, — etwas ängstlich.

„— Berthold, es hat geklopft. Jemand kam nach dir."

„Nun? — und? — hat man dich im Zimmer gehört, bemerkt?"

„Mich, nein. Aber es war so dringend — Bist du ihr nicht draußen begegnet?"

„Nein. Wem? wer war es?"

„Eine Frau. Sie klopfte immer wieder. Sie flehte, daß du kommen möchtest. Sie sagte: um Gottes und aller Heiligen willen —"

Er hat sie aus dem Arm gelassen. Seine Züge sind gespannt und peinvoll. Alle Freude ist aus ihnen

gewichen. „Die Marie!“ murmelt er; „die Magd von
ihnen. In der Querſtraße einundzwanzig.“

„Sie hat etwas auf die Schiefertafel geschrieben,
Berthold. Willſt du nicht nachschauen, damit du weißt,
zu wem du ſollſt —“

„Zu wem? Ja, glaubſt du denn, ich bekomme hier
Privatpraxis oder was? Ich, der eben erſt fertigſtudiert
hat, der eben erſt praktiſch weiterlernt? Nein, du. Es
iſt immer dieſelbe, die kommt.“

„Aber was iſt es denn, Berthold?“

„Nichts, wobei ich helfen kann. Den beſten Arzt
haben ſie, — alles. Es iſt ihnen nur darum zu thun,
einen ihnen vertrauten Menschen da zu haben, einen
Freund, Freundeshilfe, beim — Schrecklichſten. — Mich
kennen ſie von Kindesbeinen an. Wir ſind ſogar entfernt verwandt. Aber das iſt es nicht allein, — gern
haben ſie mich, und ich — ich auch ſie.“

„Und dort iſt jemand ſchwer krank?“

„Sehr ſchwer. Er, — der Mann. Und wie dieſe
Frau an ihm hängt! Niemand konnte ahnen, daß es
ſo ſchnell zu Ende ginge, — grad jetzt, heute oder
morgen. Es konnte noch Wochen dauern. Drum haben
wir’s ihr ausgeredet, — ſie hätt’s ja nie im Leben aus-
gehalten, wochenlang es zu wiſſen. Hat erſt kürzlich geboren, — das erſte Kind.“

Er ſteht noch immer mitten im Zimmer, während er
ſpricht, als lauſche er dabei noch auf was.

Sie ſchmiegt ſich an ihn. „— Berthold! Hätteſt du
dann nicht lieber hingehen müſſen? Müßteſt du nicht
jetzt gleich —“

Er zieht langſam einen Stuhl an den Tiſch heran.

Sein Gesicht ist entschlossen und finster geworden. „Nein. Ich hab' doch dich erwartet, Elly. — Und jetzt, wo du hier bist — und so schwer, wie du abkommen kannst, — und so lange, wie wir drauf gewartet haben, — sag's selbst? Zu bloßem Vergnügen ist's doch nicht, daß wir uns endlich wieder ungestört sprechen mußten, uns aussprechen über unser Wichtigstes. Ist unsre Zukunft nicht das Wichtigste —? Und unter Tags, während meiner Dienststunden, da kann ich doch nicht."

Und er nimmt ihren Kopf leise und zärtlich zwischen seine beiden Hände und küßt sie auf den Mund und in das seit der Krankheit noch kurz verschnittene, schwach-gelockte blonde Haar.

Sie erwidert seine Küsse, und alles lacht an ihr und leuchtet vor Glück. „Setz dich her!" sagt sie dann, „laß mich zusehen, was du mitgebracht hast. Hast du nicht schon deinen großmächtigen Hunger? — wie du nur zum Küssen noch Geduld hast?!"

Und vor sich hin singend öffnet sie den schmalen Schrank, wo sie zwischen Kragen, Krawatten und Taschen-tüchern eine Tischserviette herauskramt und zwei dahinter verborgene Teller und Bestecke, um auf dem einen Ende des Schreibtisches die Abendmahlzeit zu ordnen.

Da bemerkt sie, daß er den Kopf in die Hand ge-stützt hat und vor sich hin starrt. Seinen Blick kann sie nicht erhaschen, das Lampenlicht bescheint nur die lange, schmale, gepflegte Hand, die er vorgeschoben hält.

„Du!" sagt sie plötzlich und läßt die Gabel fallen, mit der sie den kalten Aufschnitt aus den aufgewickelten Papierumhüllungen aufspießen wollte, um ihn in dem einen der beiden Teller aufzuschichten, „— ich bitte dich,

geh hin! Ruh' hättest du doch keine. Und wenn's wegen
mir ist, — mir wär's so schon lieber, du gingst."

Er macht sich fast barsch von der Hand frei, die sie
ihm bittend auf den Arm gelegt hat. „— Wenn ich dir
doch sage, daß ich nicht geh'! Kannst du's etwa wollen,
wenn ich dir doch sage, daß ich nicht will? — Nein? —
Also! das will ich mir auch ausgebeten haben!"

Er zieht sie zu sich auf sein Knie nieder und fährt
ihr mit liebkosenden Fingern durch das gewellte Haar.
„Also komm. Bleib hier sitzen und red nicht in einem
fort davon, hab die Güte. Warum auch grad davon?!
— Noch nichts hast du mir erzählt, — sag, wie war
es denn? Hat deine Tante gutwillig erlaubt, daß du
heute bei deiner Freundin übernachtest?"

Sie nickt. „Ja, das hat sie. Die Tante ist gut, —
wirklich lieb und gut. Wenn sie nur die Angst nicht
hätte bei allem, — besonders, daß die Mannsleute es
nicht recht ehrlich meinen, — wieviel lieber möcht' ich
ihr dann alles erzählen! Alles, ganz so, wie es ist.
Nicht wahr? Aber es geht nicht, sie würd' es nicht zu-
lassen, daß zwei so junge Menschen wie wir zusammenhalten, zwei, die beide noch nichts sind und nichts haben.
— — Vielleicht ist sie nur so streng, weil sie ein altes
Fräulein ist, meinst du nicht?"

Er stürzt ein Glas von dem lauschäumenden Bier
hinunter und schüttelt den Kopf. „Deine Tante hat im
allgemeinen ganz recht, Elly, ganz recht, wenn sie dich
nach Kräften hütet. So viele Laffen und Müßiggänger
wie hier auf den Straßen herumlaufen, — und noch
dazu bist du nicht aus der Gegend, bist nicht stadtgewöhnt,
— würdest dich nicht auskennen mit ihnen."

Sie lacht, während sie sich von ihm mit kaltem Fleisch und mit Brotschnittchen füttern läßt wie ein kleiner Vogel. „Mir kann so ein Laffe nichts anhaben," sagt sie; „ich bin doch schon über ein Jahr hier, und auf dem täglichen Gang zum Kindergarten bin ich oft genug angesprochen worden. Mir hat noch keiner gefallen — noch nie, — außer nur du. Du allein."

Er drückt sie an sich. „Und zu mir hattest du da auch gleich das richtige Vertrauen, gelt? Und auch du hast mir gleich so gut gefallen, wie du da im Spitalbettchen lagst. Gleich hatt' ich dich lieb. — — Und dann: daß wir beide nicht von hier sind, beide Provinzkinder aus demselben Nest, und auch beide elternlos, besonders das. Ein bissel Leid verbindet auch, meinst du nicht?"

Sie nickt nur. Ein warmer Wind streicht durch das offene Erkerfenster über die beiden hin und weht von Zeit zu Zeit von Ellys losem Haar eine Strähne an des Mannes Wange. Sie hören auf zu reden und zu essen. Das Lieblingsgespräch, über die Entstehung ihrer gegenseitigen Liebe und über deren mutmaßlich ewige Dauer, erreicht schließlich sein natürliches Ende in innigen Küssen und zärtlichen Schwüren.

Die Tüten und Papiere vor ihnen liegen geleert um den Teller herum, von dem sie gemeinsam gespeist haben; nur einige Krachmandeln und Schokoladenbonbons sind noch übrig geblieben. Er hat nicht vergessen, Süßigkeiten mitzubringen, denn er nascht selbst gern. Aber heute fehlt ihm der Sinn dafür, und er leert Glas um Glas.

Ein Falter verirrt sich in das Zimmer und umflattert

die Lampe, deren Porzellanbehälter schon mit winzigen
Mottenleichen beklebt ist. Draußen ist es ganz still, toten=
still geworden. Und stärker, berauschender als zuvor strömt
die Baumblüte ihren Duft in die Nacht aus.

Elly sitzt noch auf seinen Knieen. Ihre Hand hat
sich in seine Hände geschlichen, ihr Kopf schmiegt sich an
seine Schulter. Hin und wieder flüstert er etwas, leise
wie im Traum, — wie das Flattern des Falters um
das ruhig brennende Licht, — irgend ein Wort, irgend
ein leeres Wort, ein unwillkürliches Ueberfließen von dem,
wovon in diesem Augenblick ihre Seelen voll sind. Oder
sie murmelt einen halb verständlichen Laut, der, nur ein
sehnsüchtiger Seufzer, von den heißen Lippen erstickt wird,
die sich schmachtend auf die ihren pressen.

Auch jetzt noch wollen sie die wenigen Stunden, die
ihnen vergönnt sind, wahrnehmen, um ernsthaft verständig
alles Wichtige der Zukunft zu besprechen, — aber später,
— nur ein wenig, ein ganz klein wenig später, — denn
in diesen Minuten fehlt ihnen die Kraft dazu. Es ist
ihre erste, gänzlich sichere, gänzlich unbedrohte Einsam=
keit, die sie berauscht. Zum erstenmal ist die störende
Welt um sie ausgelöscht, hinweggewischt, zum erstenmal
sind sie allein auf der Welt. — — —

Da klopft es.

Er fährt zusammen, und dann umfaßt er sie fester.
Den Kopf beugt er tiefer, tief hinab zu ihr, als wolle
er sich bei ihr bergen.

Es klopft wieder, ungestümer, dringender. So rück=
sichtslos laut klopft es in die vorangegangene Stille
hinein, daß es wie eine körperliche Gewalt wirkt, welche
die beiden auseinanderzerrt.

Elly sucht sich aus den sie umfassenden Armen zu lösen und starrt ratlos nach der Thür. „Kannst du dich denn abwesend stellen, — wenn nun jemand weiß, daß du drin bist?" fragt sie kaum hörbar.

„Das weiß nur die Wärterin aus meiner Abteilung," entgegnet er ebenso und steht geräuschlos auf.

Beide stehen regungslos. Das Klopfen läßt nach, aber jemand drängt sich dicht an die Thür.

„Sie merkt, daß hier Licht brennt!" murmelt er, und, wie in Angst, macht er auf dem Teppich einige Schritte vorwärts, aber nicht um zu öffnen, sondern seit= wärts geht er, unwillkürlich bis ganz hinter die Thür, bis hinten an den Schrank, — gerade als ob die Thür von Glas und durchsichtig sei und er sich in einem Winkel verstecken müsse.

Elly schaut verständnislos mit großen Augen seinem thörichten Beginnen zu. Da ertönt die weibliche Stimme von vorhin, eindringlich und hilfeflehend:

„Kommen Sie, Herr Doktor, bitte, kommen Sie! Lassen Sie uns nicht im großen Jammer allein! Unser Herr liegt im Sterben und kann nicht sterben, und unsre Frau liegt in Lachkrämpfen und kann's und will's nicht glauben und will's von Ihnen hören, ob es wahr ist. Haben Sie Barmherzigkeit, Herr Doktor, und kommen Sie!"

Die schrecklichen Worte schallen durch das ganze Zimmer, bis in den hintersten Winkel, so daß kein Ver= steck vor ihnen möglich ist, — erfüllen das ganze Zimmer, als ob sie von allen Wänden tausendfach wiederhallten, und verklingen erst, als von innen der Schlüssel ins Schloß gesteckt und umgedreht wird.

Mit einem Ruck reißt Berthold die Thür auf. Er tritt hinaus auf den Vorplatz. Elly kann die halblaut geführte kurze Verhandlung draußen nicht hören.

Da kommt er in die Stube zurück. „Ich muß hin!" sagt er und sieht verstört und angstvoll aus, „ich muß hin, Elly."

Und wie sie in sein Gesicht blickt, begreift sie plötz= lich, daß es nicht nur das Zusammensein mit ihr ist, was ihn vom Fortgehen zurückgehalten hat. — Noch etwas anderes, Stärkeres, — etwas, das sie nicht kennt.

Schweigend sieht sie zu, wie er in seinen Mantel fährt, wie er verschiedenes noch zu sich steckt. „— Es ist gewiß viel besser, daß du gehst," bemerkt sie endlich leise, „du hättest es vielleicht nicht verwunden — später."

Er hört nicht auf das, was sie sagt. „Bleib hier!" sagt er hastig, „verriegle dich gut von innen. Mach keinem auf, — hörst du: keinem."

„— Hier?! — ich soll hier bleiben —?" fragt sie erschrocken, „— denke nur, wie spät es werden kann, und —"

„Nein, nein," unterbricht er sie schnell, „es dauert ganz kurz, — ich hab' ihr gesagt, daß ich heute Nacht= dienst hätte und nicht fortbleiben kann. Also wird's nur auf einen Sprung sein, — und nur ein paar Häuser weit, — gelt, du bleibst?"

„Ich weiß nicht, "— murmelt sie ungewiß.

„Ich bitte dich darum! laß mich dich nicht ent= behren, wenn ich heimkomme; laß mich nicht ins leere Zimmer heimkommen! Ich könnt's nie verwinden, daß ich das verloren habe, — diesen Abend mit dir. Und jetzt in der Eile, wo wir absolut nichts verabreden können,

— sollen wir so auseinandergehen und uns lang, lang nicht wiedersehen? Schau, das ist unmöglich! Also du bleibst, — ja?" Und er ergreift ihre Hände und hält sie fest. Seine Blicke haften mit banger Innigkeit an den ihren.

„Ja!" sagt sie überwunden.

„Dank dir! — — Und verzeih mir, du Liebstes, was ich habe, daß ich von dir geh'." Er küßt rasch und heftig ihre Hände und ihr Gesicht. Jetzt ist sie es, die den Säumenden zur Thür drängt.

Endlich ist er aus dem Zimmer. Man hört seinen Schritt den Gang hinunter. Nun eilt er, er läuft fast. —

Elly lehnt sich mit dem Rücken gegen die Thür und hat Lust zu weinen. So viel Schmerz, Sehnsucht, Liebe und eine süße heiße Erregung drücken ihr die Brust zusammen. Was liegt ihr am rechtzeitigen Heimgehen zur Freundin! Aber diese kostbaren, unwiederbringlichen Minuten, die erst nach vielen Hindernissen und mißglückten Kämpfen errungen worden sind, — ist es nicht unerträglich, sie nun einsam, ohne ihn hinzubringen, — ohne ihn, der eben noch seinen Arm um ihren Nacken schlang, — ohne ihn, den jeder ihrer Nerven zurückruft? —

Elly stampft leicht mit dem Fuß auf und ihr Blick überfliegt voll zorniger, sehnsüchtiger Ungeduld das hellerleuchtete kleine Gemach. Auf dem Schreibtisch liegen noch die fettbefleckten Tütenpapiere, die Apfelschalen und Krachmandeln herum. Mit einem Seufzer beginnt sie mit hausfraulichem Instinkt das benutzte Geschirr fortzuräumen, schüttelt die Serviette am Ofen aus, stellt

die geleerten Bierflaschen hinter den Diwan. Dabei be=
trachtet sie fast ehrfürchtig alle einzelnen Gebrauchsgegen=
stände im Zimmer, die Bücher und Instrumente, mit
denen Berthold arbeitet. Er kommt ihr so kenntnisreich
und hochstehend vor neben den Männern der simplen
praktischen Berufe, die sie früher, als Pächterskind, da=
heim gekannt hat! Und sein Aeußeres gehört für sie
ganz unmittelbar dazu, — dieses sicherlich nicht schöne,
aber gepflegte Aeußere des Sohnes aus gutem Hause,
der sich auch bei der größten Knappheit der Geldmittel
und beim härtesten Vorwärtsstreben nicht vernachlässigt. —

Elly steigt den Tritt zum hochgelegenen Erkerfenster
hinauf, setzt sich auf das Fenstersims und schaut über
die dunklen Baumwipfel weg in den Himmel hinein, der
ganz sternenbesäet ist. Schräg gegenüber leuchtet die große
runde Spitalkirchenuhr zu ihr herüber gleich einem rie=
sigen Mond. Und der schmeichelnde Frühsommer wogt
und duftet zu ihr ins Zimmer und erfüllt sie ganz, bis
zum Herzensrande, mit ihrer jungen, jauchzenden, innigen
Liebe. — — Was diese Liebe eigentlich liebt, das ist ihr
selber nicht bewußt, ob sie am Manne liebt, was gut
und tüchtig ist, oder den Mann, der feinere Wäsche und
feinere Formen besitzt, oder ob nur das in ihm, was sich
in erster, ehrlicher Jugendglut verlangend und glutweckend
zum Weibe neigt, — sie liebt urteilslos und unter=
scheidungslos, aber sie liebt mit ganzer Hingebung in
diesen nächtlichen Stunden des Harrens und Sehnens.
Sie drückt den Kopf gegen das Fensterkreuz und
blinzelt müde und verträumt.

Wenn man so dem monotonen leisen Rauschen der
blühenden Baumwipfel zuhört, tönt das wie einschläfern=

des Wiegenlied. Und gern hört sie dem zu, denn Baum
und Wipfelrauschen, Wind und Blüte sind ihr vertraut
und entführen sie ins Traumland der Kindheitserinnerung,
— nach dem kleinen Pachthof an der bayrischen Grenze,
den ihr Vater damals inne hatte, und auf den einsamen,
birkenumstandenen Schulweg zum Lehrer des nächsten
Dorfes, der sie so vieles und Gutes gelehrt hat, und in
die große Gesindestube unten im Gutshaus, wo am Feier=
abend die müden Leute beim Klang der Mundharmonika
zusammensaßen.

— — — — — — — —

Die Zeiger auf der runden Spitaluhr rücken Viertel=
stunde um Viertelstunde vor. Wie es ein Uhr schlägt,
fährt Elly aus ihrem Halbschlaf so plötzlich empor, als
ob eine Hand sie an der Schulter berührt habe. Vorn=
übergebeugt sitzt sie auf der Fensterbrüstung, eine einzige
Bewegung noch, und sie hätte hinabgleiten können, mitten
im Traum, und jetzt daliegen auf den regenfeuchten
Steinfliesen vor dem Direktionsgebäude als eine zer=
schmetterte, unkenntlich gewordene Masse.

Es schaudert sie. Sie springt vom Fenstersims ab,
und erstaunt und ungläubig heften sich ihre Augen auf
das schimmernde Zifferblatt der Uhr drüben. Ein Uhr!
Es ist kein Traum gewesen, in dem sie es wie einen
Weckruf schlagen hörte, es ist ein Uhr!

Jetzt ist es viel zu spät, um überhaupt noch zur
Freundin zu gehen. Da kann sie unter keinem Vorwand
mehr hin. Besser wäre es noch, hier zu bleiben, abzu=
warten, bis es in den Spitalhöfen in frühester Morgen=
stunde lebendig wird, denn dann kann sie sich unter den
Kranken, die oft schon sehr zeitig vorsprechen, und unter

dem in Anspruch genommenen Personal ganz unauffällig
entfernen. Sie selbst ist schon einmal so früh hier ge=
wesen, als ihre Tante des Nachts unerwartet krank wurde.

Noch steht sie erschrocken, schwankend, überlegend,
als ein Schlüssel sich von außen in der Thür dreht.

Sie läuft hin, sie entriegelt die Thür, und mit einem
Freudenlaut will sie ihm entgegenstürzen, ihm, der sie
endlich erlöst aus der unheimlichen Einsamkeit des Zimmers.

Aber er blickt sie zerstreut an, wie wenn er erst
jetzt eben, bei ihrem Anblick, gewaltsam zu ihr zurück=
gekehrt wäre. Blaß und erschöpft sieht er aus.

„— Ja, es ist spät, entsetzlich späte Nacht ist es
geworden, arme Elly, nicht wahr? Fast unmöglich, dich
noch herauszulassen und heimzubringen; — wenn man
dich sieht — —! und der Portier müßte uns doch öffnen.“

„Wäre es nur noch später, viel später!“ sagt sie
gedrückt, „— am liebsten heller Morgen. Man geht
hier so früh schon aus und ein. Ich glaube, das beste
ist noch, wenn ich die Sonne abwarte.“

„— Die Sonne —? — ja —“ Er sagt es, ohne
recht zugehört zu haben. Er will den Mantel ablegen
und hält mitten drin inne. Dann wirft er ihn achtlos
in eine Ecke des alten Diwans und spitzt die Lippen,
wie jemand, der pfeifen will. Aber er pfeift nicht. Er
setzt nur dazu an und fährt sich dann mit der Hand
wieder und wieder nervös durch sein kurzgeschorenes Kopf=
haar.

Elly starrt ihn an, mit Augen, denen man noch den
unterbrochenen Schlaf ansieht. „— — Ist er tot?“ fragt
sie scheu.

„— Tot? — — Ja, jetzt ist er's. — Endlich ist

er tot. Schließlich: wir müssen ja alle sterben, keiner kommt drum herum. Was ist denn auch schließlich dabei," bemerkt er in leichtem, achtlosem Ton. Dann plötzlich: „— So ein Blödsinn! Eine solche blödsinnige Krankheit! Blödsinnig, sag' ich dir! Und ein solcher Mann im kräftigsten Alter, — hatte er denn nicht ein Recht, noch zu leben, ja grad jetzt zu leben? — Er hat nie viel vom Leben erwartet, — nein, das kann niemand behaupten. Ihm ging's auch meistens schlecht, oft miserabel, mußte dazu noch seine Eltern unterstützen, — sich herumschinden mußte er, das Leben puffte ihn sozusagen. — Da erringt er sich diese kleine liebe Frau, erringt sich diese kleine, bescheidene Lebensstellung, sein bißchen Glück, — und glücklich war er!! Denn nun mußte es ja ein Weilchen besser gehen. Letzthin sagte er mir noch einmal: ‚Denk nicht, daß ich was Besonderes erwarte, nichts will ich, nichts, nicht Erfolg, nicht Glückszufälle, — nur in Ruh' lassen sollen alle Zufälle mich, nur abseits mich stehen lassen, mich vergessen, — daß ich behalte, was ich hab'. — Herrgott, mir gellt's jetzt in die Ohren, wie er das so sagte!"

„Und was sagte er denn dazu, daß er so sterbenskrank wurde?" fragt sie mit bestürztem, mitleidigem Gesicht.

„— Dazu —? Was er dazu sagte —?" murmelt Berthold und schaut sie an und sieht doch kaum, daß sie da vor ihm steht; es ist unterdrückter Zorn in seiner Stimme und in seinen Augen, und sie hört, wie seine Zähne übereinanderknirschen. „— — Nichts hat er dazu gesagt, nichts, kein Sterbenswort hat er gesprochen. Stumm hat er dagelegen, stumm und empört, — ja empört, im Innersten aufgebracht war er über seinen

Tod. Wut lag in seinem Blick, — manchmal ein dumpfer Haß, wenn er seine Aerzte anblickte, auch mich, — und quälen ließ er sich nach allen Regeln der Kunst, bis zum Todeskampf, dem langen, gräßlichen, der gar nicht enden wollte und ihn schließlich erdrosselte und damit alles, — auch seinen Zorn, den ohnmächtigen, fürchterlichen."

Er spricht mit gesenkter Stimme, gedämpft; sie sieht, daß er die rechte Hand zusammenkrampft und die Nägel in die innere Handfläche drückt, — vielleicht um Thränen zu wehren. — Dann geht er langsam auf den Diwan zu und setzt sich auf das Fußende, — schaut auf und streckt den Arm nach ihr aus. Er zieht sie an sich und beugt den Kopf; er küßt sie nicht, aber sie fühlt doch, daß er erst jetzt wieder bei ihr ist.

„Schau, ich hatte Angst," gesteht er und lächelt flüchtig über seine eigene Verstörung und Erschöpfung, „— ganz einfache Angst hinzugehen, dabei zu sein. — Ich mußte ja der Frau die Wahrheit sagen, als sie da in Lachkrämpfen lag, während er im Nebenzimmer so qualvoll verröchelte. — Es ist grausig, so etwas. So hilflos, so elend hilflos ist man."

Sie streicht ihm sanft, scheu über das kurzgeschorene Haar, das feucht von Schweiß ist. „— Seid Ihr's nicht alle schon ein wenig gewöhnt — vom Spital her?" bemerkt sie schüchtern.

„Vom Spital? Das ist ja ganz etwas anderes. Meistens ein fremder Mensch, ein bloßer Fall, — das medizinische Interesse überwiegt weit, stumpft die aufkommende Weichheit gleich ab. — Nur wenn sie länger daliegen, man sie gut kennen lernt, dann ist es schon schwerer, aber es geht immer noch —. Nur wenn's dann

so kommt, — außerhalb des Spitals, wo sozusagen Krank=
heit und Tod hineingehören, — und wenn man dabei
nur so Schlachtopfer des Zuschauens ist, ohne wirkliche
Aktivität, — und dazu liebe Menschen, Freunde, und
ein Schicksal, das man kennt —. Und nun dieser würgende
Tod in solchem bescheidenen Leben —"

„Du Armer!" sagt sie erschüttert und ihr kommen
die Thränen, gegen die er sich sträubt, „— vielleicht
macht ihr's alle durch im Anfang — oder du bist besser,
mitleidsvoller als die anderen."

„Mitleidsvoller?!" fragt er höhnisch.

Er hat sie schon wieder losgelassen und ist aufge=
standen. Er beginnt unruhig im engen Zimmerchen auf
und ab zu gehen.

„Nein, du! Mitleid ist das nicht! Alles, nur kein
Mitleid ist das! Wie kommst du nur auf Mitleid? Denn
der Tod — der kommt ja auch zu uns. Ja, das thut
er wahrhaftig, etwas früher oder etwas später, aber
ganz sicher, — a b s o l u t   s i c h e r . Begreifst du das?!
— — Nein, sag nicht, daß du es begreifst, denn das
ist es ja eben, das Schauerliche, daß man es in solchen
Augenblicken und Stunden erst ganz plötzlich begreift,
gleichsam den Tod betastet und anfühlt, während er sonst
nur so von fern dasteht, — ein undeutliches Etwas. Er
ist aber durchaus nicht fern, durchaus nicht; es sieht nur
so aus, er dreht uns sozusagen nur den Rücken zu, bis —
bis er sich herumdreht —"

„Lieber Gott, wie viel er redet und wie schnell nach=
einander," denkt sie bei sich. Sie entgegnet ihm nichts.
Ein feines Gefühl hindert sie daran, irgend eine banale
Entgegnung in seine schwere Stimmung zu werfen.

Da reißt er sie plötzlich an sich, — wild, heftig.

„Elly, hör nicht, was ich rede, — was beschwere ich Nichtsnutziger d i ch damit! Aber sieh, Kind: — an d i ch und m i ch denk' ich dabei. Ich möcht' dich doch halten, dich schützen, — war das nicht unsere Zukunft, unser Traum? — — und bin doch ohnmächtig, — ohnmächtig dagegen, daß der Tod in der Welt ist, der dich hat und mich."

Er murmelt das letzte nur, sie immer fester an sich ziehend, und küßt sie mit ausbrechender Leidenschaftlich= keit. Dann läßt er ebenso jäh von ihr ab. Seine Augen werden finster. „Es vergessen, es bei einander vergessen, ja, das kann man auf Zeiten und möchte man. Aber man s o l l damit fertig werden und es durchkämpfen und Stellung dazu nehmen, — man m u ß! Da reißt man dann alle lebendigen Kräfte zusammen und flucht und betet, — und — und ich w e r d e nicht damit fertig." —

Sie schaut ratlos zu ihm auf; er sieht, daß sie weint.

Erschöpft setzt er sich nieder. „Komm her!" sagt er in verändertem, freundlichem Ton, „setz dich zu mir. Ich habe die ganze vorige Nacht in der Abteilung durch= wachen müssen und hatte die Nacht davor Journaldienst, — ich glaube, alles kommt von dieser rasenden Müdigkeit."

Er macht ihr Platz und legt sich weit hinten über, fast ausgestreckt, und nimmt ihre Hand in die seinen. Aber gleich darauf blickt er nicht mehr auf sie, sondern zur Zimmerdecke hinauf, und seine Augen wandern unstet hin und her, ohne einen Ruhepunkt zu finden.

„Wenn du doch ruhen könntest!" sagt sie und blickt mitleidig auf seine gespannten, nervösen Züge nieder.

Es macht ihn ungeduldig, daß sie so beharrlich auf ihn hinsieht. „Wieso: ruhen? was kann denn das helfen, ich bin doch kein Pferd!" versetzt er gereizt.

Sie schweigt verletzt. Wie ganz anders hat sie sich den heutigen Abend vorgestellt! Mit wieviel Sehnsucht und Jubel hat sie ihn erwartet! Und nun wird sie überhaupt nicht beachtet, — es ist fast so, als ob sie noch allein hier säße. Mit ihrem Verstand ist sie wohl seinen erregten Auseinandersetzungen gefolgt, aber ihr Gefühl vermag ihm nicht ganz bis zu diesen unglücklichen Menschen zu folgen, nicht ganz bis in die Schauer des Todes — —.

Ihr Gefühl ist absorbiert von Sehnsucht und getäuschter Hoffnung und gekränkter Liebe, und dies Gefühl ist mächtiger als der blasse, unbegreifliche Tod, der ihr „noch den Rücken zukehrt", wie Berthold sagte —. Aber er hat auch die Nacht an einem Sterbelager verbracht, während sie nur da am Fensterkreuz gesessen hat, hineingeschmiegt in Blütenduft und Wipfelrauschen, träumend.

Die Lampe auf dem Schreibtisch brennt trüb. Von Zeit zu Zeit knistert ihre kleine Flamme, als ob sie nächstens erlöschen wollte. Von der gegenüberliegenden Wand schimmert das schmale Bett im Eisengestell weiß herüber. Eine große, dicke Fliege schwirrt mit Gesurr zwischen Tisch und Lampe und läßt sich begehrlich auf ein Stückchen vergessener Apfelschale nieder.

Wie einsam, wie todeinsam ist es in dem kleinen Zimmerchen! Elly starrt auf die naschende Fliege und kommt sich so verlassen vor, wie noch nie in ihrem ganzen Leben. Große Thränen drängen sich in ihre Augen und tropfen auf ihr Kleid nieder — andere, schwerere Thränen als zuvor. — —

Mitten aus den trüben Gedanken weckt sie ein selt=
samer Ton. Berthold ist der Urheber dieses Tons. Er
liegt unbequem ausgestreckt auf dem Rücken und schnarcht.
Er hat wirklich die Augen geschlossen und schläft und
schnarcht.

Ihre Thränen versiegen in der Verblüffung. Warum
hat er denn nun behauptet, er sei kein Pferd? Er ver=
schläft seine seelische Erschöpfung genau wie eine körper=
liche Ermüdung.

Seine rechte Hand hängt schlaff über den Rand des
Diwans herab, die linke, die noch Ellys Finger gefaßt
hält, ist kalt und feucht. Sein Gesicht sieht fahl aus;
die Stiefel, die über den Diwan hinausragen, starren
von Straßenschmutz. In diesem Augenblick entbehrt er
jedes ästhetischen Reizes, jedes persönlichen Zaubers, der
ihn in Ellys Augen von gesellschaftlich tiefer stehenden
Männern unterschied. Und zu der seelischen Entfernung,
in die seine scheinbare Nichtbeachtung und Benommenheit
sie momentan von ihm gerückt hat, gesellt sich jene plötz=
liche körperliche Entfremdung, die den geringfügigsten
Anlässen am liebsten entspringt. In diesem Augenblick ist
es, als ob Elly ihn ganz aus ihrem Herzen und aus ihren
Sinnen verloren habe. Oder steigen nur aus seinen
vorangegangenen düsteren Worten lauter schwarze Schatten
auf, die alles verfinstern und auch ihrer Liebe den Glanz
nehmen? Friert sie nur aus Uebermüdung und Kränkung
und Langeweile oder kriechen aus allen Ecken dunkle,
unfaßbare Gespenster an sie heran und machen sie schau=
dern? Was ist es denn auch mit aller Liebe und Freude,
wenn sie schon von dem leisesten Hauch aus dem Reiche
des Todes verblaßt, — was ist es mit aller Liebe und

Freude, wenn doch so bald und so sicher alles zerfallen und vermodern muß? —

Sie denkt den Gedanken zuerst nur mit trotziger Bitterkeit, mit dem verzweifelten Verlangen, in ihm recht herumzuwühlen, in ihm recht unglücklich zu sein, — dann aber denkt sie ihn mit Grausen und sucht vergeblich, von ihm loszukommen. Wieder meint sie das Gespräch von vorhin zu vernehmen, aber diesmal folgt nicht nur ihr Verstand den Worten, — die ganze Todesstimmung gleitet auf sie über und packt sie. Ihr ist, als ob sie hinausgeschleudert würde aus einem Rosengarten auf ein nacktes Felsenriff in wildbrandendem Meer. Aber nicht nur sie allein, sondern mit ihr alle Menschen, — der Mensch überhaupt, — jeder einzelne, der auch lebt, auch liebt, auch stirbt. Sie fühlt sich im großen Allleid alles Daseins leidvoll mitverschlungen, ihr kleines, vereinzeltes Liebesleid zerrinnt darin und taucht unter. Sie hätte jetzt nicht küssen können und nicht schlafen. Sie sitzt, die Hände um das Knie geschlungen, und starrt mit heißen, offenen Augen in die Nacht.

In der Lampe schwelt der Docht. Leise steht sie auf und löscht ihn aus. Der Himmel über dem Spitalhof beginnt sich ganz zart zu röten. Weiße dunstige Morgenwolken ziehen darunter hin. Aus den Wipfeln der Kastanien, die wie eine schwarze, kompakte Masse gen Himmel ragen, wird ein kleiner verschlafener Vogellaut hörbar. Hie und da wirft ein erhelltes Fenster in den Seitengebäuden seinen Schein in die dunkle Blätterwirrnis, und ein schwerbeladener Blütenzweig hebt sich neigend heraus.

Berthold schläft noch immer. Den Kopf weit zurück-

gelehnt liegt er da und schläft so fest, so tief, so hin=
gegeben an seine große, traumselige Müdigkeit.

Elly kniet bei ihm nieder, und im unsicher auf=
dämmernden Morgenlicht beugt sie sich über sein bleiches
Gesicht mit den stillen, sanft gewordenen Zügen und dem
tiefen Frieden über der Stirn, die vorhin in nervöser
Pein gezuckt und sich gefurcht hat.

Er liegt da wie ein Schlafender, oder wie ein Ster=
bender. Irgendwann einmal wird auch er im Tode so
daliegen, — er wird ihr entrissen werden oder sie ihm.
— Und heiß quillt wieder die Liebe für ihn in ihrem
Herzen auf, — Liebe ohne Grenzen, ohne Rückhalt, als
wäre sie selbst eben erst dem Tode entronnen, nur um
ihn zu lieben. Aber neue, neugewordene Liebe, — nicht
zum Liebenden allein, sondern zum Menschen, den Not
und Tod, den das unbegreifliche, gewaltige Leben selbst,
mit seinem Entstehen und Vergehen, in den geheimnis=
vollsten Tiefen ihr verband. Und eine neue, neu gewor=
dene Sehnsucht, — nicht nur ihn zu küssen, sondern das
Leben mit ihm zu leben bis zur Stunde des Todes.

Bis zur Stunde des Todes. — Würden die Lust
und die Freude ihrer zärtlichen Stunden ihnen bis dahin
durchhelfen, durch alles hindurch lebendig und wirksam
bleiben — bis dahin?

Elly atmet tief auf, und tiefer, mit einem Anflug
von Lächeln um ihre Lippen, beugt sie sich über den
Schlummernden.

Nein, — die Zärtlichkeit allein vielleicht nicht.

Vielleicht noch oft würde der Lebensernst die Liebes=
tändelei zertreten wie heute, vielleicht noch oft würde in
den schmerzlichen, verworrenen Tönen, die ihm durchs

Herz gehen, das kleine Liebeslied unbeachtet verklingen, wie heute. — Aber mit glücklichem Gesicht will sie fortan ihre Arme aufheben zu ihm, zum Dank dafür, daß er so ist, — dafür, daß er sie nicht nur streichelt und den Ernst bei ihr vergißt, sondern mit dem Leben ringt — für sich und sie. Und in ihren Schoß soll er seinen Kopf legen, wenn er leidet. Vielleicht steigt dann ein zärtlicher Traum immer wieder neu herauf, — in einer Nacht wie heute, — und spinnt heimlich, im Dunkeln, immer wieder neue Liebe ums Leben. — — —

Elly erhebt sich geräuschlos und macht sich leise fertig, um fortzugehen. Noch einen fast mütterlich sorgenden Blick wirft sie auf ihn. Gern würde sie ihm die schweren beschmutzten Stiefel ausziehen, damit er besser ruhen könne. Aber davon müßte er gewiß aufwachen. Deshalb zieht sie nur seinen Mantel aus der Diwanecke heraus und breitet ihn über seine Kniee. Dann schleicht sie sich behutsam aus dem Zimmer.

Auf den Gängen und Treppen ist es noch nachtstill. Die Gasflammen brennen noch wie am Abend vorher, als sei es eben erst gewesen, daß sie hier heraufstieg.

Draußen im Hof aber umfängt sie schon die gleichmäßige, farblose Helle des Frühmorgens, in der die lichterhellten Fenster sich ganz wunderlich gespenstisch auf den Steinfliesen abzeichnen, die besäet sind mit welken, zertretenen Kastanienblüten.

Ein Arzt, aus dem zweiten Hof des Krankenhauses kommend, durchquert die Baumanlagen. Wie er eine weibliche Gestalt auf den Hauptausgang zugehen sieht, hält er inne und schaut ihr aufmerksam nach.

Irgendwo wird eine Thür geöffnet. Zwei Wärterinnen huschen in leisem, übrigens ganz vergnügtem Gespräch vorüber. Auch sie wenden die Köpfe und stutzen.

Elly bemerkt es nicht. Sie steht vor der Portierloge im großen Thorbogen und klingelt, bis endlich der dicke Portier in Hemdsärmeln, völlig bar seiner gewöhnlichen Würde, mit verschlafenem Gebrumm heraussteigt und ihr gähnend das Thor aufschließt.

Sie hat ganz vergessen, daß, um fortzugehen, sie die volle Sonne abwarten wollte und das offene Thor, und das beginnende Leben in den Höfen. Sie denkt auch jetzt nicht daran, daß sie sich vielleicht kompromittiert. —

In diesem Augenblick sind für sie die Menschen nicht gefährliche Späher oder neugierige Verleumder, sondern einfach Brüder und Schwestern, — sie fühlt sich so herzlich geeint mit ihnen, so weitab von allem kleinlichen Getriebe, — mit ihnen gemeinsam umfangen vom gleichen Leben, — und vom gleichen Tode.

So tritt sie arglos hinaus auf die einsam im Morgengrauen träumende Straße und eilt heimwärts mit raschen, elastischen Schritten, die vom Steindamm längs der schlafenden Häuser fast fröhlich widerhallen. Ihr ist hell und jung und gesund zu Mute, ein grundloser Jubel erfüllt sie ganz.

Und glutrot geht hinter ihr, in dampfenden Frühnebeln, die Sonne groß und still auf und umspinnt die hineilende Gestalt mit feierlichem Licht.

Unterwegs.

— — — Je höher hinauf es ging, desto kürzer erschien der lange Tag der Maisonne. Oben am düstern Schwarzensee schoben gewaltige Bergkegel sich schon vor den Sonnenball, während in den Tiefthälern alles noch in Glanz und Licht getaucht war. Dort unten blühten die Obstbäume, und der Flieder öffnete sich, und aus Südtirol wurden die ersten kleinen säuerlichen Kirschen bis nach Sankt Wolfgang herangebracht. Statt dessen schaukelten hier oben noch gelbe Kätzchen in den Hängeweiden hinten am Seeufer, junges Birkenlaub duftete herbe und würzig aus halbgesprengten Knospenhülsen, die von ferne bräunlichen Herbstblättern glichen, und an den Berghängen zogen sich die breitschimmernden Schneefelder noch so tief — tief hinab, als befinde man sich am Rande einer Gletscherwelt.

Später pflegte der Hochsommer diesen grandiosen Charakter der Hochgebirgsnatur zu verringern, doch die unendliche Stille zerstörte auch er nicht, die sich fast erhaben darüber ausbreitete. Hier schien nur Vögeln und Grillen Stimme gegeben zu sein, und nur vereinzelt, — verloren, — mischte sich ein leises Glockenläuten der paar weidenden Almkühe dazu, das in diese Naturidylle schön und traumhaft hineinklang, als gehöre es zu ihr. — —

Vom Ufer des Schwarzensees schaute ein schmäch=
tiger Sennbube mit verwundert geöffnetem Munde dem
Herrn und der Dame nach, die sich der Sennhütte
näherten.

Richtige Bergsteiger waren's nicht — Zufallstouristen,
die heut nachmittag vielleicht noch nicht wußten, ob sie
lieber eine Spazierfahrt in leichter Mauleselkalesche unter=
nehmen sollten oder eine improvisierte Fußtour bis da
herauf wagen. Der Herr verriet es durch seine Klei=
dung, von der er den Wettermantel abgezogen hatte,
und auch die junge Dame im breitrandigen Strohhut
trug einen Rock, der weder in Schnitt noch Länge
einem stundenlangen Marsch auf Berggeröll angepaßt
schien.

In der niedrigen Lattenthür der Senne blieben sie
stehn und verhandelten hochdeutsch mit der verwunderten
Mali um ein Nachtlager. Morgen um Mittag wollten
sie weiter, über die Mosau nach Unterach hinunter bis
an den Attersee und — und, ja das weitere konnte die
Mali gar nicht interessieren.

Die Sennin hatte den ganzen Tag schaffen müssen
und war schon im Begriff gewesen, sich zur Ruhe zu legen.
Ohne besondere Begeisterung verwies sie daher die Frem=
den in die schmale Bretterkammer neben dem Herdraum,
die nur durch einen mannshohen Verschlag von demselben
getrennt war. Dort stand Malis mächtige Bettstelle, wo
sich ein Strohsack hoch auftürmte und ein stark nach Käse
duftender wollener Kotze als Pfühl diente.

Quer durch die Kammer lief ein Strick, an dem
mehrere bunte Schürzen und Kattunröcke hingen; in der
Ecke über einer Truhe war ein in groben Goldperlen ge=

stickter Bibelspruch angebracht und daneben ein kleiner
Tellerbort mit bemaltem Geschirr. Von oben her aber
schaute das rissige Dach nieder, das sich über der Herd=
statt, der Schlafstelle und dem unmittelbar angrenzenden
Heuboden als einzige Decke erhob, und bis hinauf in alle
Fugen dieses Daches durchdrang der Rauch, der tagsüber
vom Herdfeuer aufqualmte, alles mit seinem beißenden
Kreosotgeruch.

Der Herr und die Dame schauten sich um, legten
ihre zwei Gepäckstücke ab und verlangten nur noch nach
Waschwasser. Daraufhin holte die Mali ein Holzschaff
hervor, das eigentlich zur Melke der Frühmilch bestimmt
war, und bat deshalb, sie möchten es ihr wieder zu=
stellen. Kopfschüttelnd sah sie dann den beiden nach,
die mit dem Schaff wahrhaftig noch hinauswanderten,
sich kaltes, eiskaltes Seewasser einschöpften und sich
erst dann gemeinsam in den Bretterverschlag zurück=
zogen.

Die Mali hatte sich inzwischen schon auf der langen
harten Holzbank neben dem erkalteten Herde ausgestreckt,
aber in der zunehmenden Abendkälte begann ihr Husten sie
zu quälen, den sie seit dem Winter nicht hatte loswerden
können, und fröstelnd überlegte sie, ob sie nicht doch lieber
zum alten Knecht und zum Sennbuben auf den Heuboden
steigen sollte. Ursprünglich hieß sie wohl die beiden
Fremden mit stumpfsinnigem Gleichmut willkommen, so,
wie sie gewohnt war, jegliches Ereignis passiv über sich
ergehen zu lassen, gleich dem Sturm, Regen und Sonnen=
schein über der Alm. Aber jetzt trat ihr das Unerwartete,
Unbequeme der Sachlage näher; neugierige Gedanken
durchschwirrten sie, und hinterdrein, als letzter Nachtrab,

regte sich in ihr die heimliche Besorgnis, ob die unge=
betenen Gäste ihr die geopferte Bettruhe wohl mit einer
Kleinigkeit vergüten würden?

Da, — es mochte schon tief in der Nacht sein, —
knarrte die Bretterthür zur Schlafstelle, und der Herr
tastete im Dunkeln mit vorgestreckter Hand herein.

Ja, ob's denen denn immer noch woran fehlt?
dachte bei sich die Mali und fragte auch sogleich laut,
woran's denn noch fehle?

Nein, durchaus an nichts fehle es, beruhigte der
Herr sie, er gehe ja auch nur eben in den Heuboden
hinein, um noch ein wenig zu schlafen.

Sie setzte sich erstaunt auf.

Zum Schlafen? meinte sie empfindlich, aber sie dächte
doch, ihr schönes Bett, das lange alleweil für zwei?

Er lachte leise auf. Eine junge, wohllautende Stimme
hatte er.

„Hast's wohl ausprobiert, gelt?" meinte er mit gut=
mütigem Spott, sagte noch einmal gute Nacht und stieg
dann an ihr vorbei ins Heu.

Mali antwortete nicht mehr. Sie blickte vor sich
hin ins Dunkel mit einem horchenden Ausdruck im
Gesicht.

Ob sie's ausprobiert hatte! Die Bettstelle besaß sie,
seit die Eltern tot waren, und das schien ihr schon so
lang her zu sein, daß einem beim bloßen Hindenken die
Gedanken vergingen. Und dann hatte sie doch auch ihren
Burschen gehabt, der ihr lieb war, und ein Kind von
ihm —. Auch das ist lang her. Der Bursch war längst
fort, irgendwo in der Welt, das Kind war ihr klein
gestorben.

Jetzt war sie selbst schon hoch in den Dreißigen und hatte vor der Zeit ihre Zähne verloren und ihr dickes Haar. — —

Mali saß aufrecht auf der harten Bank, es fror sie, und sie mußte husten. So ließ sich's nicht schlafen.

Was das aber auch für sonderbare Leute waren. Abends holten sie sich kaltes Wasser, um noch das letzte bißchen Wärme hinauszutreiben, und nachts, da gingen sie gar voneinander —.

Die Nachtluft wurde kälter, draußen erhob sich ein Wind. Durch die Luke neben dem Herd schien die Luft blaßgrau herein.

Einsam und kalt waren jetzt doch die Nächte alle= zeit, — selbst im Sommer.

Aber immer war's doch nicht so gewesen. Nein, nicht immer — — —.

Und Malis Gedanken wanderten, — aufgestört für einen kurzen Augenblick aus ihrem Alltagshalbschlaf, gleich taumelnden Motten, weil ein schwacher Schimmer an ihnen hinglitt, der sie an Sonne erinnerte — —.

— — Einmal war ein Tourist über die Berge ge= kommen. Nicht gar weit von hier war's, ein paar Stun= den hinter dem Schafberg, auf ihrer ersten Senne. Ein stürmischer Herbstabend, der September ging zur Neige. Der junge Mensch hatte sich auf dem Heuboden schlafen= gelegt, aber vielleicht der Sturmwind, der heulend hin= durchfuhr, oder die Unrast der geängstigten Kühe im Stall mochten ihn nicht ruhen lassen, denn mitten in der Nacht hörte die Mali ihn heruntersteigen und im Herdraum unten ein Zündholz anstreichen.

Ihre große Holzbettstelle mit den darauf gemalten

Blumen stand dort in keinem Bretterverschlag. Wie in
den meisten Sennen war sie im Hintergrund hoch über
der Herdstatt aufgerichtet, dicht unter dem Dach. Als
nun Mali hinabschaute und die Zigarre im Dunkeln glim=
men sah, gleich einem glühenden Katzenauge, das sich
auf sie richtete, da erhob sie sich von ihrem Bett und
begann sich anzukleiden, und fragte ihn, ob er etwas
vermisse.

Es sei im Heuboden gar so kalt geworden, meint
er, lieber wolle er sich draußen ein wenig vertreten und,
sobald der Mond lichter heraus sei, fort.

Da bot sie ihm ihr Lager an.

Vielleicht verstand er, sie überlasse es ihm zur allei=
nigen Verfügung, — jedenfalls schnürte er sofort wieder
die Bergschuhe ab und stieg, in Kniehosen und Loden=
joppe, wie er gerade war, zur Mali hinauf, legte sich
aufs Bett und zog den wollenen Kotzen über sich.

Nun erst kam es ihm wohl zum Bewußtsein, daß
sie selber halb entkleidet und etwas ratlos am Fußende
des Bettes stand, denn nun lud er sie ein, auch Platz
darauf zu nehmen.

„Langt's doch für zwei!"

Mit einer so müden und dankbaren Stimme kon=
statierte er das und mit einem zufriedenen Gähnen.

Sie stieg zaghaft über ihn weg und drückte sich, um
ihn nicht zu stören, eng an die Hinterwand der Senne,
deren Spalten mit trockenem Moos zugestopft waren.
Und während er fast sogleich einschlief, — fest, so fest,
als ob keine Lawine ihn je mehr erwecken könnte, lag
Mali still und horchte auf die Windstöße, die am Dach
rüttelten, und lauschte den tiefen, regelmäßigen Atem=

zügen neben ihr, bis auch ihr endlich die Augen darüber
zufielen.

— Eh aber der Morgen graute, fühlte sie, halb im
Traum und halb im Wachen, sich in seinen Armen gebettet,
fühlte um sich seine Kraft und Wärme wie eine berau=
schende Gewalt, und halb im Traum und halb im Wachen
versank sie in dieser Gewalt — —.

Erst als die späte Septembersonne heraufkam, ging
der fremde Tourist auf und davon. Nicht auf lange,
versicherte er, denn er beabsichtige gar nicht, eine be=
stimmte größere Bergtour zu machen, sondern streife nur
zu seiner Erholung von dummen Studien im Gebirg
umher, und deshalb wolle er den Abend zum Uebernachten
gern wiederkehren, — heute abend, — und dann auch
noch einmal, — und noch einmal —.

Kein Arg und keine Ahnung hatte die Mali, daß er
sich nur scheute, Abschied von ihr zu nehmen, weil sie
vor ihm dastand wie eine Taumelnde, und als sein:
„Vergelt's Gott!" noch von fernher zu ihr herüberklang
und an den Bergwänden ein Echo weckte, wußte sie nicht,
daß es sein letzter Zuruf an sie war. Den ganzen Tag
verrichtete sie ihre Arbeit so benommen und zerstreut, als
ob ihr armes Gehirn eingestellt worden sei auf eine un=
aufhörliche Wiederholung stets derselben Worte: „Heute
abend, — und dann noch einmal, — und noch einmal,"
— fast der einzigen Worte, die sie miteinander geredet.
Und dabei reinigte sie ihre Sennhütte von vergrauten
Spinnweben und den Strohsack schüttelte sie auf, und
hing Kleiderröcke und Wollkotzen an die Sonne, und
rieb den Fußboden, als gelte es, eine Hochzeitskammer
rüsten.

Sowie aber die Sonne hinter den See sank, da setzte sie sich auf die Thürschwelle und wartete. Deutlich meinte sie dabei ihn vor sich zu sehen, wie er in der Morgenfrühe auf ihrem Bett dagelegen, an der Hand einen dunkelgrünen Siegelring, und aus dem weichen feinen Flanellhemd — gerade über dem hineingestickten Namenszug — die etwas entblößte Brust hervorschimmernd, — so weiß, so weiß, gleich der eines Knaben. In Joppe und Wadenstrümpfen schlummerte er noch, den Kopf mit dem kleinen dunkeln Schnurrbart zurückgeworfen, Halme aus dem undicht gewordenen Strohsack im zerzausten Haar, ein junger König schien er der Mali, in Gewändern von ihresgleichen, ein verkleideter König.

Der Abend verging, und auch die Nacht brach ein, doch er kam nicht. Jetzt saß sie auf ihrer Bettkante mit gefalteten Händen und mit Augen, die starr wurden vom regungslosen Schauen und Horchen, — und wartete, — und wartete.

Tief in der Nacht knirschte über das Geröll des Bergabhangs ein Schritt zum Seeufer hinab, — wenigstens klang es Mali wie ein Schritt, — der näher und näher kam, — — und vorüber ging.

*　　*　　*

Im starken Frühnebel, der über dem Schwarzensee braute und dampfte, standen dicht am Uferrand die beiden Fremden vom Abend vorher. Trotz der eben erst beendeten primitiven Morgentoilette schienen ihre Kleider schon ziemlich mitgenommen von der Tour mit dem improvisierten Nachtlager, — und die beiden jungen Ge-

sichter eigentlich auch. Während sie in wortkargem Ge=
spräch in das Wasser starrten, das durch den Nebel=
überzug hie und da hervorschimmerte wie schwerer, grauer
Atlas, trugen ihre Mienen den denkbar trostlosesten
Ausdruck.

„Du denkst an dasselbe wie ich!“ bemerkte nach einer
neuen Pause der junge Mann verlegen.

Sie nickte bedeutungsvoll, so, wie man nur nickt,
wenn man damit ein ganzes Schicksal besiegelt.

„Man kann an nichts sonst denken, — nachdem ein=
mal der große äußerste Entschluß gefaßt ist,“ ant=
wortete sie.

Er wandte sich von der geheimnisvoll leuchtenden
Wasserfläche ab, mit einem leichten Schauder, als hypno=
tisiere dieselbe ihn.

„Und doch, — wie wenig genügte, und wir könnten
so glücklich sein! Nicht wahr, meine liebe Lisa?“ sagte
er schwermütig und schritt neben ihr den Hang zur Senne
hinauf, „— ein wenig lumpiges Geld! Das Leben ist
doch schön! Unsre Liebe würde es paradiesisch machen.“

„Werde nicht wankelmütig!“ mahnte sie finster
entschlossen, „wozu kann denn das führen? Willst du
etwa ein Leben wie Gevatter Schuster und Schneider?
Nein, laß uns groß und uns selbst treu bleiben, —:
wenn du nicht, unbeschwert von niedrigsten Sorgen, streben
darfst, einst unsterbliche Werke zu schaffen, und wenn ich
an deiner Seite nicht deine Muse werden darf —“

Sie vollendete nicht. Sie standen schon nahe der
Senne und durch die weit aufgerissene Thüröffnung der=
selben qualmte ein so beißender Rauch, daß man schlechter=
dings verstummen mußte.

Die Holzbank, worauf Mali übernachtet hatte, war
bis gegen die Thür hinausgerückt worden; der grau-
haarige Knecht saß darauf, tief über den großen Butterstampfer gebückt, und butterte schweigend und emsig, den
schweren Kolben im Takt auf und nieder stoßend. Dabei
richtete sich jedoch sein hageres, aufmerksames Gesicht mit
der spitzigen Nase und den klugen lichtbraunen Augen
voll unverhohlenem Interesse auf die beiden eintretenden
Fremden. Der Qualm vom Herde, wo regellos durch-
einandergeworfenes feuchtes Reisig brannte, hüllte sie
aber so ein, daß man kaum etwas von ihnen sah.
Dicht hinter ihnen kam der Sennbube, hockte sich auf den
Herdrand vor die unruhig zuckende Flamme, die ihn grell
von hinten beschien, saugte an einer kurzen, mit zer-
drückten Weidenblättern gestopften Pfeife und schaute mit
vergnügter Verwunderung zu, wie der Herr und die
Dame vor lauter Niesen, Husten und Prusten den Geist
aufgeben wollten.

„Warum in aller Welt wird kein Rauchfang angebracht?" fragte der Herr mit thränenden Augen, „seid
ihr denn nicht lang genug auf solcher Senne oben, daß
sich's lohnt?"

Mali nickte; sie stand mitten im Raum, den Rock
hochgeschürzt, das dampfende Holzschaff voll schäumender
Frühmilch in den Händen.

Freilich seien sie lang genug da oben: sie selbst schon
an zehn Sommer, und Aloys, der Knecht, noch weit
länger, meinte sie und fischte ohne weiteres mit der
Hand irgend ein kleines Getier aus der Milch heraus, sie den Fremden zum Morgentrunk einzugießen;
aber ein Rauchfang würde sich ja doch nicht lohnen,

fügte sie hinzu, denn die ganze Senne mit ihren drei Insassen bestehe doch nur wegen der fünf Kühe, und so viel sei der Ertrag der Kühe dem Bauer längst nicht wert.

„Du lieber Gott!" bemerkte die Dame mit erstickter Stimme, „— hör doch nur, Martin, es ist kaum zu glauben. Wie ärgern wir uns schon, wenn in unseren Wohnungen etwas an der Wasserleitung oder dem Gasometer fehlt. Daß man so leben kann, — und es aushalten."

Aloys hatte den Butterkolben sinken lassen, er sagte zum Herrn mit großem Nachdruck etwas, während seine lebhaften braunen Augen aufleuchteten.

Die Dame sah ihren Begleiter fragend an, sie verstand vom Dialekt, der so zungengeläufig aus des Alten Munde kam, kein Sterbenswort.

„Er meint," erklärte ihr der Herr mit einem Lächeln, „daß überhaupt nur in den Städten alle Dinge vollkommen und schön gemacht werden und ihren wahren Zweck erfüllen, während sie hier als armselige Bruchstücke herumlaufen, die sich nicht zu Ende wachsen dürfen, weil's an allem fehlt. Er scheint sich etwas Märchenschönes unter unserer Kulturwelt vorzustellen."

Die Dame seufzte und schaute den alten Knecht fast mitleidig an.

Ob er denn die Städte kenne? fragte sie.

Ja, die kannte er. Aloys erhob sich, rückte den Butterstampfer in die Ecke zurück und erzählte mit heimlicher Wonne, wie er als Knabe mit einem Holzschnitzhändler gegangen sei; bis nach Linz und Graz waren sie gekommen, und er selbst habe schön geschnitzt. Aber dann

starb der Mann und ihn selbst befiel ein Augenleiden.
Seitdem war er nur noch ein grober Knecht. Damit
nahm er, resigniert vor sich hinmurmelnd, Hacke und Beil
und machte sich nach dem waldigen Abhang oberhalb der
Alm auf, um Holz zu fällen.

Inzwischen hatte der Herr sich an den Buben ge=
wandt; er bot ihm eine von seinen Zigarren anstatt der
Weidenkrautpfeife und redete ihm zu, ihm heute nach=
mittag den schweren Rucksack bis nach Unterach abzu=
nehmen.

Der Bube drehte die Zigarre begehrlich zwischen den
Fingern, aber zum Wege nach Unterach hatte er keine
Lust. Er war sein Lebtag nicht über den Umkreis der
Senne hinausgekommen, bis auf die Schuljahre im nahen
Radau.

Mali warf auch ein, daß er vor Dunkelwerden zurück
sein müsse, weil sie in diesen Tagen den Bauer er=
warteten.

„Er ist bis dahin längst zurück und den Weg kenne
ich für ihn," versicherte der Herr, „er braucht sich nur
auf dem Hinweg die rot markierten Stellen zu merken,
die ich ihm zeigen werde. Jetzt ist die ganze Partie für
Fußgänger aufs schönste hergerichtet," fügte er hinzu und
suchte das große karierte Reiseplaid hervor, auf dem er
sich mit Lisa draußen in der durchbrechenden Morgensonne
lagern wollte.

Die Mali schüttelte den Kopf und sah den Fort=
gehenden nach. Sie füllte noch den riesigen Kupferkessel,
der über einer Stange auf dem ruhiger brennenden Feuer
hing, und von dessen nie gescheuertem Metallbauch ab
und zu der fette Ruß in schwarzen Krusten niederblätterte,

mit frischem Wasser und setzte sich dann beschaulich auf die Thürschwelle. Mali hatte eigentlich eine gehörige Tagesarbeit vor sich, aber sie war weder besonders fleißig noch besonders reinlich und fürchtete nicht, daß die Arbeit ihr fortlaufen könnte.

Heute war doch beinah ein Festtag, wenigstens ein ereignisvoller Tag; der Aloys hatte ihr unaufhörlich seine Vermutungen über die beiden Städter und seine Hoch= achtung für die Welt, aus der sie kamen, mitgeteilt. Sie selbst kannte diese Welt kaum, und erinnerte sich keiner starken Eindrücke aus gelegentlichen Ausflügen dorthin: ausgenommen einer Stunde, die sie vor Jahren in Salz= burg in einem Karussell verbracht hatte. Das war an einem Sonntagnachmittag gewesen und viele kleine Laden= mädchen und Arbeiterinnen drehten sich mit ihr darin herum, — eine von ihnen saß in richtigem Sattel zu Pferde, eine andere auf erhabenem Königsthron, und sie selber war in eine goldene Gondel eingestiegen. Es kam ihr vor wie eine beinah feierliche Angelegenheit und durch= aus nicht wie ein bloßes unterhaltendes Vergnügen, auch bemerkte sie deutlich, daß auch die meisten anderen Mäd= chen fast andächtig ernsthaft dreinschauten, nicht so, als amüsierten sie sich dabei, sondern als seien sie wie ver= zückt und benommen von etwas Großem.

Und es war auch etwas Großes: denn in unbegreif= liche Traumwelten glitt die goldene Gondel mit der Mali, wennschon sie scheinbar immer im gleichen Rundzelt sitzen blieb. Hier stieg man ein, um auf eine Viertelstunde alles zu besitzen, was man ersehnt, alles zu erreichen, was unerreichbar bleibt, alles zu vergessen, was beschwert und drückt. Die Musik kam mit ihren Klängen daher, wie die gute Fee im Märchen, und forderte dazu auf, sich das Schönste zu wünschen, was man nur ausdenken konnte, und das that man denn auch mit aller Anstrengung, und fühlte sich heimlich hoch hinweggehoben und wie all= mächtig —.

Der Mali war es wohl bekannt, daß ein Karussell nur ein Karussell ist, ein Ding aus Holz und Eisen, aus Farbenlack und Goldpapier, aber irgend ein Geheimnis mußte noch dabei sein, weswegen es sich ganz ähnlich und eigentlich noch schöner drin saß wie in der Kirche beim wunderthätigen Muttergottesbilde.

Die Dame, die wohnte in einer Stadt und hatte gewiß wenig zu thun und fuhr gewiß oft Karussell —.

Vom Waldabhang her scholl Hieb und Hieb, dumpf vom Echo wiedergegeben. Aloys, der dort arbeitete, ließ sich ebenfalls durch die fremden Gäste aus seinen Alltags= betrachtungen herausreißen. Sie waren ja seltene und wertvolle Sendlinge aus jener lockenden Ferne, in der er zu kurz geweilt hatte, um von ihr enttäuscht zu werden, und die ihm seit Jahren schon wieder traumhaft zu werden begann. Ihnen das gesagt zu haben, was er heute morgen sagte und was er mit inniger Freude den Herrn der Dame wiederholen hörte, that ihm noch hinter= drein innig wohl. Es näherte ihn ihnen, — sie mußten fühlen: obgleich er als grober Knecht sich hier oben ver= dingen muß, gehört er zu uns.

Als er weiter hinunter nach der Lichtung schritt, wo der Sennbube angewiesen war, mit Stricken auf ihn zu warten, um das Winterlaub in Bündel zu sammeln und nach dem Kuhstall zu tragen, sah Aloys die beiden Stadt= leute dicht vor sich. Sie lagerten nebeneinander auf der

Reisedecke im Waldmoos und nickten ihm zu; der Herr
kam gleich wieder ins Gespräch mit ihm, und die Dame
richtete sich auf und beobachtete aufmerksam, wie er
die welken Blätter zusammenharkte und zu Haufen
schichtete.

Aloys ging das Herz auf; er erzählte von seiner
Jugend unter den Holzschnitzern von Rabau, wie er von
allen der Geschickteste gewesen und mit welcher Begeiste=
rung er ihnen von seinen ersten Wanderungen in die
Städte gesprochen hatte. Als eine Art von Kulturträger
und Prophet hatte er unter ihnen dagesessen und sie an=
gefeuert, durch ihre besten Bemühungen in der Schnitz=
arbeit wenigstens ihr armseliges Scherflein beizusteuern
zur Welt der Schönheit unten, an der sie sonst nicht Teil
haben konnten.

„Aber wie mögt Ihr nur hier glauben, daß in den
Städten alles Gold ist, was glänzt!" bemerkte die Dame
erstaunt, die sich alles, was Aloys sagte, genau er=
läutern ließ.

Doch ihr Begleiter stieß sie an und warf ein paar
französische Worte hin, die sie hindern sollten, Aloys in
seinem seligen Glauben irre zu machen. Und so redete
er sich immer weiter hinein, und sein feines nachdenkliches
Gesicht mit den tiefen ausdrucksvollen Fältchen um den
Mund erstrahlte in Glück, indes er sich mit der Harke
mühte und der Schweiß ihm in großen Tropfen auf der
Stirn stand.

Ungern ging er endlich von seiner Arbeit fort, als
dem Buben nur noch übrig blieb, die Blättermassen zu
Bündeln zu verschnüren und hinabzutragen.

Die beiden jungen Leute im Waldmoos schwiegen

lange. Die Sonne schien warm auf den Frühling rings=
um, gelbe Schmetterlinge gaukelten um den Enzian, der
blau aus dem hohen Almgras vor ihnen hervorleuchtete,
und über dem Schwarzensee stand in goldenem Morgen=
licht das Schneegebirge.

„Sie wissen nicht, wie schön sie es hier haben!“
rief Lisa entzückt.

Martin meinte leiser:

„Wir wissen vielleicht auch nicht, wie gut wir es
da unten haben. Aloys würd’ es schon für eine hohe
Mission ansehen, dort einen selbst ganz unscheinbaren
Posten auszufüllen. Aber vielleicht sind jetzt auch nur
unsre Gefühle für alles Schöne so überaus geschärft —“

„— Weil wir Abschied von allem nehmen,“ fiel sie
schnell ein und sank wie niedergemäht aus ihrer auf=
gerichteten Haltung auf die Reisedecke zurück.

Wieder schwiegen sie. Sie waren beide etwas blaß
von der fast ganz durchwachten Nacht, sie sahen, wie sie
so dalagen, wie ein paar Rekonvaleszenten aus.

Martin vermied es, Lisa in die Augen zu schauen;
zu schwer schien es ihm, dann noch stolze Fassung zu be=
wahren. Auch so wußten sie voneinander, daß sie beide
an den Tod dachten, an den Tod, der ihr junges, blühen=
des Leben freiwillig enden sollte, — wie es beschlossen
war —.

Von Zeit zu Zeit ging geräuschlos auf seinen nackten
Sohlen der Sennbub an ihnen vorüber, die schwere Blätter=
masse auf dem Rücken, tief unter seiner Last gebückt,
während ihm der Mund einfältig halb offen stand. Und
im frischen Luftzug, der vorüberstrich, wehten und flogen
aus dem Laubbündel unaufhörlich braune dürre Winter=

blätter heraus, umflatterten ihn und sanken dann lang=
sam, eines nach dem andern, ins Gras zu seinen
Füßen nieder. Es sah aus, als schreite der Genius
des Todes selbst unter den grünen knospenden Bäumen
dahin —.

Martin kam dieser Vergleich, doch als er dem Buben
in das einfältige Gesicht blickte, scheute er sich davor, ihn
auszusprechen.

Da schien es ihm plötzlich, als ob Lisa neben ihm
heimlich mit Thränen kämpfe. Sie hielt den Kopf etwas
zur Seite gekehrt, und um ihre Mundwinkel zuckte es selt=
sam, wie verhaltener Krampf.

Tief erschrocken richtete er sich auf —.

Aber es war nur ein Gähnen, das sie nicht heraus=
lassen wollte.

*   *   *

Gegen elf Uhr mittags versammelten sich Knecht,
Magd und Bube an der Herdstatt um einen irdenen
Topf, aus dem fettduftender Dampf aufstieg. Die schwarze
Eisenpfanne, — im Umfang dem ungeheuren Wasserkessel
gleich —, in der soeben die Mehlklöße geschmalzt worden
waren, wurde von Mali den beiden Stadtleuten überlassen,
denn die hatten vor, sich einen Eierkuchen zu backen.
Der Eier gab es nur wenige in Malis Besitz und auch
die mochten schon ziemlich lange gelegen haben, doch mußte
man es als ein Glück betrachten, daß man überhaupt welche
vorfand. Während Lisa mit großer Anstrengung die
zischende Pfanne über dem Reisigfeuer balancierte, plün=
derte ihr Begleiter in Ermangelung andern Geschirrs

den kleinen Tellerbort in der Schlafkammer und entnahm
demselben zwei goldumrandete Festmahlsschüsseln, die eine
mit „Behüt' dich Gott" in der Mitte, die andere mit
„Lebe glücklich".

Ganz nah vor der Sennthür, wo unter hochgewach=
senen Hängebirken ein roh gezimmerter Holztisch in den
Boden gerammelt war, setzten die beiden sich zur Mahl=
zeit nieder, — mit einem beträchtlichen Hunger, der
in gar keinem Verhältnis zum bescheidenen Eierkuchen
stand. Dabei sahen sie einander bedeutungsvoll in die
Augen, als wollte einer dem anderen stumm zu ver=
stehen geben: „Weißt du wohl, was diese Mahlzeit be=
deutet? Weißt du, daß es unser letztes irdisches Mit=
tagsmahl ist?"

Lisa senkte den Blick schmerzlich lächelnd auf ihren
Teller und, dessen Inschrift lesend, flüsterte sie:

„Behüt dich Gott, — es wär zu schön gewesen!"

Martin wollte gern Gleiches mit Gleichem erwidern,
aber als er unerwartet in aufdringlich grellen Goldbuch=
staben, die in der Sonne förmlich schadenfroh funkelten,
las: „Lebe glücklich!" da schwieg er verdutzt still und
begnügte sich damit, das schmerzliche Lächeln zu er=
widern.

Von hier draußen besehen nahm sich das Innere der
Sennhütte wie ein schwarzes Loch aus, und düster bei=
nah, wie aus finsterer Tempelhöhlung, tönte die me=
chanisch hergeleierte Gebetsliturgie heraus, die das Mahl
am Herde einzuleiten hatte. Und nachdem das letzte Gebets=
wort verklungen war, tauchte ein jeder der drei Men=
schen, die da eng nebeneinander auf der Holzbank saßen,
seinen Zinnlöffel so langsam und feierlich in die gemein=

same Schüssel, als beginne nun erst die eigentlich heilige
andachtheischende Handlung.

Nur Malis Augen schweiften ab und zu einmal hin=
über nach dem leckern Eierkuchen vor der Thür und nach
dem verwöhnten schmausenden Pärchen dort, das von
goldblitzendem Geschirr aß, als sei Festtag, — umflossen
vom heitern Sonnenlicht, umflogen vom warmen Knospen=
staub der Frühlingsbäume, — ein Bild sorglosen Glückes,
zart hingezeichnet gegen das leuchtende Weiß des Gebirgs=
schnees und den tiefblauen Himmel.

Der Sennbub sah nichts davon, sondern hielt seinen
Blick nur starr auf den Eßtopf gerichtet, bis die Reihe
hineinzulangen wieder an ihn kam, und der alte Aloys
führte jeden Bissen so schweigsam und so ernst gesammelt
zum Munde, wie einer, der sich der ganzen tragischen
Schwere eines Lebens bewußt ist, das in unsäglichen
Mühen dahingehen muß, um des Bissens Brotes willen,
den es gewährt.

Kaum waren die beiden Stadtleute mit ihrer Mahl=
zeit fertig geworden, als sie auch schon fort wollten.
Verdrossen packte der Bube sich Handtasche und Rucksack
auf und Mali stand da in angestrengtem Kopfrechnen, um
dahinter zu kommen, wie viel sie zu empfangen hätte.
Aloys erhob sich inzwischen wortlos; er entnahm der
wurmstichigen Truhe in der Ecke zwei Pokale, einen aus
blauem Milchglas und einen anderen mit Rosen bemalten,
und schlich damit zu einer kleinen, verborgen fließenden
Quelle am Berghang, von alters her für ihr heilkräftiges
Wasser die „Wunderquelle" benannt. Vorsichtig, die ge=
füllten Gläser vor sich her tragend, kehrte er von dort
zurück, seine Augen fest auf das kostbare Naß gerichtet,

um keinen Tropfen davon zu verlieren, und kredenzte es
schweigend den beiden Fremden, die er liebgewonnen hatte.
Gar mancher Tourist ging hier oben vorbei ohne in Aloys'
Gedanken die geringste Spur zu hinterlassen, denn er ging
auch am alten Knecht vorbei, ohne ihm Herz und Zunge
zu lösen.   Diese beiden aber hatten in ihm ein Gefühl
der Dazugehörigkeit zur Welt unten aufleben lassen, —
zu jener besseren Welt, aus der sie hierher heraufgekommen.
Er schaute auf sie, als glichen sie mindestens jenen drei
Engeln, die bei Abraham einkehrten, und „thaten, als ob
sie äßen". Und als jeder von ihnen leise einen Gulden
in seine Hand gleiten ließ, während sie ihm zum Ab=
schied die Hand schüttelten, da nahm er ehrfurchtsvoll den
schadhaften Strohhut vom Kopf.

„Vergelt's Gott! Vergelt's Gott!"

Wofür er ihnen aber dankte, das war mehr als Geldes=
wert, obwohl Geldeswert viel für ihn war und er freudezit=
ternd die zwei Gulden in sein einziges Sacktuch hineinknotete.

Während sie langsam aufwärts zur Mosau stiegen
und die kleine Sennhütte bald hinter der Waldung ver=
schwand, bemerkte Lisa leise:

„Wie symbolisch war das mit dem Wasser, — als
wüßte er, — wie ein symbolischer Todestrunk."

Martin sagte ablenkend:

„Glücklich sind diese einfachen Menschen mit ihren
Illusionen. — — Bist du gern dahier oben im Gebirg?"
wandte er sich fragend an den Buben.

„No!" versetzte der mürrisch. Er war voll Verdruß
darüber, daß er mit mußte, und die Vorstellung, heute
seinen Fuß weiter in die Welt zu setzen als sein Lebtag
vorher, regte ihn nicht im mindesten an.

„Warum bist du denn nicht gern hier oben?"

„No. Wegen dem Abistürz'n!"

Martin und Lisa lachten ihn aus. Hier gab es ja gar keine steilen Felswände zum Abstürzen, vor denen man sich hätte fürchten können. Verächtlich fast blickten sie die Bergwand entlang: so eine würden sie sich nicht grade aussuchen, wenn sie — aber sie hatten sich ja fürs Wasser entschieden, für eine Kahnfahrt in der Däm= merung, die keinem auffällt — —.

Der Bube ließ sie lachen. Sein Blick streifte voll scheuer Neugier die hier und da aufgerichteten Kreuze mit Abbildungen von schauerlichen Unglücksfällen. Außer den Kirchenbildern waren es fast die einzigen, die er kannte. Alle gruseligen Geschichten, die er je gehört, knüpften sich an solche düsteren Gedenkstellen.

Immer rascher von den geröllbedeckten Bergwiesen der Mosau hinab ging es jetzt.

Von Zeit zu Zeit machte Martin ihn aufmerksam auf die rotmarkierten Steine, an denen sie vorbeikamen, damit er den Rückweg nicht verfehlen möchte; dann wand sich der schmale Pfad steil durch die zerklüfteten hohen Felswände der Unterach, zwischen denen tief, tief unten in schwindelerregender Schlucht das Gebirgswasser in lautem Sturz vorüberdonnerte, toste und schäumte, eine erkältende Frische emporsendend zu den mühsam Nieder= steigenden.

Sie waren alle drei ganz still geworden. Martin und Lisa schauten einander wieder an — und dann nach oben, die enge Bergklamm hinauf —. Da oben zu stehen, ganz oben, — und — ein Sprung —. Ihre Phantasie arbeitete mächtig, unter angenehmen Schaudern, denn in Wirklichkeit standen sie ja nicht mehr oben, ganz oben —.

— Und schon traten sie aus der halben Dämmerung der Bergenge heraus, — und plötzlich, bei einer unerwartet schroffen Biegung des Weges, erschloß sich ihnen sonnenüberstrahlt und in seligem Glanze, einem Gemälde Norditaliens gleich, der blauschimmernde Attersee unter dem Maischnee seines Gebirgskranzes.

Der Sennbub teilte nicht das Entzücken über diesen Anblick; er stand in verdrossener Stumpfsinnigkeit da, die ganze Seele erfüllt vom Wunsche, nicht mehr einen Fuß vor den anderen setzen zu müssen, während das Riemenzeug ihm schmerzhaft in die müden Achseln hineinschnitt.

Unten am Seeufer lag staubig und heiß eine kleine Ortschaft in brütender Mittagssonne. Sie gingen hinab, an den Obstgärten und blütenumrankten Häuschen vorüber, und als das Wirtshaus am See schon in Sicht war, hielt Martin den Buben an, nahm ihm den Rucksack ab und hing ihn sich selber um.

„Diese milde Handlung wäre in der Mitte des Weges zweckmäßiger gewesen,“ bemerkte Lisa.

Martin sah etwas verlegen aus.

„Der Sack ist verteufelt schwer,“ seufzte er, „aber ich mag nicht an der Seite dieses arg bepackten, schmalbrüstigen kleinen Kerls im Wirtshaus einrücken —“

Lisa lächelte, aber diesmal gar nicht verhängnisvoll, und schob müde ihren Arm in den seinen.

„Gut, daß der Aloys nicht dabei ist!“ meinte sie, „er würde vielleicht zu seinen ersten Zweifeln an der Vollkommenheit der Menschen aus der unteren Welt gelangen!“

Der kleine Sennbube, der den Motiven menschlicher Handlungen keineswegs nachzusinnen pflegte, fühlte indessen sein Wohlwollen für die beiden Stadtleute merklich gesteigert. Und als er von ihnen nun gar in das kühle, schöne Wirtszimmer geführt und gefragt ward, was er am liebsten essen und trinken möchte, da befiel ihn ein außerordentliches Gefallen an der Situation.

Am liebsten wollte er natürlich Fleisch essen, denn das bekam er nur zweimal im Jahr, zu Ostern und zu Weihnachten.

„A Wurscht!" entscheidet er.

Und zu trinken?

„A Bier!"

Beides wird ihm auf dem buntgewürfelten Tischtuch vorgesetzt und beides wird von ihm unglaublich geschwind verschlungen. Doch sogleich ist auch schon die Kellnerin da und fragt von neuem nach seinen Befehlen, als ob er ein Herr wäre.

„Noch a Wurscht!"

Und zu trinken?

„A Bier."

Und immer röter und heißer wird er dabei und immer glückseliger fühlt er sich. Wundervoll gefällt's ihm hier unten in dem prächtigen Saal, wo es so gut nach Bier und Tabak riecht, ganz anders als nach dem beißenden Qualm und säuerlichen Käse der Senne. Zwischen Hirschgeweihen hängen bunte Kaiserbilder und darunter ein anderes Bild, auf dem eine vollkommen schwarze Dame mit ungeheuer weißen Zähnen bei lauter Zigarrenkisten sitzt und selbst eine Zigarre raucht.

Wie die Kellnerin mit einem Lächeln zum dritten=

mal zum Buben herantritt, kann er sich zu seiner eigenen
erschrockenen Betrübnis zu einer neuen Wurst nicht mehr
entschließen und beschränkt sich traurig auf ein neues
Krügl Bier. Und eine Zigarre möchte er wohl auch haben,
fügt er schnell hinzu und blickt starr an die Wand auf
die Dame mit den weißen Zähnen. —

Weitab von seinem Tisch, neben den Fenstern, die
auf den See hinausschauen, hatten Martin und Lisa sich
Kaffee mit einem Cognac servieren lassen. Sie waren sehr
still. Lähmend lag ihnen die Müdigkeit nach dieser un=
gewohnten Art, zwei Tage hinzubringen, in den Gliedern.

Lisa verbiß ein Gähnen und bemerkte tiefsinnig:

„Oben war es romantisch. Ein solcher Kaffeetisch
ist gar nicht romantisch."

Martin sah sie fragend an. „Ich meine," erläuterte
sie, „wir hätten nicht erst wieder hinunter —, wir hätten
oben ebenso gut, zum Beispiel durch einen Sturz, — —
überhaupt: das mit dem Wasser war die reine fixe Idee
von uns, — wozu grade im Wasser?"

Martin hatte die ganze Zeit über heimlich die flachen,
fast kiellosen Kähne fixiert, die am Ufer unter ihrem
Fenster angekettet lagen. Einen solchen Kahn wollten sie
ja gegen Abend lösen —.

„Für diese neue Idee ist es nun schon zu spät,"
gab er ganz matt zurück, „— jetzt gleich wenigstens wär
ich nicht im stande, genügend hoch zu steigen. Aber
deine Wünsche sind mir immer sehr teuer. — — Wir
müßten es eben auf eine zweite Bergpartie — — hinaus=
schieben."

Sie nickte unsicher.

Und nun malten sie es sich bis in alle Einzelheiten

aus. Sie vergaßen ganz die Müdigkeit dabei. Ihre Augen belebten sich, die Wangen röteten sich wieder —. Martin stieß das Fenster auf.

„Da kommt ein Dampfer!" rief er, „ich glaube, es ist einer, der uns heimbringen könnte. Aber dann gilt's Eile!"

Das Zischen des Dampfes und Klirren der zum Brückensteg übergeworfenen Ketten klang hell herein.

Sie sprangen auf, die Kellnerin griff nach dem Gepäck, — keine Ahnung hatte sie gehabt, daß die Herrschaften mit dem Schiff fort wollten. Was geschah denn mit dem Buben —?

Geschwind zahlen sie für ihn. Martin prägt ihm noch ein, gleich aufzubrechen, damit die Dämmerung ihn nicht unterwegs überfalle. In der Hast, aber auch aus einem weichen, wunderlichen Glücksgefühl heraus gibt er dem Buben viel zu viel Geld. Dann schnell fort, aufs Verdeck. Grade kommen sie noch hin. Mit schrillem Ton stößt der hübsche Dampfer vom Ufer —.

Der Bube schaute abwechselnd auf den Dampfer vor dem offenen Fenster und auf das Geld in seiner Hand, und faßte sich an den Kopf; ihm war etwas schwindelig vom Uebermaß des Genossenen und ganz weinerlich vor lauter Freude. So also war die Welt, die man auf der Senne nicht zu sehen bekam, so waren die Menschen unten! Rausch und Jubel erfüllen ihn ganz, und nun grade soll er fort! Fort von hier, wo man sich dermaßen gütlich thut, und wo die Menschen so gut sind und es so gut haben!

Das Gehen wird ihm sauer. Er geht schon, ja er geht, aber mit Beinen, die in keiner Weise zu ihm gehören. Weiß Gott, wessen Beine er mitgenommen hat.

Erst schlendert er, dann kommt das Steigen. Es
ist nicht zu glauben, wie steil die Wände bergan sind.
Und hinab ging es so schnell, — unbegreiflich schnell
ging es, — man hatte Mühe, seinen eigenen Füßen zu
folgen. Die Kniee wollten anders als die Füße. Jetzt
aber wollen weder die Kniee noch die Füße.

Die Kälte in der Unterach umfängt ihn mit Frost=
schauern. Da, wo zwischen struppigem Gebüsch der schmale
Pfad bandähnlich sich aufwärts windet, setzt der Bube
sich nieder. Von hier sieht man noch den Attersee schim=
mern. Jetzt hat er plötzlich Augen dafür, jetzt sieht er
ihn, — blau, so blauschimmernd und blendend, — ein
einziges Zittern und Flimmern von Goldlicht, das Schwin=
del macht, bis alles beginnt, im Kreise zu zittern und
zu schwanken. Und da — da — mitten auf dem See, —
ein kleiner Punkt, — das ist das Dampfschiff. Das
fährt nun immer weiter in die herrliche Menschenwelt
hinein, vermutlich dorthin, wo sie am herrlichsten ist —.

Aus der Bergschlucht tönt ein lang — lang hin=
hallender Juchzer und verkündet, daß ein Seelenkampf
beendet ist — —.

Bergab geht es, — unbegreiflich schnell geht's berg=
ab, als trügen Flügel den strauchelnden Fuß hart an der
gähnenden Tiefe vorbei, in der die Gewässer der Unter=
ach tosen —. Und der Juchzer springt mit, von Wand zu
Wand, wie wenn er mit dem Buben um die Wette liefe,
und verstummt im Poltern und Donnern, mit dem das
gleitende Geröll ins Wasser stürzt, die hochauf schäumen
und glucksen — —.

— — Je höher hinauf es geht, desto kürzer wird

der lange Tag der Maisonne. Oben am Schwarzensee ist die Nacht schon in den frühen Abendstunden hereingebrochen. Die Mali steht in ihrem Bretterverschlag, froh, sich diesmal ungestört zur Ruhe zu legen. Jetzt wartet sie nicht mehr auf den Buben. Die Nacht kam er nicht da herauf. Und ist ihm etwas zugestoßen, was Gott verhüte, — helfen kann man ihm auch nicht.

Aber wie sie in ihrer großen bemalten Holzbettstelle liegt, mit dem Rücken kerzengerade auf dem Strohsack ausgestreckt, da steigt in ihr der Unmut auf gegen die, von denen der Bube hinausgelockt worden ist.

Ja, das kommt daher, daß ihnen die Rede zum Verlocken und Bethören gegeben ist. Hat sie es denn nicht auch erfahren? War sie nicht auch einmal — eine Nacht lang — wie in fremdem Wunderland und ließ sich's einreden, sie sei noch immer drin, während sie doch schon mit dem ersten Erwachen längst wieder allein war —.

Und aus dem Karussell, da stieg man ja auch wieder aus. Das war gar schon in einer Viertelstunde. Auch das Karussell lockte nur und betrog.

Und die Mali schläft mit einem bösen und mißtrauischen Gefühl gegen die Menschen in den Städten endlich ein.

Nur Aloys steht noch am Rande des Sees und horcht in die Nacht hinaus. Nicht weil er in Unruhe gewesen wäre um den Verbleib des Buben. Den weiß er wohl geborgen und aufgehoben: verdenken kann er's ihm nicht, wenn er unten bleibt, wenn er nicht wieder heimkommt. Auch neiden will er's ihm nicht.

Eine Ahnung sagt ihm, daß er den wohlbekannten

Tritt der schweren Bergschuhe übers knirschende Geröll nicht mehr hören wird. Dennoch steht er noch und lauscht. Doch seine Gedanken weilen fernab. Seine Seele weitet sich und feiert ihre Abendandacht unter dem sternbesäeten Himmel in der stummen Nacht des Gebirges —.

Ein Wiedersehen.

Im stets besetzten Hotel am Stephansplatz in Wien
ging es lebhaft zu; es war schon stark gegen den Spätherbst,
und der Fremdendurchzug nach Rußland oder Italien, in
die Schweiz oder die Reichsprovinzen nahm noch immer
kein Ende. Die beiden behaglichen Speiseräume im Hochparterre, deren altmodische Halbbogenfenster nach der
schmalen Singerstraße hinaus lagen, waren um diese
Mittagsstunde gedrängt voll, und diensteifrig wand sich
der tadellose lange Zahlkellner, gefolgt vom neu ein-
gestellten Piccolo, zwischen den schmausenden und diskret
plaudernden Gästen hindurch.

An der breiten Glasthür, die von der Vorhalle und
dem Treppenraum hineinführte, stand, sichtlich zaudernd,
eine schmalschulterige Frau im dunkeln Reisekleid. Sie
ließ ihre Blicke mit unruhigem Suchen über das Menschen-
gewimmel drinnen gleiten, ehe sie sich entschloß, die Thür
zu öffnen.

Während sie langsam an den besetzten Tischen entlang schritt, neigte sie den Kopf ein wenig, sie schritt
immer weiter, nur aus lauter Verlegenheit, obgleich der
Zahlkellner schon mit leutseliger Miene hinzugetreten war,
um ihr einen leeren Platz zu weisen. Im zweiten Speise-

faal, am letzten Tifchchen, das innerhalb der erhöhten
Fenfternifche ftand, ließ fie fich endlich nieder und be=
ftellte mit leifer Stimme etwas Rotwein und ein Fleifch=
gericht.

Als jedoch das Beftellte kam, fchien fie gar nicht
mehr daran zu denken, daß fie hatte effen wollen. Die
rechte Hand ftützte fie müde auf; die linke neftelte me=
chanifch am ledernen Geldtäfchchen, deffen Riemen ihr
über die Schultern zur fchmächtigen Hüfte niederhing.
Denn nun hatte ihr Blick fein Ziel gefunden. Unter
halb gefenkten Augenlidern fixierte fie einen der größern
runden Tifche unweit der geöffneten Flügelthüren zum
erften Eßfaal, wo eine Gruppe von fünf Herren in heiter
angeregter Unterhaltung beifammen faß. An der Art,
wie die Herren mit einer gewiffen intimen Befliffenheit
bedient wurden, erkannte man unfchwer die altvertrauten
Stammgäfte an feft refervierter Tafel.

Einmal kam die blutjunge, bildhübfche Wirtin an
ihnen vorüber, blieb ftehn und redete den ihr zunächft
Sitzenden, einen beginnenden Vierziger mit bartlofem,
intelligentem Geficht und goldenem Kneifer, franzöfifch
an. Sofort begann das Gefpräch fcherzender, lauter zu
werden. Man rückte einen Stuhl heran, und für einige
Minuten ließ die Wirtin fich nieder und koftete von den
guten Weinmarken, die ihr eifrig kredenzt wurden.

Da fchaute der Mann mit dem Kneifer auf der
flavifch ftumpfen Nafe auf und bemerkte hinten am letzten
Tifchchen in der Fenfternifche die Dame im dunkeln
Reifekleid.

Sobald er ihrer überhaupt anfichtig geworden, mußten
ihm diefe unausfprechlich beredten grauen Augen auf=

fallen, die so menschenentrückt und weltvergessen, wie
hypnotisiert, an ihm hingen.

Er stockte mitten im Wort. Ein wunderlicher Aus=
druck von ungläubiger Verblüffung flog über sein Gesicht.
Seine Augen weiteten sich, staunten, fragten, — und
plötzlich erhob er sich hastig.

„Eine Dame, — ich glaube, eine Bekannte wieder=
zuerkennen, — bitte, entschuldigen Sie mich," bemerkte
er mit einer abschiednehmenden Verbeugung vor der jungen
Wirtin.

Diese drehte sich, nicht besonders vornehm in den
Gesten, unwillkürlich auf ihrem Stuhl herum und sah ihm
nach. Ein tiefes Stillschweigen herschte auf einmal an
der kleinen Tafel. Ein jeder folgte mehr oder minder auf=
fällig der großgewachsenen, hageren Gestalt mit den Blicken.

„Eine Russin, — ich möchte wetten!" murmelte
einer von ihnen, „man sieht es am ganzen Habitus,
nicht wahr? Wer weiß, was für alte Beziehungen der
Saitzew da erneut. Er scheint doch so gern in Oester=
reich, in Italien zu leben; indessen ‚on revient tou-
jours etc.'" — —

Die Dame in der Fensternische war dunkel errötet,
als Saitzew raschen Schrittes auf sie zukam, — mit aus=
gestreckter Hand und einer Ungezwungenheit der Haltung,
wie wenn die umsitzenden Menschen nur zu einer von
ihm bestellten Dekoration gehörten.

„Marfa Matwejewna! Daß es solche Zufälle über=
haupt gibt! wird die Welt nicht schöner dadurch? Und
daß wir — wir uns plötzlich, nach so langem, in irgend
einem Hotel zusammenfinden müssen!" rief er ihr in ruf=
sischer Sprache entgegen.

Sie legte ihre beiden Hände in die ihr voll drängen=
der Herzlichkeit hingehaltenen. Das verwirrte Erröten
gab ihren zarten blassen Zügen, die nicht mehr ganz
jugendlich, aber von großem Liebreiz waren, eine warme,
mädchenhafte Schönheit.

„Kein Zufall,“ unterbrach sie Saitzew mit verhaltener
Stimme; „ich wußte, daß Sie hier seien, ich erfuhr es
durch Ssasonows Vermittelung, hörte, wo Sie absteigen,
— und der Portier wies mich soeben in den Speisesaal,
— das sei Ihre Essensstunde, sagte er.“

„Wenn es also kein Zufall ist, dann danke ich
Ihnen! ich danke Ihnen, Marfa!“ fiel er ernst ein
und behielt ihre Hand einen Augenblick in den seinen,
ehe er sich ihr gegenüber setzte. „Hätten Sie mir
doch vorher schon geschrieben, ich hätte Sie von der
Bahn holen, für Sie sorgen können. — Seit wann
sind Sie hier?“

„Seit heute morgen. Auch reise ich gleich weiter.
Ich bin bei einer Kollegin und frühern Studiengenossin ab=
gestiegen, die jetzt hier als Aerztin thätig ist. — — Ich
eile zurück nach Ostrußland.“

„Aerztin!“ wiederholte er langsam und sah sie voll
Interesse und Anteilnahme an, „richtig, Aerztin! Jetzt
weiß ich's erst wieder: Sie sind also wahrhaftig Aerztin
geworden, und noch dazu dort in diesen an Aerzten, an
Kultur, an Komfort, — ja, mein Gott, an allem und
jedem so armen Steppengegenden. — Also wahrhaftig, —
und das schon jahrelang!“

Ihr ganzes Gesicht leuchtete auf. Sie nickte ernst.

„Mehr als eine Frau geht jetzt dorthin!“ bemerkte
sie leise, „wissen Sie, grade die Frauen. O wie recht

hatten Sie damals mit Ihren Vorträgen! Ich glaube, von alledem, was Sie Schönes und Herrliches sagten, und was doch auch die Frauen oft mit anhörten, wenn Sie so von Stadt zu Stadt reisten, — von alledem war dies das Schönste! Dieser Aufruf an uns Frauen, uns auch zu beteiligen an der Volkserziehung und den Kulturaufgaben mitten im Volk. Wie Sie uns zuriefen: ‚Auch d a s ist Frauensache!!‘ — — Ja, es i st Frauensache!"

Sie hatte ihre anfängliche Verwirrung überwunden, sie sprach lebhaft, begeistert. Ihre Augen schimmerten.

Saitzew lehnte sich ein wenig zurück und umfaßte mit dem Arm seinen Stuhlrücken. Er hörte sehr aufmerksam zu und sah nachdenklich und tief beschäftigt aus, als wenn er eifrig bemüht sei, sich in den Gedankenkreis jener Zeit wieder zurückzuversetzen.

„Jawohl, ja gewiß!" stimmte er bei, „ich kann mir das sehr gut vorstellen. Selten, fast nie gehn die jungen Aerzte dorthin, — die Männer bleiben immer in den paar Städten stecken, so schwierig es auch allmählich wird, sich dort in der Konkurrenz zu behaupten. Natürlich! Denn sich bei uns in die unwirtlichste, tiefste Provinz aufs Steppenland setzen, das bedeutet ja den Verzicht auf alles, woran den Menschen etwas liegt. Dort heißt es: Arzt, Priester, Lehrer, Mutter, — kurz alles auf einmal sein, und nichts für sich. — Ach, ich weiß!"

„Ja, S i e wissen!" unterbrach sie ihn mit einem Lächeln voll Bewunderung, „wenn Sie ein Arzt wären, würden Sie sich auch nicht grade die bequemern Städte ausgesucht haben. O wie schwer muß es Ihnen doch

damals gewesen sein, Ihr russisches Land zu verlassen!
Wo Ihre Worte so zündeten! und wo Sie selbst so voll
waren des idealen Glaubens an ein Besserwerden in
allen unseren Zuständen. Und manches ist jetzt besser
— — Ich muß Ihnen viel erzählen, später. Jetzt
könnten Sie noch ganz anders helfen und wirken unter
uns anderen."

Saitzew rückte etwas ungeduldig auf seinem Stuhl,
als sie sich in ihr Thema so sehr vertiefte. Er bemerkte
etwas hastig:

„Ins Ausland hätte ich ohnehin bald übersiedeln
müssen meiner kranken Tochter wegen. Ihretwegen blieb
ich damals ziemlich lange in der Südschweiz und Italien.
Hörten Sie noch davon? — Seit jener Zeit ist mir der
Süden lieb geblieben. Ich reise fast jährlich nach Italien."

„Ihrer Tochter geht es jetzt gut, nicht wahr?"
fragte Marfa zerstreut.

„Ja, ich danke Ihnen. Sie ist gänzlich hergestellt,
wenn auch schwächlich. In Rom hat sie sich verheiratet,
wie Sie wohl wissen? Meine Frau hat dies gerade noch
erleben dürfen. — — Ein paar Jahre habe ich, ehe sie,
uns allen so unerwartet, starb, mit ihr öfters den Wohn=
ort wechseln müssen; zuletzt waren wir in Wiesbaden.
— — So wird man zum Kosmopoliten," sagte er ab=
gebrochen.

Eine Pause trat ein. Saitzews Blick, der während
des Sprechens auf Marfas schmalem, blassem Gesicht
geruht hatte wie eine leise Liebkosung, glitt unwillkürlich
auf ihre Gestalt ab und umfaßte dieselbe mit einem ein=
zigen, langen, alles einzelne in sich aufnehmenden Aus=
druck.

Als sie das wahrnahm, errötete sie von neuem. Saitzew bemerkte mit einem Lächeln:

„Wissen Sie etwas Wunderschönes, Marfa? Sie sagten da soeben, Sie seien jahrelang Aerztin in Ostrußland. Nun ja. Aber wie Sie so dasitzen, sehen Sie durchaus nicht so aus. Ganz und gar nicht. Schüchtern sehen Sie aus. Als ob Sie sich dort in die Ecke geflüchtet hätten, wie ein kleines Mädchen, das absolut nicht seine Ellbogen zu gebrauchen versteht. Ja, ja, wirklich.“

Sie nickte zögernd.

„Hier bin ich auch verschüchtert. Dies bunte, heitere, lebhafte Gewimmel! Und das ganze ausländische Stadtleben! Alles hastig und nervös. Man muß sich erst gut auskennen. Ich bin so fremd. Fürchte mich, über die Straße zu gehen, in den Läden was zu kaufen. — — Bei uns, da fürchte ich nichts! Niemanden und nichts! Ich weiß die Menschen zu nehmen, und die Menschen, die glauben an meine Macht. — Wie recht hatten Sie, mich dorthin zu locken. Und Sie selbst —“

„Wissen Sie, Marfa, lassen Sie uns aufbrechen,“ fiel er ein, „ist es denn nicht unerträglich, länger so zu sitzen? Ich habe meine feste Winterwohnung hier im Hotel, — das ist mir nämlich am bequemsten, wenn ich hier bin. Wir wollen zu mir hineingehen, ja?“

„Ja, gewiß, — wenn Sie schon fertig gespeist haben, — störte ich Sie nicht grade dabei?“ sagte Marfa und winkte dem Zahlkellner.

„Wir waren alle schon fertig, plauderten nur noch; Sie sehen, am Tisch drüben sitzt bereits nur

noch ein letzter Nachzügler, hingegen Sie —" Saitzew
beugte sich über die fast unberührten Schüsseln, die
noch vor Marfa herumstanden, welche soeben bezahlte,
„— ich glaube, Sie dürfen nicht so allein dasitzen
beim Essen, sonst werden Sie immer so schmal und
blaß bleiben."

Er nahm dem Kellner den kurzen dunkeln Herbst=
mantel aus der Hand, den sie beim Eintreten abgelegt
hatte, und hing ihn ihr um die Schultern. Dann schritten
sie langsam die Tischreihe entlang zur Glasthür am
Ausgang. Marfa trug den Kopf nicht mehr gebückt,
ihre Augen blickten offen und strahlend vor sich her,
aber sie unterschieden ebensowenig von ihrer Umgebung
wie beim Kommen, — sie blickten in irgend eine glück=
liche Welt, die ihr leise aufgegangen war. Saitzew ge=
leitete sie im Treppenraum wenige Stufen hinauf in
seine Gemächer, die in der Ecke eines großen Korridors
ganz für sich nach dem „Graben" zu lagen. Kaum konnte
sie begreifen, daß diese drei behaglichen, mit einem
feinen, individuellen Luxus eingerichteten Räume einem
Hotel zugehören sollten. Ihr schienen sie das Traulichste
zu sein, was sie je gesehen. Noch stand sie mitten auf
dem breiten alten persischen Teppich — eine Heimat=
erinnerung —, der die Mitte des Wohnzimmers ein=
nahm, und schaute schweigend um sich, als Saitzew mit
seinem raschen, durch den Teppich gedämpften Schritt
auf sie zutrat, seinen Arm um ihre Schulter legte und
unvermittelt fragte:

„Uebrigens sag mir: während du da für andre
fanatisch sorgst und dich abquälst, — wer sorgt für dich?
Warum bist du so bleich und mager geworden? Warum?"

Sie schrak auf.

„Ich — ich sorge schon für mich," stotterte sie außer Fassung gebracht, „— ich komme ja sogar von einer Badereise."

Er beugte sich vor und ergriff sie am Handgelenk.

„Badereise? Also bist du leidend? Du bist leidend —?"

„Ach nein. Doch nicht. Nur ein wenig übermüdet."

„Aufgebraucht!" sagte er halblaut, wie für sich selbst, und dann stampfte er leicht mit dem Fuß auf.

„Ein Blödsinn das! Du gehörst ja gar nicht dorthin! Wieso bist du denn ein Arzt? Nein, wenn du schon zu etwas die Anlage hattest, damals, — so war es noch eher zum Dichten, oder so was Aehnliches. Jemand, der sich das Leben so dichtet, wie es seiner lyrischen Meinung nach etwa sein soll. — — Ich glaube, schließlich war es auch dies Lyrische in dir, was dich übertölpelt und ins Menschenbeglücken hinausgetrieben hat."

Sie schaute ihn verständnislos und tief erstaunt an. Wie ein staunendes Kind sah sie jetzt eben aus, mit ihren schmalen Wangen und gläubigen Augen.

„Ach nein, — das haben Sie ja selbst gethan!" sagte sie langsam, — „Sie ganz allein. Von der ersten Idee an bis zum letzten Entschluß."

Er murmelte etwas, was sie nicht verstand. Dann begann er im Zimmer auf und ab zu gehen.

Marfa verhielt sich ganz still. Als er sich ihr wieder zuwandte, hatte sie sich an den Rand eines Sessels gesetzt.

„Trage ich wirklich die Schuld?" fragte er mit ge=
dämpfter Stimme und blieb dicht vor ihr stehen.

„Die Schuld?!" Sie lächelte ihn an. „Sie haben
das Verdienst, — das Verdienst an allem, was ich je
that. Denn ich allein wäre später wohl zu schwach ge=
wesen, dabei zu bleiben. Wissen Sie es nicht? Damals,
als Sie ins Ausland gingen und es mir so schwer —
so entsetzlich schwer fiel, zurückzubleiben. Nur Sie, nur
Ihre Ueberzeugungskraft gab auch mir die Kraft dazu, —
um unserer Sache willen."

Saitzew blickte ihr fest in die Augen.

„— Wirklich ‚um der Sache willen'? Aus keinem
anderen Grunde?" fragte er.

Sie starrte ihn schweigend an.

Da fügte er langsam, ohne den Blick von ihr ab=
zuwenden, hinzu:

„Ich wenigstens, ich redete nicht zu rein um der
Sache willen. Ich sprach aus sehr persönlichen Gründen,
Marfa. Um meiner Frau und um meiner kranken Tochter
willen, — ja, namentlich wegen dieser Tochter, die so
leidend und wachsam und eifersüchtig neben uns hinlebte,
wie es nur solche kranken Menschen zu stande bringen.
Um dieser beiden willen — durften wir nicht zusammen
bleiben. Durftest du nicht mit ins Ausland gehen. Das
weißt du so gut wie ich."

Marfa war erblaßt. Sie machte eine unschlüssige,
suchende Bewegung mit der rechten Hand und erhob
sich unwillkürlich vom Stuhl. Ihr Blick irrte durch
das Zimmer, ohne an irgend etwas Bestimmtem haften
zu bleiben. Fast machte es den Eindruck, als ob sie
fliehen wolle.

Aber Saitzew, der noch dicht vor ihr stand, breitete nur schweigend seine Arme aus. Und ohne einen Laut von sich zu geben, ließ sie es zu, daß seine Arme sich um sie schlossen und sie an seine Brust zogen.

Er hob ihr Gesicht zu sich empor und küßte sie auf den Mund.

„Wie du zitterst!" murmelte er weich, und dann sehr leise:

„Ich möchte dich etwas fragen, hörst du? Sage mir: kamst du dazu her? — ja? — Kamst du her, um mich dir zu holen —?"

Es durchfuhr sie förmlich. Bestürzt, fast erschrocken sah sie zu ihm auf.

„Wie — o nein, großer Gott, wie kannst du das wissen? — Ja! ich kam dazu her. — Ich kam nur dazu, um dich zu holen."

Er schloß sie fester an sich.

„Seelchen! Täubchen, mein geliebtes! Sagte ich dir nicht, du bist kein Arzt — nein, Gott bewahre, ein Dichter bist du. So alte Liebe nähren und erhalten! So fernem Glück vertrauen! So fest glauben nur Dichter an die zwei, die schließlich doch zusammenkommen."

„Glück! Liebe! Zusammenkommen!" wiederholte Marfa und wie erwachend strich sie sich mit der Hand über die Stirn, als müsse sie sich mühsam besinnen. — „Wie meinst du das? nein, o nein, an so etwas konnte ich ja nicht denken. — Ich kam ja nur, um dich zu uns zu holen, — das heißt einfach: nach Rußland."

Er ließ sie brüsk los.

„Nach Rußland?! Mich? Ja, wieso?"

Sie faßte zaghaft nach seiner Hand.

„Dorthin natürlich, Vitalii. Wohin denn sonst? Ich sagte dir ja schon, jetzt könntest du dort noch viel tausendmal mehr wirken. Und ich — ich weiß jetzt so viel besser Bescheid damit, habe manche Vorarbeit ge= than, — stehe mitten drin. Und immer that ich's im Gedanken an dich. — — Daran wollt' ich ja nicht glauben: daß du fortfahren könntest, dich nach mir zu sehnen, — aber: heimlich nach Rußland und deinem Wirken dort mußtest du dich sehnen."

Sie sprach überredend, eindringlich. Auf ihren Wangen erschienen blaßrote Flecken der Erregung. Aber je länger sie seinem auf sie gerichteten Blick begegnete, desto un= sicherer wurde ihr Ton, und bei den letzten Worten sank ihr die Stimme.

Er streckte die Hand aus und strich ihr sanft übers Haar. Mit einer nachsichtigen Gebärde.

„Du bist ein thörichtes Kind!" bemerkte er, „in die Welt, von der du da redest, passe ich überhaupt nicht mehr hinein. Ich habe doch nicht diese — bald zehn Jahre hier gesessen und darauf gewartet, daß du mich holst, Marfa! Ich habe sie gelebt und mich in ihnen auf ganz anderem Lebensboden weiter entwickelt. Ich denke und fühle nicht mehr wie damals."

Marfa stand starr und still. Langsam lösten ihre Hände sich von der seinen, nach der sie beschwörend ge= griffen hatten, und glitten an ihr nieder.

„Aber dann — ja dann — h a b e n wir uns ja gar nicht wiedergefunden!" sagte sie tonlos.

„Wir nicht? wir doch wohl!" fiel er rasch und

bestimmt ein, und indem er sich zu ihr beugte, fügte er
lächelnd hinzu:

„Bin ich wohl noch der junge Mensch mit dem
mageren, bärtigen Apostelgesicht und den langen Haaren
im Nacken? Noch so unsäglich bedürfnislos dem Leben
gegenüber und andererseits so größenwahnsinnig anspruchs=
voll? Ich verlange jetzt viel weniger vom Leben. Aber
ich verlange dich. Ich habe dich lieb, Marfa. Du bleibst
also hier, bei mir, als meine Frau."

„Ich kann ja nicht!" rief sie außer sich, „ich kann
ja gar nicht! Sie erwarten mich dort, sie brauchen mich,
haben mich mit heiligsten Pflichten gebunden, — du selbst
hast mich gebunden —" sie brach ab, und mit plötzlicher,
glühender Hoffnung klammerte sie sich an ihn; „— o,
du kommst mit! es kann ja gar nicht anders sein, —
du folgst mir!"

Er sah schweigend auf sie nieder.

„— Ich — dir?" fragte er mit leichter Betonung.

Sie wurde dunkelrot.

„Nicht mir! Aber der Sache!" sagte sie stockend.

„Diese Sache wies ich dir einst an, — ich wies dir dies
Gebiet an, das ist wahr," versetzte er ruhig, „aber heute
wärst du dort mein Wegweiser und Meister, ich hingegen
der Lehrling, der Neuling, du würdest sie mir anweisen."

Marfa schüttelte heftig den Kopf.

„Nein! o nein! ich würde alles thun, was du willst!"
rief sie leidenschaftlich, „tausendfach segnen würde ich dich
jeden einzigen Tag, — nicht weniger, nein tausendmal
mehr lieben —"

„Ich jedoch würde aufhören, dich zu lieben!" be=
merkte Saitzew kalt und trat von ihr zurück.

Marfa drückte ihre Hände vor die Augen. Sie wollte die Thränen verbergen, aufhalten, aber ein erstickender Schmerz quoll in ihr auf, und sie begann zu weinen.

Saitzew blieb einige Sekunden lang mit gesenktem Kopf neben ihr stehen. Seine Augen waren leicht gerötet und den Adern an seinen Schläfen hätte man leicht ansehen können, daß er stark erregt war.

Ein paarmal durchschritt er das Zimmer, dann trat er ans breite Fenster und schaute hinaus. Herbstlich grau ruhte das Nachmittagslicht auf dem vornehmen Straßenbild draußen; schon begann es leise in der Stube zu dämmern.

Langsam dröhnend schlug es vom alten Stephansturm fünf.

Die beklommene Stille wurde dadurch unterbrochen, daß der Zimmerkellner diskret pochte und Besuch anmeldete.

Marfa erwachte wie aus einem schweren, drückenden Traum. „Ja, es ist gewiß am besten, wenn ich jetzt gehe,“ dachte sie.

Aber Saitzew bemerkte soeben dem auf Bescheid harrenden Kellner, er möge heute keinerlei Besuch annehmen. Und dann bestellte er den Thee und das Nachtmahl für zwei Personen um acht Uhr, doch möchte er es im Nebenzimmer auftragen und erst melden, wenn serviert sei.

Als der Kellner gegangen war, wandte Saitzew sich zu Marfa, die schweigend dasaß und verwundert zugehört hatte.

„Ist es dir auch recht so? möchtest du auch nicht

lieber früher speisen? oder möchtest du den Thee lieber
vorher nehmen?"

Sie schüttelte den Kopf. Er sprach so harmlos.
War denn nichts geschehen? Waren sie sich nicht fremd
im Innersten? Er widerlegte das auch gar nicht, er schien
es einfach zu ignorieren.

Inzwischen trug Saitzew ein paar schöne Ledermappen
mit großen Photographien herbei und breitete sie vor
ihr aus.

„Willst du nicht etwas von all den Gegenden sehen,
in denen ich seither war? Von all den Kunstwerken,
die ich seither sah?" fragte er aufmunternd. „Was für
thörichte Menschen sind wir, daß wir da zu diskutieren
anfangen, während wir so viel miteinander zu teilen
haben."

Und während er die Bilder vorsichtig in die beste
Beleuchtung schob und Marfa sich zerstreut zu ihnen beugte,
fügte er hinzu:

„Ich habe dir ja doch eine ganze Welt zu zeigen,
die du noch nicht kennst, also noch nicht richtig abschätzen
kannst. Dich in eine ganz neue Welt einzuführen. Wie
herrlich wird es sein, sie so um dich herum aufzustellen,
bis du heimisch in ihr bist. Dich von Genuß zu Genuß,
von Verständnis zu Verständnis zu leiten."

Marfa dachte im stillen:

„Bis ich mich selbst in diesem Luxusleben verachte!
In dergleichen also würde er unthätig aufgehen."

Aber dabei folgte sie mechanisch seinen Worten und
Schilderungen, sie sah die lebhafte Energie seiner Ge-
bärden dabei, und unwillkürlich umfing sie das mit dem
Zauber der alten Zeit. Die Stimme sprach andere Worte

als damals, aber sprach sie sie nicht mit demselben Klang —?

Als Marfa einen Augenblick lang ihre Hand an eine der Photographien hielt, um dieselbe besser festzuhalten, griff Saitzew nach ihrer Hand und betrachtete dieselbe aufmerksam.

Marfa suchte sie ihm zu entziehen, ihr wurde heiß und befangen.

„Daran ist nichts zu sehen!" wehrte sie stockend.

„Nichts? alles ist daran zu sehen! alles, was du mir nur irgend von dir erzählen könntest. An dieser Hand, die von Natur so schmal und fein war, — und der man jetzt ansieht, wie sie gelernt hat, überall mit anzufassen, keinerlei Arbeit zu scheuen. Das war sehr tapfer von der armen kleinen Hand! Aber sie soll wieder schmal und fein werden, meinst du nicht? Sie soll schön wer= den, nicht wahr?"

Marfa wollte aufschreien: „Nein! nein, das soll sie nicht! Fremd bleiben sie sich immer und ewig, deine gepflegte Hand und meine grob gewordene."

Aber sie schwieg, ihr Herz klopfte schmerzhaft gegen die Brust und in ihren Augen blinkten Thränen. Von seiner Hand, die sie zurückstoßen wollte, ging ein warmer, lähmender Strom in ihre Glieder über, als würden sie gefesselt — —

Da umfaßte Saitzew sie mit beiden Armen und drückte sie an sich.

„Ich hätte ja das selbst nicht gedacht, — ich traute mir's gar nicht zu!" murmelte er, „daß ich noch so lieben könnte, — stolz bin ich darauf! Wer von meinen Freun= den allen würde es mir wohl zutrauen! Als ob gar keine Zeit läge zwischen damals und jetzt, — ist es nicht so?"

Sie suchte sich unter seinen Armen aufzurichten, ein fremde Bangigkeit und Unsicherheit überfiel sie. Worauf er so stolz war, — das war ja nichts, um stolz zu sein, — das Allzumenschliche war es, — über das sie beide einst gesiegt hatten mit Hilfe großer Ideale.

„— Fremd — o wie fremd!" dachte sie wieder und wieder, aber immer dunkler und nebelhafter glitt es durch ihr Bewußtsein, als flüstere es nur noch aus ferner Tiefe, — fern von ihr selbst.

Saitzew hatte sie aus den Armen gelassen. Seine Züge waren gespannt und erregt.

Sie starrte in sein Gesicht.

„— Wer weiß — wie oft er schon so —" versuchte sie noch zu denken, aber sie dachte nicht weiter. Alles versank in der nebelverschleierten Tiefe.

Saitzew näherte sich der Thür nach dem Gang und verschloß sie geräuschlos. — —

*   *   *

Der gestrige Nachmittag war nicht klar und nicht bedeckt, nicht warm und nicht kalt gewesen, so indifferent und unbestimmt in der Witterung, daß er fast jeder Jahreszeit hätte angehören können. Heute merkte man den Spätherbst. Die schweren Nachtnebel lichteten sich nur, um schlüpfrige Nässe auf den Straßen zu hinter= lassen, durch die ein feuchter Westwind fegte, und kom= pakte Wolkenmassen hingen tief über der Stadt.

Saitzew schritt die Singerstraße hinunter, die Hände

in den Taschen seines Ueberziehers, und kehrte langsamen
Schrittes ein paarmal wieder um.

Er hatte Marfa versprochen, ihren Besuch heute
morgen abzuwarten, anstatt sie bei der fremden Aerztin,
bei der sie logierte, aufzusuchen. Aber elf Uhr rückte
heran, und Marfa war nicht erschienen. Eine starke Un=
ruhe trieb Saitzew früh aus dem Haus; er wollte ihr
entgegengehn.

Sie konnte ganz gut leidend geworden sein. Wider=
standslos, geschwächt war sie ohnehin. Pflegen mußte
er sie zunächst.

Ja, pflegen, aufblühen lassen —.

Sein Blick fixierte ein allerliebstes Mädchen, das
eben quer über den Damm schritt, wobei unter dem sorg=
sam hochgenommenen Rocksaum ein paar graziöse Stiefe=
letten sichtbar wurden. Er mußte über seine fast kindische
Ungeduld lächeln, Marfa mit all diesem anzuthun, —
bis auch sie ganz allerliebst sei, — sie aus ihrer herben
Schale herauszuthun.

Aber Marfa kam nicht.

Nein, länger wollte er in dieser trostlosen Herbst=
kühle nicht warten. Es drückte ihn nieder, machte ihn
völlig nervös.

Und wieder lenkte er seine Schritte die stille Singer=
straße hinunter und ging, ohne sich aufzuhalten, bis an
das unweit gelegene vielstöckige Mietshaus, wo sie wohnen
sollte. Ein kleiner weißer Terrier lief eine Strecke weit
mit ihm, als suche er in ihm seinen Herrn. Dann fing
feiner Regen an niederzurieseln.

Aus dem Thorbogen des Hauses scholl ihm ein be=
täubender Lärm entgegen. Im Hof befand sich eine

Schlosserwerkstatt; lange Eisenschienen wurden eben ab=
geladen und stürzten dröhnend übereinander. Saitzew
stieg eine Treppe hoch, dann fand er an der Wohnungs=
thür auf blankem Schild den Namen, den er suchte.

Ein Diener öffnete auf sein Läuten.

Auf seine Frage nach Marfa erfuhr er, daß sie
vor einer Stunde abgereist sei. Wohin? Das wußte der
Diener nicht. Er vermutete, nach Rußland. Sie habe
einen Brief hinterlassen, der nach ihrer Abreise sofort
durch den Dienstmann an der Ecke in das Hotel am
Stephansplatz getragen worden sei.

Dort lag also der Brief.

Ja, dort lag er wohl, aber Saitzew hatte keine
Eile, ihn zu lesen.

Als die Thür sich vor ihm geschlossen hatte, stieg er
ein paar Stufen hinunter und blieb dann stehn.

Ja, wozu ihn lesen? In diese letzten, wirren
Zeilen hatte Marfa wohl keine besonders klare Erklä=
rung hineingebracht. Sie war geflohen. Damit wußte er
genug.

Ihm schoß der Gedanke durch den Kopf: „Wie dumm,
wie lächerlich ist im Grunde das alles! Ihr Dasein, ihr
ganzes Dasein führte sie doch nur auf meine Suggestion
hin, weil ich es so wollte. Weil wir uns nicht angehören
konnten. Und nun steht mir nichts im Wege als meine
eigne Suggestion.“

Saitzew beugte sich über die Treppenbrüstung. Der
Lärm vom Hof scholl dumpf gellend herauf, und es that
ihm förmlich wohl, diesem brutalen Lärm zuzuhören. Seine
Hand ballte sich ihm unwillkürlich zur Faust. Alles, was
in ihm selbst brutale Kraft war, litt ohnmächtig.

An die Brüstung gelehnt stand er lange und horchte, ohne es selbst zu wissen, mit Wolluft auf die harten schrillen Hammerschläge, unter denen das Eisen vibrierte und sich bog, — sich zitternd und glühend gehorsam bog, — er horchte, als redeten die Schläge für ihn.

Er selbst schwieg still.

Das Paradies.

Sie entfaltete ihre feinen, lichtgrauen Flügel und flog —.

Eigentlich hätte sie noch lieber ganz weiße Flügel gehabt, schneeweiße, aber die wären wiederum jedem sichtbar geworden, selbst wenn sie ganz harmlos mit ihnen spazieren ging, — und schon beim bloßen Gedanken an das Staunen, Tadeln und Gaffen der Leute wurden alle ihre Bewegungen schwer und schüchtern, so daß sie nur langsam durch die Luft kam.

Da waren doch diese unscheinbareren Flügelchen viel besser, die sich den Falten ihres Kleides wunderlich zart anschmiegten. Niemand hatte sie noch je an ihr bemerkt. Und die Hauptsache blieb ja doch, daß sie überhaupt fliegen konnte.

— — Unter ihr Gärten, — immer, immer blühende Gärten, weite Frühlingsgärten, in deren Rasen Anemonen und Veilchen wuchsen und aus deren dichtem Buschwerk blau und weiß der junge Flieder schimmerte. Ungezählte Singvögel bauten dort ihr Nest und ihrem sorglosen Jubel und dreisten Wesen ließ sich leicht entnehmen, wie selten jemand sie dabei störte. Alles aber, was da unter den rauschenden, breitästigen Wipfeln der Bäume blühte oder sang, sandte Duft und Klang empor zu ihr, die in seligem Flug darüber schwebte, ohne mehr zu wissen: blühte es,

duftete es, tönte es, leuchtete es so berauschend um sie
her, oder verflossen Ton und Licht und Farbe nicht in
ein und dasselbe schwingende Schweben, das sich in lauter
Sonne auflöste und sie höher und höher emportrug —?

Von dort oben sah sie auch, daß die Gärten hie
und da umfriedet waren und geschlossene Gitter hatten:
deshalb wandelten keine Menschen darin. Denn die
meisten Menschen konnten doch nur durch Gitter und
Pforten irgendwo hineingelangen und ahnten gar nicht,
wie ein Frühling von oben aussah. Sie ergötzten sich
nur schrittweise, von Ding zu Ding, am Gezwitscher der
kleinen Vögel, am Wohlgeruch der bunten Blumen und
an den Strahlen der hellen, heißen Sonne: sonst wären
sie wohl auch mitten in solchem Frühling in hilfloser
Wonne in die Kniee gesunken, — da sie nicht fliegen
konnten.

Hildegard senkte die Flügel und ließ sich langsam,
widerstrebend, auf den Weg herab, der voll windver=
wehten Blütenblättern lag. An einem der Gartengitter
stand ein fremder Herr, hielt, nachdenklich hineinschauend,
seinen Stock mit silbernem Knauf ans Kinn, öffnete dann
und trat ein, indem er sich erwartungsvoll räusperte und
suchend um sich sah. Fremd war er nur im Garten, —
Hildegard selbst kannte ihn bereits. Kürzlich erst hatte
die Mutter ihn ihr vorgestellt als einen durchreisenden
Freund des verstorbenen Vaters und ihr bedeutet, zuvor=
kommend gegen ihn zu sein.

Er schaute ja auch ganz lieb aus mit seinem blassen,
etwas faltigen Gesicht, sie hatte durchaus nichts gegen
ihn, außer daß es sie langweilte, manierliche Konver=
sation machen zu müssen, anstatt zu fliegen.

Eine ganze Zeit schritt sie korrekt neben ihm her
und plauderte so, wie sie von ihrer Mutter wußte, daß
junge Mädchen thun sollen, aber dann — wirklich aus
reiner unbegreiflicher Zerstreutheit — flatterte sie plötz=
lich ein klein wenig in die Höhe.

Nur ein wenig, aber es war doch immerhin so, daß
sie auf einen Hollunderbusch zu sitzen kam. Dort kam
ihr das Unpassende dieser Bewegung jäh zum Bewußtsein
und sie erstarrte förmlich vor Schreck.

Indessen der Herr unten am Wege war natürlich
noch viel erschrockener als sie, geradezu versteinert war
er. Seine Hand zitterte, als er sie hob, um an der
Brille zu rücken, — offenbar hoffte er noch, sich getäuscht
zu haben, aber doch wagte er nicht, so recht aufmerksam
nach dem Hollunderbusch hinzusehen, denn er konnte es
sich ja nicht verhehlen: vor seinen leibhaftigen Augen
war Hildegard aufgeflattert.

Tief beschämt flatterte sie wieder hinunter und ging
gedrückt, mit rotem Gesicht neben ihm weiter. Beide
thaten wie auf Verabredung, als ob nichts geschehen sei,
sie ignorierten das Unfaßliche, das sich soeben zugetragen
hatte, und versuchten ganz harmlos von da aus weiter
zu sprechen, wo sie vorhin im Gespräch stehen geblieben
waren.

Da biß Hildegard der Uebermut und mit einemmale
lachte sie hell heraus, so daß ihr die Flügel zu wippen
anfingen. Und den guten alten Herrn verließ alle Fassung.
Sie konnte sehen, wie auf seiner Stirn der Schweiß aus=
brach. Seine Augen wurden geisterhaft groß.

„Bitte —" sagte er heiser und erblaßte, „bitte,
was war das — —"

Das war ein kritischer Augenblick, allein er weckte
Hildegard.

Sie erwachte noch in innerem Lachen, den feinen
Kopf ein wenig gegen das Kissen zurückgeworfen, und
streckte den Arm gedehnt von sich mit träger, glücklicher
Gebärde.

Doch schon während sie die Augen aufschlug und
über sich die unschön bemalte Zimmerdecke eines billigen
Mietshauses erblickte, anstatt der breit leuchtenden Sonnen=
wellen, die sie unwillkürlich erwartet hatte, erloschen Glück
und Lachen in ihren Zügen.

Hastig richtete sie sich auf, schüttelte ihr wirres,
blondes Haar aus der Stirn und horchte hinaus, ob die
Mutter nebenan nicht komme, sie zu wecken. Die Kniee
hochgezogen, die Hände um das Knie gefaltet, saß sie im
Bett und fror bitterlich, hilflos, ohne sich dagegen zu
wehren.

O der alte Herr! Wie oft sie doch von ihm träumte.
Bald so, bald anders. Immer war er im Traume alt,
— in Wirklichkeit war er es ja gar nicht, nur ihr — ach,
ihr kam er so vor. Irgend ein allererster Eindruck hatte
in ihren Augen das Alter auf immer an ihn geheftet.

Im Traume trieb sie also sogar noch Scherze, trotz
alledem. Im Wachen konnte sie das nicht mehr. Aber
im Traum flog sie ja auch! Und im Wachen, da kroch
sie am Boden.

Hildegard richtete ihre noch schlafmüden Augen mit
einem Ausdruck von tiefer Unlust und Traurigkeit gegen
das halb offene Fenster, ob nicht von dorther irgend ein
kleiner Lichtstrahl sie aufmuntere.

Draußen gab's jedoch nur einen nebelgrauen, feuchten

Märzmorgen. Ganz Anfang März. Er konnte sich sicht=
lich noch nicht recht entscheiden, ob er heute Frühling
oder Winter markieren sollte. Einstweilen nahm er sich
wie Herbst aus.

Nah am einstöckigen Hause stieg die riesig hohe,
schwarz geteerte Brandmauer einer richtigen Mietskaserne
auf und deutete an, daß man sich hier in einem jener
Ausläufer einer Großstadt befinde, wo die winkeligen
Höfe plötzlich in Brachfeld münden, die Hinterhäuser
mit allen ihren Intimitäten um abschließende, bergende
Nachbarwände zu bitten scheinen und wo man den Ein=
druck gewinnt, als blicke man einer Stadtdekoration von
hinten in ihre Coulissen.

Schmale Lindenbäumchen liefen am Hause in schnur=
gerader Linie vorüber und kreuzten sich mit einer ebenso
kümmerlich jugendlichen Allee von Birkenbäumchen, die
den hohen Namen Kaiserstraße führte. Ein ganzes Zu=
kunftsviertel war hier mitten im flachen Feld mit großen
Wegweisern und kleinen Bäumchen abgesteckt.

Der Geistliche des Vororts ging mit einer starken
alten Dame am einstöckigen Hause vorbei und zog grüßend
seinen Hut, als er Hildegards Mutter am Wohnzimmer=
fenster erblickte. Die alte Dame hielt sich ihre lang=
stielige Lorgnette vor und sah hin.

„Frau Malten hat ja ihre Tochter zu Besuch, —
und die letzten Wochen waren sie zusammen fort, — ist
es nicht ungeheuer seltsam?" fragte sie. „Eben erst hatte
ja das junge Mädchen den reichen Alfred Neugebauer,
mit den Gütereien in Tirol, geheiratet. Gleich darauf
reiste die Mutter ab, — aber schon der Tochter ent=
gegen, — Sie wissen doch, was los ist?"

Der Geistliche zuckte die Achseln.

„Bin nicht eingeweiht. · Frau Malten ist nicht mein Gemeindekind. Katholikin. Außerdem als Elsässerin ja halbwegs Französin. Die Tochter ist zwar nach dem verstorbenen Vater protestantisch, aber die Trauung wurde ja nicht von mir vollzogen," bemerkte er in einem Ton, als wären sonst ja auch derartige Seltsamkeiten nicht passiert.

„Die ärmste Mutter, sag' ich! Sie plagt sich redlich mit ihren französischen Lehrstunden an Instituten, und nun, — aber Sie wissen wirklich nicht —?"

„Ich glaube, niemand weiß so recht, man hört munkeln von —"

„Von: Scheidung!" fiel die alte Dame hastig ein, wie wenn sie fürchte, er könne das interessante Wort noch vor ihr auf die Lippen nehmen.

„Scheidung in den Flitterwochen! Man sagt ja —"

„Man sagt, sie soll ja einfach vor ihm davongelaufen sein —"

Sie dämpften die Stimmen und nickten einander verständnisinnig zu. Und nun mit einemmal schienen sie alle beide zum Verwundern gut informiert. —

Hildegards Mutter war nach dem Gruß des Geistlichen rasch vom Fenster fortgetreten. Ein feines Rot stieg in ihr schönes Gesicht mit den sprechenden, dunkeln Augen. Wohl wußte sie nicht, was zwei zufällig Vorübergehende sich gerade zuraunen mochten, aber das wußte sie: hier im Vorortsverkehr, wo stets dieselben Leute einander begegneten, übertraf der Klatsch die kleinste Kleinstadt, — und jedenfalls das elsässische Mittelstädtchen, in dem sie bis zu ihrer Witwenschaft gelebt. Sie ging

seit einigen Tagen hier herum wie ein Menſch, dem man
die Haut abgezogen hat.

Als Hildegard leiſe, mit geſenktem Geſicht die Thee=
maſchine hereintrug und auf den Tiſch ſetzte, richteten
ſich die braunen Augen der Mutter mit ſanftem Ausdruck
auf ſie. Und in dieſem Moment ſahen ſie ſich ähnlich
wie eine jüngere und ältere Schweſter, — ſo ſtark auch
ſonſt ihre Züge und ihr Wuchs in Formen und Farben
verſchieden geartet waren, denn die blonde Hilde glich
im Aeußeren ziemlich ſtark dem Vater. Aber beiden ſah
man es ſo deutlich an, daß die gedrückte Stille des Weſens
dem urſprünglichen Temperament gewaltſam aufgezwungen
wurde.

Hildegard küßte der Mutter Hand und Mund und
nahm ſtumm ihren Platz am Tiſche ein. Beide hätten
gar zu gern von dem geſprochen, was ihnen das Herz
beſchwerte, und bei beiden war es dasſelbe. Weil ſie
das verhielten und die Worte mit dem Thee hinunter=
ſchluckten, fand ſich kein Geſprächsthema.

Dann ſagte die Mutter unvermittelt:

„In dieſen Tagen, — heute oder ſpäteſtens morgen,
wird Dietrich uns aufſuchen.“

Hildegard fiel vor lauter Schreck der Löffel mit Ge=
klirr auf die Untertaſſe.

„Dietrich? Ach, Mama, das iſt ja ſchrecklich. War=
um denn?“

„Sprich doch nicht ſo thöricht. Was ſoll denn ſchreck=
lich daran ſein? Du haſt doch dieſen Vetter früher ſehr
gern gehabt. In ein Mauſeloch verkriechen kannſt du
dich doch nicht. — — — Und — mit jemandem mußte
ich die Sache doch ordnen. — — Er war ja ſogar auf

meine Bitte jetzt bei — — — Alfred Neugebauer in Tirol.“

Die letzten Worte sprach die Mutter, als säße ihr etwas in der Kehle. Es peinigte sie selber und sie verstummte schnell wieder.

Hildegard rührte längst ihre Tasse nicht mehr an. Sie knüpfte mit zitternden Fingern an einer neben ihr liegenden dunkeln Ledermappe, die ihre Mutter zu den Lehrstunden in die Stadt mitnahm.

„O Mama!“ sagte sie leise, „dann weiß Dietrich also auch — alles. Er wird gewiß davon sprechen. Er muß wohl sogar. O Mama, warum — ach, warum hast du mir — damals auch noch zugeredet. Wäre ich doch nie von dir fortgegangen.“

„Das ist Unsinn, Hilde. Alle jungen Mädchen heiraten. Aber nicht jede findet einen so edlen, vortrefflichen Mann, den schon dein Vater seiner Zeit nicht genug rühmen konnte. Du weißt es auch selbst. Du hingst an ihm. Du hattest ihn lieb. Keine Menschenseele konnte ahnen, daß du im stande sein würdest, so ungeheuerlich, so pflichtvergessen —“

Hildegard sah sie flehentlich an.

„Schilt nicht! schilt nicht!“ bat sie ganz leise, „was heißt denn lieb haben —? Dich hab’ ich noch tausendmal viel mehr lieb — — Etwas ganz anderes muß es wohl sein.“

In Frau Maltens Gesicht kam ein gezwungen kühler, etwas gemessener Zug.

„Nichts anderes. Das andere ist Sünde, Hilde. Ich bin vom Kloster aus verheiratet worden, kannte deinen lieben Vater kaum. Aber mehr ehren und hochhalten kann man keinen —“

Sie erhob sich in leichter Erregung vom Stuhl, setzte vor dem Spiegel, der zwischen den Fenstern hing, ihren kleinen schwarzen Kapottehut auf und griff nach der Ledermappe.

Hildegard folgte allen ihren Bewegungen mit einem Blick, der hungrig und durstig war nach Zärtlichkeit. Endlich hielt sie es nicht länger aus und umhalste die Mutter.

„Bist du mir böse —?"

Frau Malten schüttelte leise verneinend den Kopf. Der lange Kuß, mit dem sie ihr Kind in die Arme schloß, fiel wesentlich inniger aus, als man nach ihren Worten hätte entnehmen können. Dann seufzte sie und wandte sich schneller, als notwendig war, zur Thür, um zu verbergen, daß ihr Thränen in die Augen traten.

„Wenn nur der Tumult in den Straßen nicht so arg in der Stadt wäre," bemerkte sie dabei.

Damit ging sie fort, und Hildegard, das Gesicht an die Scheibe des einen Vorderfensters gedrückt, sah sie gleich darauf am Gartenzaun entlang kommen, — still, gesammelt, ihren täglichen, mühseligen Pflichten nachgehend, die Züge wieder etwas kühl und gemessen. Aber in Hildegard blühte noch die Freude über die von der Mutter selten bewiesene Zärtlichkeit, und fast hätte sie hell aufgesungen. Da fiel ihr ein, daß so gar kein geringster Grund dazu sei, sich zu freuen. Auch der Mutter lag es ja zentnerschwer auf dem Herzen.

Draußen wehte es heftig; der Wind zerteilte den Nebel, und gegenüber sah man an langer Wäscheleine Hemden und Beinkleider flattern. Der Garten vor dem Haus wies im grauen Tageslicht seine vier oder fünf

Lauben wie ebenso viele hölzerne Käfige auf und doch
hatte er nur von ihnen seinen Namen, denn viel mehr
Gartenartiges als diese Lauben, in denen jede Miets=
partei ganz für sich allein Kaffee kochen oder den Mond
anschwärmen konnte, besaß er nicht.

Hildegard dachte mit Schrecken daran, wie das wohl
sein würde, wenn sie im Sommer so Laube an Laube
mit den Hausgenossen sitzen würden. Wenn es doch lieber
gar nicht Sommer würde! Oder wenn sie noch im Elsaß
wären, wie zu Lebzeiten des Vaters.

In den Nebenzimmern und der Küche hörte man die
Aufwartefrau herumwirtschaften, und jetzt ging auch oben
in den kleinen Mansardenwohnungen, die arme Leute
inne hatten, ein großer Rumor los. Unmittelbar über
der Stube, in der Hildegard am Fenster stand, schrie ein
Kind. Das war das quälende, anhaltende, zeternde
Schreien, welches ihre Mutter so sehr angriff: sie konnte
es gar nicht mehr ruhig anhören. Hildegard wollte schon
einmal hinaufsteigen zur jungen Frau oben, die vor einem
Monat geboren hatte, aber sie wußte nicht, was sie einem
solchen schreienden Kind gegenüber vorbringen sollte.

Sie trat an den Theetisch, räumte ihn langsam ab,
legte sich in der Küche zurecht, was sie zum Kochen haben
mußte, schickte die Aufwartefrau nach Einkäufen zum
Mittagstisch fort, und dann, müde der kleinen häus=
lichen Besorgungen, bei denen ihre Seele nicht war, holte
sie eine große kunstvolle Seidenstickerei im Rahmen heraus
und setzte sich damit ins Wohnzimmer ans Fenster.

Hildegard vertiefte sich in die feinen bizarren Blatt=
und Linienmuster, die sie sich zum großen Teil selbst aus=
dachte und die ihr manchmal teuer bezahlt wurden, wie

man sich in eine interessante Lektüre vertieft, während der die Phantasie angenehm spazieren geht. Gern wäre sie eine noch viel vollendetere Meisterin im Sticken gewesen, um alles in die Seide hineinsticken zu können, was Formen und Farben ihr Seltsames sagten. Ihr schien das am Tage eine ebenso liebste und schönste Beschäftigung, wie nachts das Fliegen, — und dunkel empfand sie etwas Verwandtes zwischen beiden. Aber leider konnte man beidem nur mit Unterbrechungen frönen.

Nach einer Weile sank ihr die fliederfarbene Seide, auf der sie blattlose Birkenzweige mit hängenden Kätzchen und steifen winzigen Knospen vernähte, matt in den Schoß, sie lehnte den Kopf an die Stuhllehne zurück und ihre Augen gewannen den ängstlichen, unsicheren Ausdruck wieder, mit dem sie heute erwacht war.

Der Herr vor dem Gitter am Garten ihrer Träume stand wieder vor ihren Gedanken, und sie schaute bange und reuevoll in die jüngste Vergangenheit zurück. Ja, auch reuevoll, denn gegen ihn kam sie sich wie eine Verbrecherin vor. Eine Verbrecherin an dem, was das Gesetz nun einmal von der Frau verlangte. Und dies Gefühl war das Schlimmste —

Zu wem konnte sie wohl darüber sprechen, — ganz so, wie ihr ums Herz war? Wer erlöste sie von alle dem Schrecklichen: von der Neugier der Leute und von den eigenen marternden Zweifeln? Auch vor der Mutter scheute sie sich ja im Grunde.

Hildegard schloß die Augen. Vom Neugebauerschen Gut war sie heimlich auf und davon gegangen, obgleich er sie ja gewiß nicht mit Gewalt zurückgehalten hätte. Nein, mit Gewalt nicht, er war ja gut. Darum hatte

sie anfänglich auch so viel Vertrauen gehabt — — Wie
sie nun leise aufstand, noch vor Morgengrauen, um zu
Fuß die nahe kleine Bahnstation zu erreichen, die ein
Frühzug passieren mußte, da sah sie vom Garten aus
Licht in seinem im Erdgeschoß gelegenen Zimmer.

Er schlief nicht. Er saß im langen, faltigen Schlaf=
rock auf seinem Ecksopha, den Kopf mit dem dichten,
leicht ergrauten Haar gebückt, die Hände lässig gefaltet.
In sein Gesicht vermochte sie nicht zu sehen. Aber sie
wußte, wie bitter und müde es aussah. Sie wußte es,
und es schnitt ihr ins Herz, und während sie von ihm
hinweglief, eilig und heimlich, wie wünschte sie da so
brennend, auch diesem letzten Anblick entlaufen zu können
für immer, — für immer. Ja, wie eine Verbrecherin
kam sie an bei der enttäuschten und erschrockenen Mutter —

Hinter Hildegards geschlossenen Lidern drängten sich
Thränen hervor, erst eine, dann noch eine und netzten
ihr die Wange, ohne daß sie die Hand hob, um sie fort=
zuwischen.

Da klopfte es hell an das Fenster, neben dem sie
saß. „Guten Morgen, Cousinchen!" sagte eine Stimme
hinter der Scheibe.

Hildegard fuhr in die Höhe. Unten in dem lauben=
reichen Garten stand ein Mann in englischem, karrierten
Anzug, den leichten Frühjahrsmantel halb offen, einen
kleinen schwarzen Filz auf dem Kopf und einen Zwicker
auf der Nase. Er nickte ihr zu. Sie ging verwirrt zur
Flurthür, um ihm zu öffnen. Es war der Vetter Diet=
rich, den ihre Mutter erwartete.

„Mama ist aus!" sagte sie ungeschickt als erste Be=
grüßung, überließ ihm aber verlegen ihre Hände, die er

beibe ergriffen hatte und schüttelte. Ein starker Tabaks=
geruch ging von ihm aus und traf sie, die denselben
nicht gewöhnt war, fremd und empfindlich.

„Aus? Na, das macht ja nichts, Kleine. Sie wird
schon einmal heimkommen, nicht wahr? Kann ich es mir
nicht inzwischen bei euch ein bißchen gemütlich machen?
Siehst du, den feuchten Mantel da, den hängen wir
fort. So. Und nun laß dich nicht stören," bemerkte
er, hinter ihr drein ins Wohnzimmer tretend, „ich sah
doch vorhin solche seidene Herrlichkeit auf deinen Knieen
liegen. Aha!"

Er beugte sich bewundernd über ihre Stickerei. „Ist
das nicht ganz furchtbar mühsam?"

Ein Stein fiel ihr vom Herzen, als sie ihn so ganz
unbefangen von harmlosen Dingen reden hörte, wie wenn
sich nichts Besonderes ereignet hätte. Sie schaute ihn
dankbar an.

„Es ist eine große Freude, solche Stickerei. Ich denke
sie mir selbst aus," sagte sie.

„Hm. Aber doch entsetzlich zeitraubend und augen=
angreifend. Wäre es nicht viel schöner, sich etwas Nutz=
bringenderes auszudenken?"

„Es bringt uns auch Nutzen, — Geld. Aber ich
thäte es ohnehin. Ich liebe es," entgegnete sie mit einem
warmen Stimmklang, als hätte sie von einem Menschen
gesagt: ich liebe ihn.

„Den Nutzen meinte ich nicht gerade. Ich meinte,
das Ding selbst hat etwas so Ueberflüssiges, — höchstens
gut für die überflüssige Muße der Reichen, die es kaufen,"
entgegnete er, betrachtete aber, während er zerstreut sprach,
Hildegard mit großem, ernsthaften Interesse. „Ich setz'

mich also zu dir, Hilde. Hab' dich ja zwei ganze Jahre nicht mehr gesehen."

„Ja." Sie blickte, auf dem Rande eines Stuhles sitzend, befangen auf ihre eigenen schmalen Hände nieder; „du warst ja viel auf Reisen? Wo warst du denn das letzte Jahr?"

„In England. Ich habe mir dort allerlei ansehen wollen, unter anderem Erziehungsanstalten für Knaben, von denen ein paar dort nach ganz neuem System eingerichtet worden sind. So halb auf dem Lande. Wechsel zwischen theoretischer und praktischer Arbeit. Landwirtschaft zwischendurch, — nicht nur das öde Turnen und Sportstum, — mit einem Wort, etwas Vorzügliches. Es kommt jetzt darauf an, vom Kultusministerium die Konzession für einen solchen Versuch auf heimischem Boden zu erhalten."

„Das willst du thun?" Hildegard sah ihn lebhaft an, — „ich hatte gar keine Ahnung davon, daß du unterrichten wolltest. Dir schien es doch immer so öde, wenn Vater davon sprach."

„Jawohl, so auf dem gewohnten, unterthänigen Wege, — wie auch dein Vater sich mühselig bis an die Titelprofessur heran plagen mußte — Dies da wäre ja etwas ganz anderes: ein Leben für meine innersten Ueberzeugungen. Und das ist das einzige, das lebenswerteste Leben, Hildegard," sagte er mit unwillkürlicher Wärme.

„Das muß schön sein! — — Aber kostet so was nicht ungeheuer viel Geld?"

„Etwas Geld — freilich wenig — kann ich selbst hineinstecken, und mit dem Geld zusammen meine ganze Kraft. Das Uebrige aber glaube ich mir auch schon

ziemlich gesichert zu haben. Je mehr Geld, desto besser
natürlich. Denn mein Lieblingsgedanke ist, daß diese
Anstalt auch armen Knaben offen stände."

Seine rasche, sichere Art zu sprechen und Urteile ab-
zugeben, wirkte auf Hildegard befreiend und erfrischend;
ehemals war er ihr immer etwas burschikos und rübe erschienen. Aber jetzt zog er sie in ein Stück Welt, ein
Stück Leben hinein, über dem sie sich selbst momentan
vergaß. Sie hätte ihm gern gesagt: „Erzähle mir noch
mehr, viel mehr!"

Dietrich war aufgestanden und mit einem Erlaubnis
einholenden Blick auf Hildegard zog er ein Feuerzeug
heran, um sich seine Zigarre anzuzünden. Dabei musterte
er mit aufmerksamen Augen das längliche, niedrige Wohnzimmer, wandte sich dann Hildegard zu und bemerkte:

„Ich werde eine kleine Weile hier bleiben. Ich
meine, hier draußen bei euch, solange ich mit deiner
Mutter und dir allerlei zu besprechen habe. Später nehme
ich in der Stadt drinnen Quartier. Hier wird es wohl
mehr als genügend leere Zimmer im Vorort geben."

Hildegard sah verwirrt aus und wurde dunkelrot.
Sie hatte an den nächsten Zweck seines Hierseins gar
nicht mehr gedacht. Nun drängte der sich ihr auf. Und
er, der so schön und harmlos geplaudert, rührte ganz
ohne weiteres daran.

„Nun? Ist es dir denn nicht recht, wenn ich ein
wenig bleibe?" Er beugte sich mit forschenden Augen
zu ihr nieder und als sie nicht gleich antwortete, faßte er
sie leise am Handgelenk. Seine Hand entsprach nicht
ganz der männlichen, etwas hageren Gestalt, sie besaß
einen Ansatz zur Fülle und harte gewölbte Nägel, die

an gut beschnittene Tierklauen erinnerten. Hildegards
feine Finger zuckten, sie schaute in plötzlicher Zerstreut=
heit auf die seinen nieder. Ginge er doch fort! Was
half es, da er zu plaudern mußte? Viel lieber säße sie
ganz allein in einem kleinen dunkeln Mauseloch versteckt.

Dietrich blieb sekundenlang in der gebeugten Hal=
tung vor ihr stehen, er wartete nicht mehr auf eine Ant=
wort, sondern studierte förmlich ihr Gesicht. Seine Hand
wurde heiß um ihr schmales Gelenk. „Ich glaube, es
war Zeit, daß ich kam," sagte er.

*   *   *

Hildegards Mutter saß bei Dietrich in der Stube,
die er für Monatsfrist ganz nah von ihnen gemietet hatte.
Während ihr Neffe noch im Zimmer herumging und die letzten
Sachen aus seinem Koffer nahm, besichtigte Frau Malten
einige Briefe und Papiere, die vor ihr auf dem Tisch lagen.

Dann legte sie Blatt für Blatt wieder zurück und
bückte den Kopf tiefer.

„Also ist es erledigt!" sagte sie leise; „und daß es
in dieser Form geschah, — über dieses Eingehen, —
du mußt selbst zugeben, es ist ein Beweis, wie edeldenkend
er ist, wie selten gut —"

Dietrich murmelte etwas gereizt, in seinen Sachen
kramend:

„Die Hilde lieb zu gewinnen, ist doch am Ende kein
Kunststück. Weiter ist doch keine besondere Güte dabei.
Auf die Sache eingehen mußte er doch schließlich. — —"

Frau Malten schüttelte den Kopf.

„Ein anderer würde sich rächen. Sie war doch nun
einmal vor Gott und Menschen verpflichtet —"

„Das allein thut's doch 'mal nicht!" rief er über=
mäßig lebhaft und vergaß, weiter auszupacken. „Und
daß die Hilde trotz all dem konventionellen Wust, den
ihr den Mädchen anerzieht, so urwüchsig natürlich han=
deln konnte, — verzeih, wenn's dich kränkt, aber mich
freut's. Da ist 'mal die verschrobene Erziehung zu Schan=
den geworden."

„Ich habe sie so erzogen, wie ich es allein verant=
worten kann," entgegnete Frau Malten still und ernst,
„— wir Frauen leiden mehr oder weniger alle, glaube
mir's. Ob eine kurze Leidenschaft vorangeht: das macht
es nicht besser. Schließlich entscheidet die Pflicht und
gibt den Frieden."

„Brr! Na ja. Ich kenne diese Auffassung ja," be=
merkte Dietrich und unterdrückte, was ihm auf der Zunge
saß. Er dachte an Hildegards Vater, den kränklichen,
mit Sorgen kämpfenden Gelehrten, der sicher auch „edel
und gut" gewesen, aber bis zum Tode wahrscheinlich nicht
geahnt hatte, wie viel Temperament und Jugendblut in
der anmutigen Frau neben ihm verkümmern mußte, bis:
„die Pflicht ihr den Frieden gab".

Frau Malten dachte vielleicht an dasselbe, nur auf
sehr andere Weise. In ihrem still gewordenen Gesicht
erschien der etwas gemessene, gezwungen kühle Zug um
die Mundwinkel, der Hilde schüchtern machte. Sie stand
müde auf und sagte:

„Du denkst so frei und rücksichtslos über alle Dinge
der Pietät und Sitte. Aber du bist auch noch jung. In
meinem Alter und wenn das Leben schon hinter einem
liegt, fühlt man doch mit brennender Unruhe, daß man dem
eigenen Kind nur eine Kostbarkeit überliefern, vermachen

kann: das ist der Ertrag unserer schwersten und persön=
lichsten Erfahrungen. Aber den Kindern scheint das dann
Strenge und entzogene Freiheit."

Dietrich blieb vor ihr stehen und sah ihr mit seinen
scharfen, guten Augen aufrichtig ins Gesicht.

„Ich denke, über diesen Fall streiten wir nicht mehr
lange," antwortete er, „ich helf' dir ihn ordnen, — und
dann, — ja, eins wüßt' ich dann freilich gern: ob du
trotz diesen Vorwürfen mich gern genug hast, und — —
kurz, ob du mich für einen durch und durch anständigen
Kerl hältst, dem du vertrauensvoll Einfluß auf die Hilde
läßt."

Sie gab ihm die Hand.

„Mach sie mir wieder froh!" sagte sie leise und
ging hinaus.

Sie ging mit zögernden, langsamen Schritten. Viel=
leicht lag doch wirklich an ihr die Schuld, daß alles so
gekommen war. Sie hatte es nicht besser gewußt.

Es schien ihr ein so großes Glück, Hilde rechtzeitig
vor allen Jugendgefahren zu bergen, vor Sünde und
Leidenschaft. War denn beides nicht im Grunde ein und
dasselbe? Wenn in ihrer eigenen mustergültigen Ehe
einmal ihr heißes Blut, ihre Phantasie stürmisch auf=
begehrten, so spiegelten sie ihr allerlei geheimnisvolle
Seligkeiten vor, hinter denen doch nur Sünde lauerte.
Wenn sie ihnen nun ledig hätte folgen können —?! Und
Hilde, die war wie sie —

Das fühlte sie, aber sie konnte zu Hilde nicht davon
reden. Wenn sie ihrem Kind in die Augen sah, konnte
sie das Wort „Sünde" so schwer auf die Lippen nehmen.
Denn in diesen Augen lag etwas, das erinnerte an so

ferne — ferne Jugendzeit. Und es weckte dunkel etwas
in ihrem eigenen vergangenen Leben, — irgend einen
Traum, einen lang vergessenen und verfehmten, — einen
Traum, in welchem volle, flammende Jugendkraft und
Leidenschaft sich so triumphierend erhob, wie ein Bild
nackter Unschuld, das von Himmeln Zeugnis gibt. —

Dietrich blieb einige Augenblicke nachdenklich vor dem
Tisch stehen, auf dem noch ein unordentliches Kunterbunt
von Dingen herumlag, und pfiff kaum hörbar vor sich hin.

Mechanisch faßte er nach diesem und jenem, es gleich
darauf zerstreut wieder hinstellend. Ihm geriet ein Brief=
beschwerer in die Hand, den er gar nicht mitgenommen zu
haben glaubte, — ein drolliges Ding aus imitierter Bronze:
drei Schweinchen in Reih' und Glied, eines immer
kleiner als das andere und alle drei mit ausgenommenen
Hinterteilen, an deren Stelle, aus der gleichen Bronze ge=
fertigt, Federhalter, Bleistift und Radiergummi saßen.

Dietrich drehte es in den Händen. Vor Jahresfrist
etwa, zu Weihnachten oder Neujahr, hatte es ihm eine
lustige Witwe geschickt, damit er in der Ferne einer sehr
intim mit ihr verlebten, ob auch leider kurzen Freuden=
zeit gedenke. —

Solche Dinge trieben sich gelegentlich zwischen seinen
praktischen, vernünftigen Reisesachen herum und verschwan=
den dann wieder. Im allgemeinen ging es ihm mit seinen
Frauenerlebnissen ganz ähnlich. Gelegentlich gerieten sie
unter seine ernstgemeinten Pläne, Gedanken, Studien,
wie durch einen schalkhaften Zufall, und ihr geringer
Wert ließ ihn kaum darauf acht geben, wann und wo=
durch er sie ebenso zufällig wieder verlor.

Dietrich versetzte den drei Schweinchen einen kleinen

übermütigen Stoß, so daß sie hinpurzelten; eine plötzliche Ungeduld hatte ihn ergriffen. Draußen fing es leise zu dämmern an: jetzt würde Hilde ihre ewige Stickerei lassen müssen und mit ihm wie gestern spazieren gehen.

Schon in der nächsten Minute befand er sich unterwegs und stand nach wenigen Schritten an ihrem Wohnzimmerfenster, bereit an die Scheibe zu klopfen, wie vor ein paar Tagen.

Aber dazu kam es nicht mehr: Hilde hatte ihn kommen sehen und beeilte sich, ihm, zum Ausgang fertig angekleidet, von der Hausthür her entgegenzutreten. Als er ihr in seiner etwas zu kräftigen Manier die Hand schüttelte, lächelte ihr Gesicht ihn heute froh und erwartungsvoll an.

„Du bist ja ein kleines, gehorsames Mädchen!“ bemerkte er, durch ihr promptes Kommen erfreut. „Sieh, das gefällt mir. Wirst du mir immer so schön folgsam sein, wenn ich dich drum bitte?“

„Ja,“ sagte sie sanft, „wenn du es immer so schön machst wie gestern. Ich mußte noch lange darüber nachdenken. Lauter neue und interessante Dinge hast du mir erzählt, — oder eigentlich wie du alles beurteilst und ansiehst, das ist für mich neu und interessant. — Laß uns gegen das Wäldchen zu gehen,“ fügte sie hinzu, „dort ist die Sonne am längsten.“

Die Mutter stand am Fenster und sah ihnen in Sinnen verloren nach. Aber sie merkten es nicht. Schon waren sie, während sie zwischen den kleinen, kahlen Alleebäumchen die Straße hinunterschritten, so tief im Gespräch, als schlösse die gestrige Nachmittagsunterhaltung lückenlos an die heutige an.

„— Nach langer Dürre, im Mairegen, da kommt
es vor, daß das Laub in Stunden, — greifbar, sicht=
bar — wächst, und an Glanz und Saft zunimmt,"
äußerte Dietrich mit einem Beschützerblick von oben her
auf die zierliche Gestalt neben ihm, „— so kommst du
mir auch vor. Ein reines Vergnügen, mit ein paar er=
frischenden Wassertropfen von dir all das Trockene, Staub=
bige abzuspülen, das nun einmal in eurer Erziehung
steckt. Warum solltest du mit deinem empfänglichen Sinn
das Leben in seinen hundertfältigen Beziehungen nicht
so ansehen lernen, wie es wirklich ist?"

Sie blickte dankbar und eifrig zu ihm auf.

„Du, — hilf mir dazu!" sagte sie in kindlichem
Ton, „wenn ich dich so reden höre, dann möchte ich auch
noch etwas recht Tüchtiges thun und werden. Nicht so
vor mich hinsitzen wie bisher —"

„— Mit der ewigen Stickerei," ergänzte er spottend.

„Ach nein, du, die Stickerei laß ich mir nicht schelten,
die erzählt mir auch genug Schönes und Interessantes, —
aber davon magst du wohl nichts verstehen als Mann" —
Hildegard blieb stehen und sah sich nach der anderen
Seite um.

„Was ist denn?" fragte er ungeduldig, „gehst du
nicht weiter?"

„Nein, es ist nur, — laß uns den anderen Weg
gehen," bat sie, „man kommt auch dort herum ans Wäld=
chen, und — hier werden wir auf Bekannte stoßen."

„Doch höchstens auf vorübergehende Menschen, was
schadet denn das?" bemerkte er, durch den ängstlichen
Klang ihrer Stimme aufmerksam werdend, „darf man
uns hier etwa nicht zusammen spazieren gehen sehen?"

„O doch — was das betrifft. Aber — ich möchte
so ungern, daß sie mich grüßen oder vielleicht — vielleicht
gar ansprechen.“

„Hilde! bist du etwa menschenscheu? oder was ist
mit dir? Bist du auch so, wenn du allein gehst?“

„Allein?“ Ihre Augen vergrößerten sich unwillkür=
lich, als flöße diese Vorstellung ihr Furcht ein, „— wenn
ich es vermeiden kann, so gehe ich allein jetzt niemals
durch die Straße dort, in der Haus an Haus lauter Be=
kannte oder wenigstens lauter nicht ganz Fremde wohnen.
Ich geh’ immer hinten herum und verschwinde im Wäld=
chen. Da kommen sie nicht hin. Und am liebsten —
am liebsten geh’ ich gar nicht aus der Stube.“

Dietrich schwieg einen Moment lang. Dann faßte
er sie mit leichtem Druck bei der Hand und sagte be=
stimmt:

„Komm, laß uns weitergehen. Gerade durch die
Straße dort. Gerade an den Leuten da vorüber. Krank=
hafter Scheu darf man nicht nachgeben. Das mußt du
ganz schnell überwinden.“

Hildegard sah ihn erschrocken an. Sie machte eine
halbe Wendung mit dem Körper, wie wenn sie entfliehen
wollte, und dann irrten ihre Augen an den Fenstern der
nächsten Häuserfassaden entlang, die nur in den wenigsten
Straßen des Vorortes schon so dicht aneinandergereiht
dastanden, wie hier. Aber anstatt davonzulaufen, was
ihr erster Impuls gewesen, gehorchte sie fast mechanisch
dem leisen Druck der Hand, welche die ihre festhielt, ihr
ohne weiteres die Richtung gab und sie dann erst los
ließ. Sie gehorchte wider Willen, weil sie sich schämte,
es nicht zu thun, und als jetzt eben aus dem offen stehen=

den Fenster eines zweiten Stockwerks ein junges Mädchen herauswinkte und ihr ein paar Worte zurief, die man nicht verstand, die aber von pathetischem Händezusammenschlagen illustriert wurden, da grüßte Hildegard hinauf, während fliegende Röte über ihr Gesicht ging.

Nur einige Arbeiter begegneten ihnen, erst ganz am Ende der Straße kam langsam eine alte Dame auf Hilde zu und erkundigte sich mit vielen Worten nach dem Ergehen ihrer lieben Mutter.

Dietrich blieb einen Schritt zurück stehen und beobachtete Hildegard, die mit halber Stimme antwortete.

„Für Ihre liebe Mutter ist es gewiß eine große Freude, Sie schon bei sich zu haben, — hatte gewiß schon Sehnsucht, — bleiben Sie denn — lange?" fragte die alte Dame noch mit einem Mütterlichkeit markierenden Blick, der zwischen und hinter den Worten ihr teilnehmendes Verständnis bekunden sollte.

„Ich — ich weiß noch nicht," entgegnete Hildegard hilflos und wurde blaß. Ihr schlug das Herz zum Zerspringen, als sie sich verabschiedete und wieder zu Dietrich herantrat.

Obgleich sie die Augen gesenkt hielt, empfand sie, daß er ihr Gesicht scharf fixierte, und litt heftig darunter, denn sie fühlte es wie ein schweigendes Abschätzen ihrer Kraft. Sie versuchte daher gewaltsam, sich zusammenzunehmen, aber unter diesem Blick vermochte sie es nicht. Noch einen Moment Kampf und dann, am Rande der Fichtenwaldung, auf die sie zugingen, brach sie plötzlich in Thränen aus.

Seine Brauen rückten zusammen.

„Also doch!" sagte er ruhig. „Aber es macht nichts,

morgen wird es schon besser gehen. Denn morgen gehen
wir den Leuten ebensowenig aus dem Wege wie heute,
und ich schicke dich auch allein solche gefürchteten Wege,
— bis du dich vor ihnen nicht mehr fürchtest."

„Nein!" bat sie außer sich, „— nie mehr — thu'
ich's. Warum hast du, — das ist grausam von dir.
Denn du weißt ja warum — ach, du weißt ja alles."

„Ja, Hilde. Und gleich vom ersten Augenblick meiner
Ankunft hier wußte ich auch, daß es für mich hier mehr
und Wichtigeres zu thun geben würde als all das, was
ich in deiner Angelegenheit mit deiner Mutter besprechen
sollte. Nämlich all die thörichte Scheu und Beschämung
dir aus dem Herzen wegzureden. Wie kann man sich nur
durch die blöden Menschen das Leben verbittern lassen!
Du bist doch nicht feige, Hilde? Weißt du nicht, was
das Allerhöchste sein kann? Den Kopf hoch tragen, wenn
die Leute schmähen."

Sie ging ganz langsam am Waldrande hin, den die
Sonne mit ihrer letzten Glut warm überstrahlte. Es
war sehr still um sie. Nur ein Specht klopfte eifrig hoch
oben auf einem Fichtenast in festem Takt.

„Ich bin nicht feige!" sagte Hildegard stockend und
schüttelte den Kopf, „den Kopf hoch tragen — das könnte
ich auch. Wenn die Leute mit Unrecht schmähen. Die
Menschen würden mich nicht bedrücken, — wenn ich nur
nicht selbst —"

„Kindskopf du!" Dietrich blieb stehen und maß sie
mit einem großen, lächelnden Blick. „Du verurteilst dich
selbst, — weil es dir zufällig so eingeredet worden ist:
du sollst das und das, nein, Hilde, erschrick doch nicht
gleich, ich rühre an nichts, solange du selbst nicht davon

sprichst. Nur sagen wollte ich dir bei dieser Gelegenheit, daß dasjenige, wofür du dich verurteilen zu müssen glaubst, dasselbe ist, was meine Meinung über dich und meine Achtung für dich sehr, sehr hoch gesteigert hat."

Hilde starrte ihn an. Er sprach die letzten Worte nachdrücklich und ernst. Seine Augen logen nicht. Gelogen hatte er überhaupt nie, seit sie ihn kannte.

„So wie du urteilt aber niemand," sagte sie zaghaft, „das kann ja auch gar nicht, — nein, wirklich niemand —"

„Niemand?" Er trat näher an sie heran und fuhr mit gedämpfter Stimme fort: „Wirklich niemand? Ich glaube doch, noch jemand: du selbst, Hilde. Du selbst urteiltest mit deinem unmittelbaren Gefühl, in einer unwiderleglichen Initiatioe so, — in der entscheidenden Stunde deines Handelns. Alles andere ist dir nachträglich gekommen, — deinem Verstand, der noch kein selbständiger Verstand ist, sondern sich von traditionellem Klimbim gängeln läßt. O, wie viel größer seid ihr Frauen im ersten Gefühl als im zweiten, für euch zurechtgedrechselten Urteil. Da bleibt ihr hinterdrein kläglich stecken — eurer eigenen That nicht gewachsen; — siehst du, ich muß dir sogar beispringen, damit du nur wieder richtig auf die Füße kommst! Aber es schadet nichts, denn du warst doch kühn und herrlich, Mädchen, — durch deine Natur und ihre heiligen Befehle warst du es, und hoch über hunderten, ja hunderten anderen, die jetzt an deiner Stelle im Behagen und in der ‚Pflicht‘ — und im Reichtum säßen."

Hildegard hatte die Lippen halb geöffnet. Er konnte deutlich sehen, wie alles an ihr ihm lauschte, — stau-

nenb erst, aber auch durstig, verlangend, — und je länger
er in sie einsprach, desto größer und gläubiger hingen
ihre Augen an ihm.

Die Thränen an ihren Wangen hatte die laue Früh=
lingsluft längst getrocknet. Noch war sie blaß, — aber
diesmal blaß vor innerer Bewegung, die mit Furcht und
Demütigung nichts mehr gemein hatte. Als Dietrich
schwieg, atmete sie tief auf. Sie senkte den Kopf im
schlichten, schwarzen, breitrandigen Strohhut und schien
nachzudenken. So ernst, so fast feierlich ernst sah sie
dabei aus, daß er sie nicht zu unterbrechen wagte.

Der Specht auf dem Fichtenast pochte mit seinem
harten langen Schnabel emsig weiter, aus einiger Ent=
fernung gab ein zweiter ihm dumpfe Antwort. Das
Sonnenlicht tauchte im Scheiden die Ebene um den Wald
herum in weiche, goldrötliche Töne, und obgleich noch
kaum eine Blattknospe am Buschwerk sich zaghaft öffnen
wollte und der sandige Boden mit Winterlaub und trockenen
Fichtennadeln bedeckt war, erglänzte alles in vertiefter,
warmer Färbung wie mit einem Lächeln dem Frühling
entgegen. Das Moos am schmalen Waldsaum hatte einen
förmlichen Smaragdschimmer, und sanft legte sich derselbe
grünliche Reflex über die Rinde der alten Baumstämme
und über das Reisig am Wege.

Hildegard schritt langsam weiter; sie schaute, ohne
zu sprechen, weit hinaus in die leuchtende Landschaft.

Aber obwohl sie nicht zu ihm sprach, begriff Diet=
rich, daß sie ihm in dieser Stunde nah' gekommen war,
— daß sie sich innerlich gleichsam an ihn lehnte, —
dankbar, vertrauend. Ihr Gesichtsausdruck war fast selig
friedvoll.

Unvermittelt sagte sie:

„Der Frühling ist noch kaum da, nicht wahr? Aber man spürt ihn. — — Weißt du, der Frühling und ich, wir sind auf eine geheimnisvolle Weise verbunden, wir haben ein Geheimnis miteinander. — — Und ohne den Frühling — den frühen Frühling da unten in Südtirol — wäre ich jetzt nicht hier."

„Du wärst nicht hier? Du meinst, du wärst auf dem Neugebauerschen Gut dort unten? Das glaub' ich dir nicht."

Hildegard wandte sich nach ihm um, der dicht hinter ihr auf dem moosigen Wegrand zwischen Wald und bestellter Wintersaat ging.

„Du denkst dir eben etwas ganz Verkehrtes von mir, — was weiß ich," sagte sie sanft, „ich aber weiß: es war der Frühling. Nichts anderes. Es ist freilich schwer zu erklären. Der Frühling war da. Er empfing uns, als wir kamen. Er blühte um unser Zimmer. Das lag zu ebener Erde mit weiten — weiten Flügelthüren, die direkt hinausführten, — in den Garten hinaus. So etwas Schönes hatte ich nie noch gesehen, — wenigstens im Wachen nicht. Ich ging wie berauscht dazwischen herum, mir war fast weh vor Freude. Es dämmerte schon etwas, wie wir ankamen, — so wie jetzt. Dann wurde es dunkler; im Sternenschein ahnte man diesen Frühling mehr, als man ihn sah, — nur die Nachtigallen verkündeten ihn die ganze Nacht, und der süße Duft, — ach, der Duft —"

Sie brach ab. Dann fuhr sie sehr leise fort:

„Da geschah mir etwas so Wundersames. Ich weiß nicht, wie ich es sagen soll. Es war wie ein Glaube an

ein Paradies. Ja, das war es. An mein Paradies.
Ungefähr so, wie wenn dich jemand in deiner tiefsten
Seele in etwas hineinschauen läßt, so daß du nur gerade
weißt: es wartet auf dich. Noch ist es nicht da, aber
es wartet auf dich. Und während du das erlebst,
während der Frühling um dich dir das sagt, — so
süß und laut und sehnsüchtig und selig wie noch nie,
— sollst du plötzlich im selben Augenblick dich selbst aus
dem Paradies stoßen. Jemandem folgen, der dir's nehmen
will! Der dich glauben machen will: jeder andere Garten
thut's auch! — Sieh, da packt es dich mit einer solch
unsinnigen Bangigkeit, — solcher Angst es zu verlieren,
es zu entweihen, — — als hinge es von dir — von dir
allein noch ab, ob überhaupt ein Frühling wiederkehren
darf, — ob überhaupt die Sonne noch Sonne ist —"

Hildegards Worte wurden immer abgerissener, lei=
denschaftlicher, aber der vibrierende Klang ihrer Stimme
verlieh ihnen eine eigentümliche Beredsamkeit; in ihrer
Erregung war sie unwillkürlich stehen geblieben, und die
Macht dessen, was ihre Seele bewegte, durchbrach für
den Augenblick ganz ihre sanfte Zurückhaltung, — ihre
Augen leuchteten und blitzten im tiefen Feuer und alle
ihre Bewegungen erhielten etwas fast andachtsvoll Hin=
gegebenes, ja Hingerissenes, als wüchse sie —

Dietrich lehnte an einem Stamm vor ihr und hüllte
sie förmlich ein mit seinen Blicken, die unverwandt und
entzückt an ihr hingen. Auch seine Augen blitzten dabei
in einem besonderen Feuer, während er ihr Bild in sich
aufnahm, wie sie so dastand im Abendrot zwischen den
dunklen Fichten und den Schleier von den Geheimnissen
ihrer Seele riß.

Dennoch hörte er kaum, was sie sagte, doch wie sie
es sagte, — das Temperament, mit dem sie es that,
und das mit einem Zauberschlage ihre sanfte Mädchen-
haftigkeit zu leidenschaftlicher und seltsamer Schönheit
umwandelte, — das berauschte ihn und riß auch ihn hin.

„Der Tropf! der Tropf! Dieses Weib nicht zu besiegen! Diese Verwandlung nicht zu bewirken!" fuhr es
ihm voll Hohn und Aufregung durchs Herz, und plötzlich
schmeichelte es seinem Selbstgefühl bis zur Ergriffenheit,
daß Hildegard sich von seinen Worten und Unterweisungen
beeinflussen ließ.

Etwas frohlockte laut auf in ihm. Auf dem Punkt,
in dem er ihr eine überlegene Macht war, hatte er sie
schon besiegt: sie folgte ihm. Das thaten die Mädchen,
die er kannte, meistens. Aber was waren das für Mädchen! Diejenigen seines Standes floh er — er floh sogar die Frauen seines Standes, weil sie ihm als ein
Inbegriff anspruchsvoller und konventioneller Langweilig-
keit erschienen.

„Aber du, — Hilde! Du Holde!" dachte er tief
erregt.

Hildegard schien ihn vergessen zu haben. Sie schaute
wieder in die Landschaft hinaus, und mit weiten, offenen
Augen, in deren weltverlorenem Blick noch die Leidenschaft ihrer Worte nachzitterte, schien sie von irgend etwas
zu träumen, was gar keinen Bezug auf ihn und ihre
momentane wirkliche Umgebung hatte.

Dietrich machte es ungeduldig und unruhig. Ihm
kam es vor, als dürfe diese märchenhafte Stunde hier
im Abendrot nicht zu Ende gehen, ohne ihm etwas zu
schenken.

Sein ganzes Wesen drängte zu Hildegard hin, — ungestüm, verlangend.

Er sagte halblaut:

„Du hast mich verzaubert, Hilde; machst du es wieder gut?"

Da sah Hildegard erwachend, zur Gegenwart zurück= kehrend, auf und ohne daß sie noch auf seine Worte recht hingehört hatte, lief über ihr Gesicht Glanz und Lächeln und Freude wie lauter Wonne hin. Sie errötete und streckte ihm zugleich ihre beiden Hände entgegen.

„Ach, du!" sagte sie mit einem tiefen Atemzuge, „wie viel Glück und Wunder für mich, daß du kamst! Ich weiß selbst nicht, was du mit mir gemacht hast. F r e i hast du mich gemacht. Du hast etwas Schreckliches von mir abgeschüttelt, unter dem ich mich zusammen= krümmte, Tag für Tag. Vielleicht kommt's wieder, — aber so schwer doch wohl nie. Und wenn — dann hilfst du mir wieder, nicht wahr?" fügte sie kindlich hinzu.

Er hielt ihre Hände fest und suchte mit seinem Blick den ihren zu ergründen und festzuhalten.

„— Hörtest du, was ich sagte, Hilde? — — Hilfst d u m i r?"

Sie sah ihn in ehrlicher Bewunderung an.

„Ich — dir? Ach, wie sollte ich das wohl, — du bist so viel klüger, stärker, mutiger als ich. Ich will dir immer folgen, wenn du mir etwas rätst. Das thut gut. Man ist so gut geborgen."

„— Immer folgen?" fragte er mit verhaltener Stimme.

Hildegard nickte.

„— Und alles thun, was ich sage, was es auch sei?"

„Was es auch sei!" rief sie froh und sah glücklich

aus; „— wenn's dir lieb ist, dann gewiß. Ich bin dir
ja so dankbar!"

* * *

Sie saßen zu dreien um die schon halb abgeräumte
Mittagstafel und freuten sich am ersten wahrhaftigen
Frühlingstag. So heiß flutete durch das geöffnete Fenster
die Märzsonne herein, daß man auf den Einfall hätte
kommen können, anstatt im Zimmer draußen in einer
der Lauben des Gartens zu speisen.

Hildegard hatte in der That diesen Vorschlag ge=
macht, war aber damit abgewiesen worden, schon in Rück=
sicht auf die Vorübergehenden, die gewiß über den Zaun
gucken und das verfrühte Idyll belächeln würden.

„Das wäre wohl möglich!" gab Hildegard zu, „da
müßten wir eben mitlachen, Mütterchen."

Die Küchenhitze vormittags oder aber die Sonnen=
wärme hatte ihre Wangen rot gefärbt, sie sah blühend
aus, und ihrer Mutter ging in heimlicher Freude dar=
über das Herz auf, daß die fünf oder sechs Tage des
Verkehrs mit Dietrich in Hildegard den ganzen früheren
Jugendmut zu wecken schienen.

Dietrich selbst war sehr einsilbig. Er rauchte schwei=
gend und sah zu, wie Hilde den Kaffee in die kleinen
Mokkatassen schenkte. In dem Lächeln, mit dem sie ihm
die Tasse reichte, in ihrem ganzen froh gewordenen Wesen
und Gesichtsausdruck lag etwas, was ihn verstimmte, —
was ihm nicht galt. Während sie gegen ihn sich gleich
blieb, fühlte er den Drang, ihr näher als früher zu kom=
men, und dieses unsichere an sie Herantasten erregte ihn
bis zur Wallung.

Während sie wortkarg beisammensaßen, ertönte von

oben her klägliches Kindergewimmer. So leise es war, zuckte Frau Malten dennoch zusammen. Die Furcht vor dem Lauterwerden des Geschreis peinigte schon alle Nerven ihres müden Kopfes.

„Ich wollte mich nebenan gerade ein wenig zur Ruhe legen; nachmittags muß ich heute ja nochmals ins In= stitut zur Stadt," bemerkte sie betrübt.

Dietrich schob seine Tasse zurück und horchte eine Weile.

„Habt ihr euch denn nie erkundigt, was mit dem Kinde los ist?" fragte er, „es klingt ja jämmerlich leise und leidend."

Hildegard hatte auf seine Frage den Kopf geschüttelt.

„Die Leute wohnen erst seit kurzem dort," entgegnete sie, „und sollen sehr arm sein, — die Frau sieht man fast nie, — der Mann kommt erst spät heim, — nur ein kleiner blasser Bub spielt manchmal hinten auf dem Sandhaufen im Hof."

„Geh doch hinauf zu ihnen und sieh zu, ob sich nicht etwas thun läßt; als Hausgenossin hättest du doch längst Rat schaffen können," sagte Dietrich.

Frau Malten erhob sich, um sich für eine Stunde zurückzuziehen.

„Vielleicht wäre das gut," meinte sie zögernd, „bis= her hielt ich eigentlich Hilde davon ab. Man wird leicht zu bekannt mit Hausgenossen. Wer kann wissen, wie sie sind und wie sie sich betragen?"

Dietrich machte ein etwas spöttisches Gesicht und zuckte die Achseln.

„Hilde ist doch keine Porzellanfigur, daß sie von jeder Berührung irgendwo verletzt werden könnte," warf er ein, „laß sie doch nur um Himmels willen nicht zimperlich werden. Das Leben ist dazu da, um sich drin umzuschauen."

Hildegard sandte ihm einen zustimmenden Blick über den Tisch zu. Ihr schien jegliches, was er sagte, aus einer so klaren, gefesteten Weltanschauung zu fließen, für die er mit seinem kräftigen Willen eintrat und die wirklich vorwärts half. Und wenn er ihr nur überhaupt erst den Weg mitten ins Leben zeigte, sie ein Stückchen weiter brachte, — dann wollte sie sich schon voll Glauben und Vertrauen bis dorthin durchfinden, wo ihr Paradies lag.

Sie stand auf und ging ins Nebenzimmer, um es der Mutter auf dem alten Diwan bequem zu machen. Dann kehrte sie in die Wohnstube zurück und blieb am Fenster stehen.

Ihr zustimmender Blick bei Tisch hatte Dietrich mit geheimer Genugthuung erfüllt: eine warme Freude stieg plötzlich in ihm auf. Im Grunde gehörte Hilde ja doch schon innerlich zu ihm! Alles andere würde sich ganz von selbst ergeben. Ueberhaupt: sie befand sich im Alter, wo die Mädchen sich verlieben, und wenn es das eine Mal mißlungen war — vielleicht bloß, weil der betreffende Mann in seiner Eigenschaft als Freund des Vaters sie von vornherein dafür zu onkelhaft anmutete! — nun um so sicherer gelang es das zweite Mal, — dieses Mal.

Oder es war auch schon gelungen.

Der gute Tischwein, den Dietrich selbst mitgebracht hatte, und der duftende Kaffee nach dem Essen schienen seine Lebensgeister so wohlich anzuregen, daß ihm die fatale Empfindung von Hildegards unbefangener Unnahbarkeit gar nicht mehr kam.

Durch den blauen Rauchschleier, der ihn umhüllte,

sah er fast unverwandt zu ihr hinüber, bis sie sich lang=
sam umwandte. Mit dem Rücken gegen das Fenster, die
Hände hinter sich leicht auf das Gesims des Fensters ge=
stützt, wechselte Hildegard nur ab und zu ein flüchtiges
Wort mit ihm, — halblaut, um die Mutter nicht da=
durch zu stören.

Zuletzt verstummten sie ganz. Nur Dietrichs Augen,
immer auf denselben Punkt gerichtet, sprachen, — ein
wenig blinzelnd, angesichts der blendenden Sonne, die
ihm grell entgegenschien, — aber doch voll schlecht ver=
hehlter Erregung, der man es anmerken konnte, wie sie
ihm, in diesem stumm verträumten Behagen der trägen
Mittagsruhe, Bild auf Bild vor seine Seele zauberte —.

Und während die Mittagsmüdigkeit auch ihn selber
leicht lähmte, überschlich ihn zugleich das Verlangen, —
heiß, unwiderstehlich, — seine Arme hochzuheben, aufzu=
springen, und Hildegard an sich zu ziehen —.

Nur 'mal so die beiden Hände um ihren weißen,
zarten Hals schließen, — aber fest — fest, — — bis
sein Mund endlich ihre Lippen — —.

Heiraten! Wie lang konnte es immerhin noch währen!
So unmittelbar nach diesen Scheidungsformalitäten —

Fast hätte er voll Ungeduld mit dem Fuß aufgestampft.

Hildegard sah nicht hin. Sie blickte, noch immer
mit dem Rücken ins Fenster gelehnt, mit friedlichem Ge=
sicht vor sich nieder. In Wirklichkeit beschäftigten sie
auch die allerfriedlichsten Gedanken; eben kombinierte sie
eine zarte Nuance von verblichenem Rosa mit Lichtgrau
und suchte nach einem tiefen Hintergrund dafür, ohne
noch zu wissen, an welche Formen in der Natur diese
Phantasie für eine neue Stickerei sich heften wollte. Die

Linienwirkungen kamen ihr meistens getrennt davon: und aus ihnen ergab sich oft erst der realistische Vorwurf.

Da schaute sie auf und begegnete unerwartet Dietrichs blinzelnd auf sie gerichtetem Blick.

Erst prägte sich in ihren Mienen durchaus nur stumpfe Verständnislosigkeit aus, als gelte dieser Blick gar nicht ihr, sondern einem ganz anderen ihr unbekannten Gegenstand. Dietrichs Kopf ruhte fast auf der Lehne, weil er unmerklich vom Stuhl tiefer geglitten war; seine linke Hand steckte in der Hosentasche, wo sie das Feuerzeug umklammert hielt und sich scharf am karierten Stoff abzeichnete, — gerade hatte Dietrich sich seine längst erloschene Zigarre frisch anzünden wollen. Ueber Hildegards Anblick schien er es wieder vergessen zu haben; unbeachtet fiel ihm die kalte Asche auf den Rock und sein Vorhemb.

Hildegard starrte ihm lange in die Augen —. Er lächelte.

Sie war erblaßt.

Keines von beiden sprach ein Wort.

———

Dann ging Hildegard langsam zum großen Stehkorb in der Ecke, wo ihre Seidenfäden lagen. Sie rückte ihn heran, setzte sich dicht ans Fenster und begann die feinen, farbigen Strähnen auf ihrem Schoß auszubreiten, indem sie den Kopf tief darüber bückte.

Ein paar Minuten vergingen so.

Endlich bemerkte Dietrich gezwungen:

„Ist es dir vielleicht störend, daß ich noch hier geblieben bin? In dem Fall würde ich wirklich gleich wieder fortgehen."

Hildegard versetzte freundlich:

„O nein! Wo denkst du hin? Bleibe gern so lang
du eben magst.“

Er fuhr sich nervös über die Stirn. Der freundliche
Ton klang eisig. So etwa wie: „Bleibe nur, ich habe
dich ohnehin schon vor die Thür gesetzt.“ Zu seiner Be=
ruhigung sprach er sich selbst vor: „Sie ist nun einmal
scheu.“ Aber leider besaß Hildegard im Augenblick durch=
aus nichts, was sich als Scheu deuten ließ. Im Gegen=
teil, so recht sicher ihrer Haltung erschien sie ihm. In
ihrem Ton so hell und kalt. Wie hellklingendes hartes
Glas, an das man rührt.

Ein plötzlicher Zorn wallte in ihm auf; er konnte
es gar nicht ertragen, sie länger bei diesem Gethue mit
den blöden Seidensträhnen zu sehen, — und noch dazu
mit solchem triumphiernden Behagen, als gehe ihr rein
nichts darüber.

Ja, voll Behagen und unschuldig genießender Frauen=
grausamkeit saß sie da. Das wollte er nicht dulden.

Dietrich erhob sich und kam zu Hildegard hin ans Fenster.

Sie rührte sich nicht.

Da faßte er in die zarten, bunten Seiden hinein,
um sie ihr unter den Händen fortzuziehen. Doch sie
hielt an ihnen fest.

„Laß jetzt dies Zeug,“ sagte Dietrich unwillig, wäh=
rend es ihn seltsam angenehm reizte, zu empfinden, wie
die knisternde Seide sich zwischen seinen und ihren Fin=
gern, die sich dabei fast berührten, hin und her verschob.

„Aber warum denn?“ fragte Hildegard und wider
ihren Willen mußte sie über ihn lächeln.

Dietrich sah den Schelm um ihre Lippen, und er=
regt fuhr es ihm durch den Kopf:

„Lache du nicht! Hüte dich! Sei du gut zu mir!
Ich ertrag's nicht länger: ich mache dich leiden."

Laut erwiderte er:

„Weil ich dir am liebsten alles aus dem Fenster wer=
fen möchte, woran du deine Gedanken so blind vergeudest."

Hildegard schüttelte den Kopf.

„Das würdest du wohl nicht fertig bringen," meinte
sie gelassen, „denn dabei träumt es sich so schön. Und
das ist nun einmal meine Lieblingsbeschäftigung."

Dietrich ließ die Seide los und bemerkte kalt:

„Ach ja. Das ist eine Neigung zur Hysterie bei
euch Frauen."

„Eine Neigung zu was?!" Hildegard sah ihn ver=
dutzt an.

„Zu hysterischem Wesen. Offenbar gehörst du auch
dazu. Davon kommt all dein Traumgerede und alle die
Ahnungen und Gefühle, — die geben sich erst, wenn ihr
in ein geregeltes und nutzbringendes weibliches Dasein
eingeführt worden seid."

Hildegard war zu verblüfft, um gleich zu antworten.
Aber ihr Schelm war fort aus den Augen. Staunend
und ungläubig schauten die aus, und jetzt richteten sie
sich mit vorwurfsvollem Ernst auf Dietrich, der scheinbar
gleichgültig aus dem Fenster blickte.

„Schäme dich!" sagte sie leise, „— so etwas hättest
du nicht äußern dürfen, — gerade du nicht. Du —
dem ich erst vor ein paar Tagen dort am Waldrand so
rückhaltlos vertraut habe, — dem ich anvertraut habe —"

„Gerade deshalb!" beharrte er, „du gabst mir eine
Art Recht, dir ein Wegweiser zu sein — Darum ist es
an mir, dich auf Verirrungen aufmerksam zu machen.

— — Du ſitzeſt da und verträumſt dich in unmögliche Dinge und verlierſt darüber jedes Augenmaß für die Dinge, wie ſie thatſächlich ſind.“

„— Wenn ſie aber häßlich ſind!“ wollte es Hilde=gard über die Lippen, doch ſie ſchwieg, und nur in ihren beweglichen Zügen malte ſich Unruhe, Widerſpruch und heftige Abwehr.

Aber wenigſtens keine Gleichgültigkeit mehr! dachte Dietrich befriedigt. Lauter Mädchenſchrullen, übrig ge=bliebene! mit denen wollte er wohl fertig werden. Seinen Einfluß auf Hilde mißbrauchen würde er ja nie! Viel=mehr zu einer vernünftigen glücklichen Frau wollte er ſie machen.

„Du ſelbſt redeſt von unſerem Gang am Wald, aber weißt du denn nicht mehr, wie das zuging?“ fragte er eindringlich, „wie du kurz zuvor auch alle mögliche Scheu, alle möglichen ergrübelten Aengſtlichkeiten vor den Leuten hatteſt? Daß ich dich zwang, ſie abzuſchütteln, wollteſt du anfangs auch nicht — Später war dir's recht, weil es dir das Leben beſchwert hatte. Nun meinſt du, allerhand andere Einbildungen, die darfſt du behalten, weil ſie das Leben vielleicht ſchön überfärben, — aber ſie ſind ebenſo täuſchend und unberechtigt.“

Er beugte ſich ein wenig zu ihr hin und bot ihr die Hand.

„Und nun, ſei gut, — ſchlag ein: du folgſt mir nach.“

In Hildegards Wangen ſchoß eine heiße Röte. Sie ſchüttelte den Kopf. Die Hand beachtete ſie nicht.

„Du reichſt mir nicht die Hand?! — Dein Ernſt, Hilde —?“

Hildegard sah aus, als ob sie aufspringen wollte. Da kam die Mutter aus dem Nebenzimmer heraus.

Sie war schon in Mäntelchen und Hut, fertig zum Stadtgang, und suchte nach ihrem Sonnenschirm. „Es ist draußen so köstlich, ihr solltet mich ein Stück begleiten, — eine Dampfbahnstation weit," meinte sie beim Eintreten.

Hildegard lief fast auf sie zu.

„Das wird Dietrich jedenfalls gern thun, — er war überdies schon vorhin am Aufbrechen," sagte sie etwas hastig, „da geht ihr also zusammen, nicht wahr? Ich möchte lieber bleiben, ich möchte nämlich so sehr — sehr mit meinen neuen Seidenmustern arbeiten."

„Wie du willst, mein Herz." Die Mutter küßte sie, und Dietrich nahm zögernd seinen Hut. Er machte ein finsteres Gesicht und seine Brauen rückten so zusammen, daß sie über der Nasenwurzel einen Strich bildeten.

Aber Hildegard sah an ihm vorbei. Sie fand den Schirm, brachte ihn der Mutter und nickte dieser noch mehrmals hell und zärtlich zu, während sie hinausgingen.

Dietrich hatte gehen müssen.

Tief aufatmend blieb Hildegard einen Augenblick mitten im Zimmer stehen. Ja, das war gut. Aber lieber noch wäre es ihr gewesen, er hätte allein gehen müssen. Sie sehnte sich nach der Mutter.

Auf dem Stuhl am Fenster und auf dem Fußboden daneben lagen die seidenen Strähnen verstreut. Hildegards Blick flog darüber hin. Ihre Augen und ihre Wangen brannten.

Er hatte doch unrecht, — er verstand vom innerlichsten Leben gewiß ebensowenig wie von den bunten Seiden da — Man mußte ja das Recht haben, sich sein eigenes Leben in so zarten Farben zusammenzufügen, wie man wollte. —

Hildegard ging langsam in die Nebenstube und ordnete zerstreut die von der Mutter benutzten Kissen auf dem Diwan. Dann streckte sie sich dort aus, wo die Mutter geruht hatte. Wäre sie doch jetzt bei ihr.

Sie blickte starr empor zur Zimmerdecke. Gewaltsam suchte sie ihre Gedanken auf gleichgültige Dinge abzulenken.

Da oben an der Decke war eine Art von Himmel aufgemalt. Vier dickbeinige Putten auf blauem, wolkigem Grunde, in jeder Ecke einer, hielten zwischen sich ein gestirntes Band, und aus einem sonderbaren Füllhorn in der Mitte, das leider vom Eisenhaken für die Ampel durchbohrt war, fielen nach allen vier Windrichtungen phantastische Blumen über das Band.

Das sollte auch so etwas wie ein Paradies darstellen — Hildegard sah es an voll Trotz und Zorn und Hohn.

Da knarrte oben, — gerade darüber, — eine Thür. Schwerfällige Schritte gingen über die Diele oben. Sonst kein Lärm. Kein Kinderlärm. So seltsam still blieb es heute da —

Dann polterten unbeholfene kleine Füße die Treppe hinunter. Das war der Bube, der im Hof zu spielen pflegte.

Hildegard fiel ein, daß sie hatte hinaufgehen wollen. Warum nicht jetzt? Wenigstens würde es sie auf andere Gedanken bringen. Und wenigstens erfuhr sie, wie sich die häufige Störung für ihre Mutter beseitigen ließ.

Entschlossen stand sie auf, trat auf den Flur, horchte noch einmal und stieg die schmale Holztreppe zu den Mansardenwohnungen hinauf.

Neben dem niedrigen Hängeboden befanden sich zwei

kleine Thüren ohne Namensschild. Hildegard pochte an derjenigen, die über ihrem Wohnzimmer lag.

Eine gleichgültige Stimme rief etwas.

Hildegard öffnete und blieb zögernd auf der Schwelle stehen.

Das kahle Zimmer mit den abgeschrägten Wänden war trotz der Morgenhelle draußen dämmerig, die braunen Kattunvorhänge vor dem Fenster waren zugezogen. Nicht weit von dem Fenster saß eine junge Frau mit verwirrtem Haar, die Hände über der mageren Brust verschränkt. An der Hinterwand stand eine eiserne Bettstelle mit einem Strohsack darauf, und davor die Wiege, — ein ver= blichener, eleganter Korbwagen mit zerbrochenem Räder= werk, der aussah wie ein Almosen.

Die Frau bewegte sich nicht und blickte nicht auf.

Hildegard lehnte die Thür hinter sich zu, machte einige Schritte vorwärts und sagte sehr zaghaft:

„Guten Morgen. Ich wollte mich erkundigen, wie es Eurem Kindchen geht. Gestern schrie es so sehr."

Die junge Frau nickte.

„Das stimmt. Der Johann schrie sehr," bestätigte sie phlegmatisch.

„Kann man dabei nicht irgend etwas thun?"

„Nein. Man kann nichts thun."

„Der kleine Johann ist wohl krank?"

„Ach wo! Krank ist er nicht."

Hildegard stand ratlos und dachte nach, was sie noch vorbringen könnte. So war ihrer Mutter mit ihren empfindlichen Kopfschmerzen ja nicht geholfen.

„Schläft der Kleine jetzt dort? Darf ich ihn an= sehen?" fragte sie leise.

„O ja. Aber schlafen thut er nicht,“ bemerkte die Frau in einem seltsamen Ton.

Hildegard näherte sich dem Korbwagen. Die roten, schon sehr schadhaften Wiegenvorhänge mit rotgelben langen Trobbeln daran waren weit zurückgeschoben. Wer neben die Wiege trat, sah das Köpfchen des Kindes auf den ersten Blick.

Es lag blau und gedunsen da. Der Unterkiefer fiel schlaff herunter, die Augen, stark aufgerissen, sahen Hildegard in ihrer gläsernen Glanzlosigkeit fast drohend entgegen.

Sie erstickte mit Mühe den Schrei, der ihr entschlüpfen wollte.

„O Gott — das Kind — der kleine Johann!“ rief sie entsetzt, „sehen Sie doch, er ist tot!“

Die Frau schüttelte den Kopf.

„Nein. Noch im Sterben,“ sagte sie.

Hildegard blickte sie mit Grauen an. Mit welcher Apathie sie dasaß und solche Worte vor sich hinsprach.

„Aber man kann doch vielleicht helfen!“ meinte sie ganz außer sich, „man kann — ich will gleich einen Arzt —“

„Ihm hilft kein Arzt mehr. Lassen Sie nur. Krankheit ist es nicht.“

„Aber woran, um Gottes willen, stirbt er denn —?“

Hildegard kam ganz nahe zur Frau, die Thränen schossen ihr in die Augen. So bitter bereute sie, nicht früher hinaufgekommen zu sein.

Da schaute die Frau zum erstenmal auf. Mit harten, müden Augen entgegnete sie kurz:

„Woran er stirbt? Daran, daß sein Vater kein Brot hat und ich keine Milch.“

Hildegard schwieg. Eine tiefe Röte stieg ihr lang=

sam in das Gesicht und bedeckte ihre Wangen. Kein
Mensch im Hause, — nein, kein einziger Mensch hatte
gewußt, wie es um diese armen Leute stand. Und solche
Armut gab es hundertfältig. Sie wußte es, aber wie
wenig hatte es sich bis jetzt ihrer Phantasie, ihrem Mit=
leid, ihrer Helfelust aufgedrängt.

Jetzt empfand sie ihr Hiersein als eine bloße Auf=
bringlichkeit, für die sie hätte um Verzeihung bitten
mögen. Denn jetzt konnte sie, die Fremde, Ungebetene,
nichts thun —

Da trampelten kleine, unbeholfene Schrittchen die
Treppe herauf. Es drückte und kratzte gegen die ange=
lehnte Thür und dann schob sich ein Bübchen von etwa
drei Jahren hindurch; es hatte den geflickten kleinen Kittel
voll Sand und kam schweigend auf die Mutter zugetrabt,
mit hochgehobenem Gesicht, damit sie ihm dasselbe mit
ihrer Schürze abwischen und ihn schneuzen möchte.

Hildegard stand daneben und betrachtete stumm den
kleinen, krummbeinigen Kerl mit seinen resoluten Be=
wegungen. Ihr war das Herz randvoll. Am liebsten
hätte sie ihn emporgehoben und an sich gedrückt und ge=
küßt. Aber das wagte sie nicht. Sie strich ihm nur
ganz zaghaft mit der Hand durch das blonde Haar.

„Wenn es Ihnen nicht störend ist, — wenn Sie es
erlauben wollten, — ich würde den Kleinen so gern mit
hinunternehmen. Ich würde Ihnen dankbar sein, wenn
Sie mich mit ihm spielen ließen. — Aber vielleicht wäre
Ihnen das nicht recht?“ meinte sie stockend.

Die Frau sah sie etwas verwundert an. Sie konnte
sichtlich nicht begreifen, warum Hilde für eine so einfache
Sache so viele unnütze Worte machte. Sie zuckte die Achseln.

„Wenn's Ihnen Spaß macht, — mir gilt's gleich,“ versetzte sie mit ihrer tief gleichgültigen Stimme, und dann wischte sie den Kleinen nochmals über sein Stumpf= näschen; — „geh mit der Dame hinunter, Rupert.“

Hildegard nahm ihn an die Hand, während er mit offenem Munde interessiert zu ihr aufsah.

„Ich danke Ihnen. Er soll's so gut haben, daß er gern wiederkommt. Und ich — darf ich auch wieder= kommen?“ bat Hildegard und reichte der Frau die Hand.

Diese berührte ihre Hand flüchtig und stand jetzt auf.

„Wenn Sie's mögen!“ bemerkte sie noch ebenso ver= wundert.

Aber dabei arbeitete es in ihrem Gesicht. Sie starrte nach der Wiege hinüber, dann ging sie vor Hildegard her und öffnete ihr die Thür zur Treppe.

Im Moment, wo Hildegard schweigend hinausging, trafen sich beider Blicke. Sie hingen einen Augenblick lang ineinander, und es war, als liebkosten sie schüchtern ein= ander. Hildegards große, warme Augen sagten so beredt:

„Ich hab's nicht gewußt! Verzeih es mir! Ich werde dich nie wieder vergessen. Weder dich — noch auch das Elend des Lebens.“

Und die geröteten, müden, leidstumpfen Augen der anderen erwiderten mit stillem Gruß:

„Dank dir!“

Ganz langsam ging Hildegard die Holztreppe hinunter, Stufe für Stufe, den Buben an der Hand. Als sie unten im Vorflur an ihrer Wohnung standen, fühlte sie seine kleine, warme Hand in der ihren zucken, — un= willkürlich wollte er den gewohnten Weg in den Hof hinaus nehmen, wo der schöne Sandhaufen lag. Mit

einem ernsthaften Blick vergleichender kritischer Musterung
schaute er durch die geöffnete Wohnungsthür in die sonn=
beschienene Stube herein. Aber wie Hildegard einen
Augenblick lang in der blanken Küche verschwand und
dann mit einem Näpfchen übriggebliebener Bouillon und
einem Weißbrot wiederkam, da folgte er ihr, so rasch er nur
konnte, ins Wohnzimmer. Daß das gut schmecken mußte,
konnte er dem Näpfchen anmerken; seine kleinen Nasen=
flügel blähten sich.

Hildegard plauderte mit ihm, setzte ihn an den Eß=
tisch und hatte herzliches Vergnügen daran, ihn zu füt=
tern. Ihr ging es durch den Kopf, wie sie ihn am
öftesten hier unten haben und wie sie der armen Frau
am ehesten nützen konnte.

Sie kam sich so unermeßlich, so unstatthaft reich und
glücklich gegen sie vor. — Und wie ein Kind, das un=
gefähr ebensowenig vom wirklichen Leben ahnte, wie der
kleine Bube da. — Was Elend hieß, das mußte seine
Mutter. Auch was Glück hieß, — — — ein Glück
vielleicht, das Hildegard auch kaum ahnte: selbst Leben
in die Welt zu setzen. —

Als der Kleine sich gesättigt hatte, schüttelte Hilde=
gard einen alten Kasten mit gläsernen Knöpfen vor ihm
aus. Sie zeigte ihm, wie man damit Figuren legen
konnte. Von Zeit zu Zeit lauschte sie hinauf, ob es still
blieb —

Da kam ein Schritt. Aber das war unten, jemand
öffnete die Flurthür.

Dietrich kam herein. Als sie erschrocken aufsprang,
blieb er auf der Schwelle stehen. Er sah, wie plötzlich
die Freude in ihren Augen erlosch, wie ihre Bewegungen

Bangigkeit ausdrückten. Eine leise Scham stieg in ihm
auf. Hildegard konnte so hinreißend sein, wenn sie sich
rückhaltlos gehen ließ. Dort am Waldrand hatte es ihn
ganz berauscht.

Seine Nähe lähmte diesen vollen Aufschwung ihrer
Seele. „Du hast ja ganz neuen Besuch!“ bemerkte er
etwas befangen.

Sie nickte.

„Von oben. Ich erzähl' dir später. —“

„Ich kann mir's denken!“ sagte er, ohne sie anzublicken, und setzte sich zum Kinde auf den Stuhlrand. —
„Liebst du wie ich solche kleine Rangen —?“

Sie stand ihm gegenüber und antwortete nicht. Er
schaute flüchtig auf. Wie blaß sie war! Aber das ging
vorüber. Er würde sie ja so sehr lieben, — so sehr,
wie er es selbst nie früher für möglich gehalten hatte.

Und mit einer bittenden Bewegung streckte er ihr
über den Tisch weg seine Hand hin.

Hildegard kam es dunkel in den Sinn, als ob sie
jetzt gleich zwei große, lichtgraue Flügel aufschlagen müßte
und sich mit ihnen erheben, — hoch, hoch wie im Traum.

Aber sie fühlte auch dunkel, wie es manchmal im
Fiebertraum ist: als ob etwas in ihr hilflos, machtlos
mit den Flügeln schlüge, — und man plötzlich nicht mehr
weiß, ob man fliegt, — oder fällt —.

Da zog Dietrich das spielende Kind an sich. Er
schaute auf Hildegard, fast etwas schüchtern, — und küßte
zugleich leise das Kind auf sein blondes Haar.

Und Hildegard legte langsam ihre Hand in die seine.

Ueber ein Paradies hinweg.

Inkognito.

———

Sie stand fast andächtig still angesichts der hohen
Berge, die in das dämmerdunkle Gebirgsörtchen nieder=
schauten, und merkte gar nicht, wie sehr sie im dünnen
Sommerumhang fror.

Ihr kleiner Handkoffer lag noch auf dem Rücksitz
des Gefährtes; einer hübschen, rundlichen Frau, die eben
eilends daherkam, setzte der Kutscher, ohne sich vom Bock
zu rühren, weitläufig auseinander, daß man ihm ganz
allein diesen Gast verdanke, denn unten in Innsbruck habe
die junge Dame nur gesagt: „irgendwohin auf die Berge!"
und da habe er sie ins Stubaïthal zur Schöneberger
Wirtin dirigiert.

Die Wirtsfrau nickte ihm nur zu und wies nach der
Bierstube, dann bemächtigte sie sich des wenigen Gepäcks
und fing an, der Fremden ihre Zimmer anzupreisen.
Die allerschönsten ständen leer, — so tief im September
käme fast nie mehr jemand hier herauf, sie solle nur nach
Belieben wählen, und was die Betten anlangt, so fände
man in der Welt keine besseren.

„Und was ist das hier? gehört das auch mit dazu?"
unterbrach die Fremde diesen Erguß und zeigte mit aus=
gestrecktem Arm auf ein ganz kleines Haus hin, das gerade
da, wo sie standen, abseits vom Hauptgebäude und halb
zwischen Bäumen versteckt, hart am Abhang lag.

Was das sei? Nun, das sei das Salettl. Freilich
gehöre es mit dazu und zur Sommerszeit sei es stets ver=
griffen, jetzt koste es nur noch ein paar Gulden den Tag,
— ob sie etwa im Salettl wohnen wolle?

Die junge Dame schritt bereits darauf zu und be=
trachtete es ganz entzückt. Ja, gewiß wolle sie darin
wohnen! Wie ein zierliches Spielzeug schaute es mit
seiner geschnitzten Holzverkleidung aus einem Gespinst von
rotem wildem Wein hervor, — so anheimelnd und apart,
als könne es keinerlei Beziehung zu einer gewöhnlichen
Gastwirtschaft haben.

Gleich darauf wurde die Resi, eine ganz junge
Kellnerin in Tiroler Tracht, mit gefüllten Wasserkrügen
und frischer Bettwäsche ins Salettl entsandt. Resi riß
die Fensterläden auf und begann die beiden winzigen
Gemächer wohnlich herzurichten. Dann brachte sie der
Dame das Fremdenbuch und bat sie, an diesem ersten
Abend noch drüben auf der allgemeinen Veranda das
Nachtmahl einzunehmen, bis hier alles seine rechte Ord=
nung bekommen hätte.

Die junge Dame öffnete das Fremdenbuch, trug
ihren Namen und Heimatsort ein: Anjuta Ssapogina aus
St. Petersburg, und machte sich sehr schnell und etwas
achtlos zum Speisen fertig. Als sie in ihrer Reisetasche
nach dem Etui für Kamm und Bürste suchte, fielen ein
paar Bücher, zerlesene Exemplare in broschierten Um=
schlägen, heraus; sie schob sie ungeduldig beiseite.

„Wenn man nur einmal eine Zeitlang nichts davon
zu hören brauchte, — nichts von Büchern und Beruf,"
dachte sie und unterdrückte einen Seufzer, während sie
sich mit dem Kamm durch ihr hinten geknotetes, natürlich

gelocktes Haar vom köstlichsten Goldblond fuhr. Sie hatte
jetzt für den Augenblick genug davon. Eigentlich war das
ja auch keine Erholungsreise, herumzureisen und überall
daran denken zu müssen, wo man Gesinnungsgenossen, wo
man Mitarbeiterinnen werben könnte —. Nun, hier in
diesen prachtvollen Bergen gab's das nicht, — es würde
sie keiner darauf anreden. Und da konnte sie sich doch
einmal wirklich und wahrhaftig ausruhen, — von all
der Hast und Hetze und Arbeit der Wintermonate, in
denen sie kaum zu Atem kam.

Langsam ging sie über die dunklen Wiesen der ihr
bezeichneten Veranda zu, einem schmalen gedeckten Holzbau
gegenüber dem Wirtsgebäude. Die Resi stand gerade hoch
oben auf einem Stuhl, um die Hängelampen über den
Tischen anzuzünden; und nun goß sie gar aus einer Blech=
kanne Petroleum nach, in den Behälter der einen bereits
brennenden Lampe.

„Sie! Resi! thun Sie's noch einmal und ich dreh'
Ihnen den Hals um! Sie sind ja rein gottverlassen!"
rief aus der schon hell erleuchteten Ecke der Veranda ein
blonder junger Mann, der ganz allein vor einer Flasche
Tiroler Weines dasaß.

Die Resi lachte, stieg flink vom Stuhl und kehrte
der eintretenden Anjuta Ssapogina ihr frisches Kinder=
gesicht mit einem schelmischen Augenzwinkern zu, als wolle
sie sagen: „er meint's nicht bös!" Worauf sie begann,
ihr dienstfertig die Speiseverhältnisse auseinanderzusetzen,
indem nämlich das, was auf der schönverzierten Speisekarte
stände, keineswegs vorhanden sei, hingegen gäbe es diverses
andre, das sich warm empfehlen lasse. Anjuta hörte sie
gern an, denn ihre zutrauliche Art war wie die eines

lebhaften Kindes und gefiel ihr, jedoch verständigen konnte sie sich mit Resi nicht, von deren geschwind gesprochenem Dialekt ihr das meiste entging.

Da erhob sich hinter dem Tisch in der Ecke der blonde junge Mann und bot seine Hilfe an; er riet zu einem Stück kalten Gamsbratens und stellte sich Anjuta vor als Erwin von Stein aus Graz.

Resi flog davon, um den Gamsbraten zu holen, und überließ die beiden einzigen Spätherbstgäste der Schöneberger Wirtschaft sich selbst, die Tisch an Tisch dasaßen und die ersten konventionellen Redensarten miteinander austauschten. Anjuta musterte Herrn von Stein genau und fand, daß er noch sehr jung sei, fein und schlank gewachsen, mit festen Schultern, die breiter werden wollten, und daß er in Stirn und Augen einen überraschend schönen, freien Ausdruck besitze. Auf seine Frage, ob sie von Innsbruck heraufkomme, erzählte sie ihm, daß sie eigentlich von dort nach Wien habe weiterfahren sollen, die Berge hätten sie indessen verlockt.

„So gefällt es Ihnen in den Bergen?" fragte er sichtlich erfreut.

„O, die Berge!" sagte sie mit ihrer weichen Stimme, und die unbestimmte Farbe ihrer Augen schien sich zu verdunkeln, „bisher liebte ich die Ebene, ich komme aus der Ebene. Und sie ist auch schön, da, wo sie grenzenlos ist, oder doch so aussieht. Aber wo Menschen sie betreten, wird sie gleich selbst menschlich, dient ihnen, ist nicht mehr unberührt, unnahbar. Mir kommt es jetzt vor, daß die Berge daher so wirken. Als ob man die Natur selber sieht, die sich so heraushebt aus allem Menschlichen und darauf niederschaut. Wie viele kleine Ansiedlungen

auch dazwischen entstehen mögen, sie behält etwas so Ur=
anfängliches." Sie brach ab und blickte ihn kopfschüt=
telnd an. „Ich kann nur auf russisch genau das sagen,
was ich meine, das Deutsche ist mir nur angelernt," be=
merkte sie einfach.

Er schaute mit einem Interesse auf sie, das ihn selber
wunderte. Etwas Fremdes und Weibliches an ihr reizte
seine Sympathie.

„Ich kann sehr gut verstehen, was Sie meinen,"
versetzte er, und als Resi, welche die Speisen brachte, sich
wieder entfernt hatte, fügte er hinzu: „aber in Ihrer
Landessprache möchte ich es noch lieber hören und ver=
stehen, es ist so viel Musik darin. Ich kenne sie nicht,
doch kannte ich auf der technischen Hochschule einen Studien=
genossen, der Russe war und manchmal russisch sprach.
Uebrigens war das ein seltsamer Mensch, — immer bereit,
Unerhörtes zu vollbringen, zur Zeit wo andre tändeln,
und immer im Grübeln über ideale Ziele."

Anjuta nickte.

„Das machen die Zustände aus vielen von uns. Sie
machen Märtyrer und Fanatiker. Die Männer leben nicht
für sich, — sie leben über sich hinaus, — wenn sie über=
haupt im stande sind, sich zu begeistern," sagte sie, schwieg
dann aber unwillig still, indem sie dachte: „man ist doch
wirklich wie eine Maschine, die für etwas Bestimmtes auf=
gezogen wird! Muß ich jetzt selbst von diesen Dingen
wieder zu reden anfangen."

„Wie männliche Männer muß das geben. Und solche
Männer — wie weibliche Frauen müssen sie ergeben,"
bemerkte er mit einem Blick der Ehrerbietung auf sie.

„Nein, wahrlich nicht!" dachte Anjuta bei sich, „aus

Ekstasen allein entsteht keine Männlichkeit, solche Männer verlernen zu handeln, sie explodieren nur manchmal," aber sie entgegnete nichts.

„Wir kamen später auseinander," nahm Erwin von Stein das Gespräch wieder auf, „ich kam auf die Bauakademie, er ging zur Universität über. Er war wissenschaftlich stark veranlagt — ich gar nicht. Ich habe eigentlich das Baufach gewählt, um doch ein wenig auf dem Boden der Kunst mit meinem Studium zu bleiben — wenn's doch schon ein Erwerbsstudium sein soll."

„Was würden Sie vorziehen?" fragte sie.

„Ich würde vorziehen, frei vom bürgerlichen Beruf der Kunst zu dienen, und zwar der brotlosesten aller Künste: der Lyrik," entgegnete er mit einem Lächeln, das trotzdem gar nicht selbstverspottend, sondern ernst und treuherzig ausfiel, „und das nannte Ihr Landsmann eine reine Weibersache. Aber ich kann nicht finden, daß viele Frauen dichten können oder dichten sollten: sie sollen vielmehr den Mann zum Dichter machen."

Auch Anjuta lächelte, sie sah ihn verwundert und aufmerksam an.

„Also dazu meinen Sie, daß die Frauen sich eignen," warf sie hin, um ihn ungestört betrachten zu können.

„Ja, natürlich nur die, die Frauen geblieben sind," bemerkte er. „Nicht die sogenannten emanzipierten Frauen, Studentinnen und Kämpferinnen für alle möglichen Rechte. Von denen brauchen wir lieber erst gar nicht zu reden, nicht wahr?"

„Ach nein, um Gottes willen lieber nicht!" fiel sie hastig und mit einem fast erschrockenen Gesicht ein, so daß

er lachen mußte. Er sah nur, daß sie dies Gesprächs=
thema meiden wollte.

„Ich bin wirklich froh, daß wir darin einig sind,"
sagte er voll Sympathie, „denn Sie müssen wissen, in
diesem Punkt bin ich geradezu ungerecht. Ich streite nicht
aus Prinzip gegen solche Frauen — aus irgend welchen
Theorien. Ich habe gar keine Theorien. Ueber derlei
Dinge habe ich wenig nachgedacht — mögen das die Philo=
sophen unter sich ausmachen, nicht wahr? — Aber es ist
mein ganz subjektiver Geschmack dawider — so wie es
Idiosynkrasien in Bezug auf Katzen oder Spinnen gibt.
Lieber noch die indolenteste, unbehilflichste Frau, als eine
solche, die ein Gehirnleben oder ein Berufsleben führt."

Als Anjuta wieder nichts weiter dazu entgegnete,
konnte er den Gedanken nicht unterdrücken: „Vielleicht ist
sie weniger intelligent als sie aussieht. Jedenfalls eine von
den stillen. Sie gibt ein Wohlgefühl durch ihre Nähe."

Inzwischen hatte sie ihren Teller zurückgeschoben
und sich erhoben. „Ich will nun in mein kleines Schloß
hinübergehen," sagte sie, „wo es wirklich ganz aller=
liebst ist. Ach, hätte ich doch schon früher den Weg in
die Berge gefunden — mein ältester Bruder wäre mit=
gekommen. Er würde sich hier immer erholt und aus=
geruht haben."

Er war aufgestanden und geleitete sie an den Rand
der Veranda.

„War er leidend?" fragte er teilnehmend und blickte
in ihr ganz ernst und blaß gewordenes Gesicht.

„Er war lange leidend, ehe er starb," entgegnete sie
leise und gab ihm die Hand, „gute Nacht! Ich finde
schon über die dunklen Wiesen."

„Gute Nacht!" rief er ihr nach, „die Wiesen sind
taunaß und hochhalmig! Ich kann sehen, daß der Tau
Sie durchnäßt und Ihr Rocksaum auf ihm nachschleift."

Sie blieb in der Wiese stehen und hob ihren Saum
hoch. Und dann eilte sie nach der hellblinkenden kleinen
Thüröffnung, in die Resi vorsorglich ein Licht gestellt
hatte. Innen im Wohnstübchen brannte eine Lampe auf
dem Tisch, und in ihrem Schein sah Anjuta die geschnitzte
Holzverkleidung der Wände mit all den Geweihen und
ausgestopften Vögeln, die dieselben ringsum schmückten.
Das Schlafgemach daneben war nicht viel mehr als ein
Alkoven. Aber prachtvoll schimmerte durch dessen einziges
breites Fenster das Schneegebirge herüber.

Anjuta packte ihren Handkoffer aus, warf den größten
Teil seines Inhaltes in die Schubfächer einer niedrigen
Kommode neben ihrem Bett und entkleidete sich. Dabei
bemerkte sie, daß ihr Rocksaum nur deshalb auf der
Wiese nachgeschleift war, weil er zerrissen niederhing.
Zu Hause besorgte die alte Natascha, die ehemals als
Wärterin bei ihren Eltern diente, ihr die Näharbeit.

Eine kleine Photographie des verstorbenen Bruders
hatte sie auf die Kommode gestellt. Jetzt griff sie noch
einmal nach dem schwarzen Lederrähmchen und betrachtete
es nachdenklich beim Schein der Kerze.

Ach, wenn er noch lebte, wie viel schöner wäre es
dann in der Welt für sie, dachte sie ein wenig traurig.
Von klein auf hatte sie ihn so sehr geliebt. Und als sie
nach dem Tode der Eltern ganz zu ihm zog, wie gut
vertrugen sie sich da stets miteinander! Ihn erfüllte
damals schon so ganz seine politisch-litterarische Wochenschrift — und er, er erfüllte die kleine Schwester. Damals

konnte sie ihm freilich nur in Geringfügigkeiten helfen,
bei Druckkorrekturen und Ausgängen. Aber gab sie nicht
schließlich voll Freude und Bereitwilligkeit ihre eigenen
Pläne auf, wendete sie sich nicht ab vom schon be=
gonnenen Studium der Naturwissenschaften, um nur für
ihn und mit ihm zu arbeiten? Mit welchem Ehrgeiz ließ
sie sich von ihm in alles einweihen, vertiefte sie ihre
Studien, schrieb sie in sein Blatt die trockensten Berichte
und Artikel. Ja, das war eine schöne Zeit gewesen.

Anjuta hatte die Photographie wieder auf ihren Platz
gestellt, ging zu Bett und löschte ihr Licht aus. Aber sie
konnte nicht einschlafen. Wenn sie doch nur einmal auf=
hören könnte, mit ihren Gedanken immer um diese Wochen=
schrift zu kreisen. Natürlich wurde das jetzt immer un=
möglicher, seitdem ihr Bruder tot war und sie mit seinem
Freund und Genossen, Sergei Wiranoff, als Mitredakteurin
fungierte. Seitdem hatte das Journal auch mehr als eine
weibliche Mitarbeiterin gewonnen und stand in Wechsel=
beziehung mit den Frauenbewegungen des Auslandes.

Während ihrer jetzigen Reise lernte Anjuta viele
solcher Frauen kennen; sie hatte ihre Vereine besucht und
Reden unter ihnen gehalten, die meist über das hinaus=
schossen, was die deutsche Frauenemanzipation sich gestattet.
Dabei fand sie aber, daß man gerade den deutschen Frauen
am ehesten jede kleinste ihrer Emanzipationen in ihrem
äußeren Gebaren ansah. Hätte sonst wohl auch der junge
Erwin von Stein mit solcher Ablehnung von ihnen ge=
sprochen? Er ahnte wohl gar nicht, wie äußerlich er
urteilte. Aber er war wohl auch einer von denen, die
da Angst haben, daß das Weib von heute ihnen über
den Kopf wächst — —.

Von Zeit zu Zeit richtete Anjuta sich auf und lauschte. Wie seltsam war es doch hier des Nachts! In der Wand= täfelung knarrte und huschte es unaufhörlich; zwischen der Holzwand und dem Mauerwerk mochten Wiesel oder Ratten hausen. Draußen sang der Wind ein leises Lied in den Bäumen, die Weinranken flüsterten miteinander, und ein schmaler, flacher Bach, der am kleinen Haus vorüberfloß, mischte sein dumpfes Murmeln dazu.

Man konnte sich recht gut fürchten, hier im Dunkeln allein zu liegen, wenn man nämlich eine von den zarten Prinzessinnen war, die Herr von Stein vorzog, weil sie sich besser andichten ließen, setzte Anjuta in Gedanken hinzu und lachte hinter ihrer Bettdecke. Aber ihr war dennoch nicht froh. Sie lauschte dem Winde und ihre müden abgearbeiteten Gedanken sehnten den Schlaf herbei, einen festen Kleinkinderschlaf, und am liebsten auch einen Traum: dann wollte sie träumen, wie sie beim Schreibtisch ihres Bruders so gern auf der Stuhllehne gehockt und wie er weiterzuschreiben vergessen, weil er ihr über das Haar streichelte —.

*　　*　　*

Am nächsten Nachmittag kam Anjuta von einem langen, wundervollen Spaziergang, als sie, eine halbe Stunde vor Schöneberg, dem Herrn von Stein begegnete. Von weitem schon erkannte sie ihn an seiner Tracht, die sie kleidsam fand: wenigstens stand seiner jünglingshaften Gestalt dieses olivenfarbene Lodenwams gut, das ein gleicher Gürtel über den Lenden schloß und das oben am Hals nur einen feinen weißen Kragenstreifen bloß ließ.

„Ich freue mich, daß ich Ihnen begegne," sagte er

und zog den Hut, „Sie haben sich also ganz allein schon
so weit hinausgewagt. Gefällt es Ihnen noch ebenso gut
wie gestern in den Bergen?"

„Stündlich mehr," versetzte sie, „ich bin schon seit
Stunden herumgestreift. Ich wollte Alpenrosen finden."

„Die Zeit der Alpenrosen ist mit dem Hochsommer
vorbei; hier oben ist jetzt überhaupt alles verblüht," be=
merkte er, „aber wenn Sie Herbstschmuck für Ihre Stuben
wollen, so gestatten Sie mir, Ihnen welchen zu bringen;
das ist Buschwerk und stachlicht zu pflücken."

„Gut, bringen Sie es mir," sagte sie freundlich, „ich
habe ohnedies mehr um mich und über mich geschaut, als
zu meinen Füßen. Bis ins Thal hinein sind die Berge
so weiß, so weiß! Der Schnee ist uns ganz nah, nicht
wahr?"

„Jetzt um diese Jahreszeit, ja. Jetzt kann er jeden
Augenblick auch uns selbst mit einem großen Flocken=
schneien überfallen, sobald ein paar Wolken die Sonne
für uns verfinstern. — Sie sind eigentlich viel zu leicht
gekleidet für unsre Berge," fügte er mit einem Blick auf
ihren Anzug hinzu.

Anjuta zuckte sorglos die Achseln.

„Ich bleibe ja gar nicht lange. Meine Freunde, mit
denen ich reise, können jeden Tag in München oder Wien
eintreffen und mir nach Innsbruck Nachricht geben, und
dann schließe ich mich ihnen an. In Innsbruck habe ich
mein Hauptgepäck liegen lassen, darunter auch eine lederne
Plaidtasche mit meinen warmen Sachen," sagte Anjuta
und setzte sich auf ein rasenbewachsenes Felsstück nieder,
von dem sich die schönste Aussicht bot, „ich möchte hier
ein wenig Rast machen und mich sattsehen."

Der junge Mann nannte ihr die einzelnen Ortschaften
und Gebirgszüge, die sich vor ihr ausbreiteten, und zwischen=
durch fing er an, ihr von diesem Lande zu erzählen, das
sie so schnell liebgewonnen hatte. Er schilderte ihr die
Schönheit der Berge und Thäler weit, weit ringsum,
zu Jahreszeiten, in denen jeder Fremdenverkehr fehlt und
sie in einsamer Herrlichkeit daliegen. Zu solchen Zeiten
hatte er oft Tirol und Kärnten und das Salzkammergut
durchstreift. Die Bauernhöfe, in denen er übernachtet, und
das Gebirgsleben ihrer Bewohner schilderte er ihr, und
den Glanz der schweigenden Bergseen, über die dann kein
Dampfboot fährt, sondern man sich mit kleinem Boot
hinüberrudern müsse, um weiterzugehen, und den sonder=
baren Zauber der Landschaft, wenn im ersten Frühling
die Obstblüte aufspringt oder spät im Jahr das letzte
Laub fällt.

Anjuta lauschte, ohne ihn ein einziges Mal zu unter=
brechen; sie fand, daß er eigenartig gut zu erzählen wisse,
mit einem warmen Stimmenklang, der den Dingen leise
beikam und ihnen mehr zu entnehmen schien als nur ihre
flachen Umrisse in Worten.

Als er schwieg, hob sie den Kopf und meinte: „Ich
weiß nicht, ob es Ihre Stimme ist oder das, was Sie
sagen, aber ich kann mir jetzt gut vorstellen, daß sich
Ihnen die Dinge zu Gedichten formen. Und auch, daß
es sehr glücklich machen muß, zu dichten."

„Kommt Ihnen das jetzt erst so vor? Haben Sie
es nicht immer empfunden, wenn Sie Dichtungen in sich
aufnahmen?" fragte er mit Erstaunen und schien einen
Zusatz, der sich ihm auf die Lippen drängte, zu unter=
drücken.

Anjuta schüttelte den Kopf.

„Ich habe mich mit Dichtungen wenig abgegeben. Ich weiß von Kunst und Dichtung weniger, als Sie wohl glauben," gestand sie mit dem Freimut der Menschen, die sich einer starken, einseitigen Bildung teilhaftig wissen, und fügte schnell hinzu: „Aber das ist ja ganz uninteressant. Lieber erzählen Sie mir noch mehr in dieser schönen Weise — noch viel."

Er ließ sich in geringer Entfernung von ihr nieder und sagte halblaut, während er seine stahlblauen Augen bittend auf sie heftete: „Wie Sie es wünschen. Aber ich habe die ganze Zeit geredet und Sie gar nicht. Sie haben etwas so Stilles an sich, daß man viel lieber schweigen möchte, um nicht einen Laut, der von Ihnen kommt, unversehens zu verlieren. Sagen Sie mir etwas, erzählen Sie mir, was es auch sei. Gestern abend fingen Sie ein wenig an."

„O wie schade, warum bringen Sie das Gespräch nur darauf!" bemerkte sie bedauernd, „wollen Sie hier, in dieser Gegend, von russischen Männern und russischen Zuständen hören —? Ich bin keine Deutsche, und es fällt mir schwer, mich in Ihrer Sprache über abstrakte Dinge zu unterhalten. Daher scheine ich Ihnen still. Weil ich nur das Einfachste und Gewöhnlichste bequem erzählen könnte."

„Thun Sie das. Ich möchte so gern wissen, was für Sie etwa das Einfachste und Gewöhnlichste wäre?" meinte er lächelnd, „was fällt Ihnen gerade jetzt zufällig ein? Machen Sie eine Geschichte für mich daraus."

Anjuta blickte in die Landschaft hinaus, die sich unter den Strahlen der tiefer sinkenden Sonne purpurn färbte und einen lichten Abglanz auf sie beide warf. Ihr war leicht und froh zu Mute, auch sie mußte lächeln.

„Was mir jetzt gerade einfällt? Mir fällt ein sonder= bares kleines Hüttchen ein, das ich als Kind bewohnte. Mein ‚Salettl‘ hier in Schöneberg bringt mich darauf. Es stand im Garten, nicht weit vom Gutshaus — meine Eltern waren Gutsbesitzer und besaßen außer mir noch vier Söhne, von denen die drei jüngeren längst im Innern von Rußland ansässig sind. Als meine Brüder größer wurden und das Haus immer voll von allerlei halb= wüchsigen Jungens steckte, da hatte mein Vater mir für meine Spiele und Beschäftigungen dies Hüttchen zimmern lassen. Da sah ich nun dem lauten Treiben unsrer Jungens nur von ferne zu, und jetzt wünsche ich oft, ich dürfte immer allem Treiben nur so zuschauen. — — Das kleine Häuschen lag hinter lauter hellen Birken= stämmen und war selbst ganz weißangestrichen, mit grob= gemalten Blumen um die Fensterpfosten — — aber ich verstehe Ihnen das nicht so zu schildern, daß es Ihnen einen lebhaften Begriff von meinem Häuschen und meinem Kinderglück geben könnte,“ ergänzte Anjuta und sah ihren Begleiter fast schüchtern an. Sie wußte selbst nicht, wie sie dazu kam, dies zu erzählen.

Der Blick, der den ihren traf, war so ernst und ergeben, daß sie noch verwirrter wurde und sich erhob, um heimzugehen.

Er hatte sie angeschaut, während sie sprach, und bei sich gedacht, diese kleine zierliche Gestalt mit dem Kopf voll blonder Locken gehöre ja auch gar nicht in die laute Welt, sondern in ein ganz leises Glück — in ein solches Glück, wie er es in seine Gedichte zu fassen versuchte.

Er sagte aber nichts und so legten sie den Heimweg einsilbig zurück. Anjuta schaute so ruhig vor sich hin, daß man meinen konnte, sie habe ihren Begleiter neben sich ganz vergessen. Aber doch dachte sie an ihn und hörte ihn sprechen, wie er vorhin zu ihr gesprochen. Und sie sah, als hätte er es ihr erschlossen, hinter die Felsmassen des Gebirges und hinaus in die unendliche Ferne, sie sah die weiten Thäler sich dehnen und die einsamen Seen in den grünen Schluchten träumen, und alles unbetreten, unangetastet wie das Paradies. Und in einer inneren Vision sah sie durch diese schweigende Landschaft zwei Menschen dahinschreiten, wie die Menschen des Paradieses, wie die zwei ersten Menschen — einen Mann und ein Weib. So fernab von allem Treiben und Jagen, von allem Müssen und Mühen, in seliger Zusammengehörigkeit mit sich selbst, allein mit sich selbst — ein Mann und sein Weib — —.

Die Berge, die so hoch waren, nahmen früh die Sonne gefangen. In Schöneberg sank schon die Dämmerung. Anjuta reichte ihrem schweigsamen Begleiter die Hand und ging in ihr Salettl.

Auf dem Tisch der kleinen Wohnstube warteten mehrere Briefe auf sie. Unwillkürlich seufzte sie auf; Zeitungen und Zeitschriften ließ sie sich von Innsbruck nicht nachsenden, aber mit Briefen konnte sie es nicht ebenso halten.

So zündete sie die Lampe an, schloß beide Fenster, um die Abendkälte im Zimmer etwas zu mildern, und dann las sie langsam ihre Briefe durch, einen nach dem andern. Der eine kam von Wiranoff, dem guten, der jetzt allein in Petersburg auf der Redaktion saß und ihre

Arbeit mit erledigte. Er schrieb traurig, aber das kam nicht von der Arbeit, sondern weil er ihre Gegenwart entbehrte, das mußte sie wohl. Es gab keinen treuern Freund als Wiranoff, auch das mußte sie. Einen Freund, der sie seit Jahren liebte und darauf wartete, daß sie ihn einmal erhören sollte. Sie hatten ja an der Wochen= schrift schon eine gemeinsame Sache, ein gemeinsames Kind: sie gehörten zusammen.

Wie er wohl frieren würde, wenn er hier bei ihr säße, dachte Anjuta und wickelte sich fester in ihr einziges Wolltuch. Wiranoff hatte eine Vorliebe dafür, seinen Paletot anzubehalten, selbst im Hause; manchmal hatte er vielleicht keinen Rock darunter angezogen — er war mehr als nachlässig. Man vergaß und verzieh das, wenn man sein begeistertes ehrliches Asketengesicht mit den mageren Backenknochen ansah.

Ihm mußte sie gleich antworten. Der zweite Brief eilte nicht, er war von Lubin, dem Redakteur des littera= rischen, ziemlich kümmerlichen Teiles der Wochenschrift; auch er befand sich diesen Herbst im Auslande, um neue Beziehungen anzuknüpfen, und sollte sich für die Heimreise mit Anjuta treffen. Aber er brannte offenbar schon jetzt darauf, ihr mündlich alles Neueste mitzuteilen, denn Lubin konnte nicht genug schwatzen. Uebrigens eignete er sich gut für seinen Reisezweck, er war eine Art von geselligem Talent.

Anjuta rückte Tintenfaß und Papier heran, stand wieder auf und begann im Zimmer hin und her zu gehen. Alle ihre Gedanken waren schon wieder im gewohnten Geleise; Wiranoffs journalistische Fragen und Berichte beschäftigten sie, die verschiedenen wohlbekannten Gesichter sah sie vor sich auftauchen, die tagsüber im großen, staubigen Redaktionssaal sie umgaben und abends im dahinter gelegenen Wohngemach sich um ihren Theetisch drängten. Zum erstenmal jedoch frappierte es sie, warum sie unter so vielen Männern sich niemals so recht in ihrem weiblichen Geschlecht gefühlt habe. Gar mancher unter ihnen hatte ihr geschmeichelt, andre umwarben sie, und alle diese hatten sie in einer guten, ernsten, ehrfürchtigen Weise geliebt, im besten Teil ihrer selbst, in alledem, worin sie selbst sich achten durfte. Aber dennoch fühlte sie sich nur unter Kameraden und hatte auch eine Heiratsmöglichkeit stets nur unter diesem Gesichtspunkt erwogen.

Plötzlich hielt Anjuta still, wie von ihren eigenen Schritten erschreckt, mit denen sie hart auftretend auf und ab lief. Sie ward sich bewußt, daß sie mit auf dem Rücken verschränkten Armen und tief gerunzelter Stirn umhergegangen war, wie ein grübelnder Feldherr.

Sie ergriff die Lampe und trat vor den ovalen Holzspiegel, der über dem Tisch hing. „Ich werde gewiß früh alt und runzlig werden," dachte sie unwillkürlich, „solche Berufsarbeit macht häßlich, und dann das viele Sitzen. Wenn meine kleine Gestalt nicht schlank bleibt, so ist sie hin. — — Es ist ja aber ein kleines und bescheidenes Opfer, ein bißchen Frauenschönheit für eine große und gute Sache dranzugeben," dachte sie weiter und fühlte eine feine schmerzende Traurigkeit.

Und dann setzte sie still die Lampe nieder und fing an zu schreiben. Doch blieb sie zerstreut, verschrieb sich einigemal und hielt endlich inne.

Wenn es so kalt blieb, was in aller Welt sollte sie

dann morgen anziehen? sie hatte noch eine weiße Flanell=
bluse mit russischer Stickerei auf den Achseln mit, die
schön war. Aber der Gürtel war nicht mehr schön, sondern
seit längerem durchgerieben. Wenn sie etwas Zeit daran
wandte, konnte sie aus einem Stück Flanell einen neuen
Gürtel nähen.

Anjuta stand auf und holte ihr Nähzeug herein. Da=
bei fiel ihr auch der zerrissene Rocksaum ein. Sollte sie nun,
anstatt ihren Brief zu schreiben, über diesen Dingen sitzen?
Wollte sie sich etwa zum erstenmal in ihrem Leben mit
vollem Bewußtsein für jemanden schmücken?

Nein, das wollte sie damit dennoch nicht thun. Nicht
sich schmücken. Sie schaute starr ins Licht und fühlte ein
Brennen in den Augen, wie wenn sie weinen wollten.

Nicht sich schmücken. Eher etwas verdecken — etwas
verhüllen. Und vielleicht am meisten gerade das, worauf
sie bisher am stolzesten war.

Und Anjuta saß und fror und nähte bis tief in die
Nacht.

*   *   *

Einige herumziehende Sänger und Zitherspieler, die
von einem Volksfest in Mieders kamen, rasteten am folgen=
den Mittag in Schöneberg. Als die Resi das Essen ins
Salettl herüberbrachte, erzählte sie Wunderdinge von ihnen
und suchte ihre russische Dame zu bereden, sich die Sache
einmal anzusehen. Aber Anjuta hatte keine Lust dazu;
draußen wehte ein starker Wind und der Himmel ver=
finsterte sich immer mehr, sie mußte den Tisch, an dem
sie heute gewissenhaft Briefe schrieb, ganz nahe ans Fenster
rücken, um etwas Tageslicht zu haben.

Noch war sie mit dem Schreiben nicht zu Ende ge=
kommen, als ein dunkler großer Schatten über ihre Papiere
fiel und sie vor dem Fensterrahmen Erwin von Steins
Lodenwams auftauchen sah. Er grüßte und hob erklärend
die Hand empor, in der er einen Strauß von großen
Farnen, roten Berberitzen, Hagebutten und Ebereschen trug.

Anjuta stand auf und öffnete ihm die Thür. „Das
ist ja freundlich von Ihnen!" sagte sie und nahm ihm
die frischen Herbstzweige und Farnblätter ab.

„Ich komme nicht nur deswegen," entgegnete er ein=
tretend und etwas befangen, „ich wollte Ihnen zugleich
mitteilen, daß ich noch heute abend oder auch morgen
ganz früh nach Innsbruck hinuntergehe, um Ihnen Ihre
lederne Plaidtasche mit Ihren warmen Sachen herauf=
zuholen."

„Aber das ist ja gar nicht nötig!" rief sie erfreut,
„auch könnte ich mir das alles schicken lassen, wenn es
sein muß. Denken Sie nur den langen, langen Weg
mit dem Wagen, der hier heraufführt."

Er schüttelte den Kopf.

„Es gibt einen viel kürzeren, den Sie nur nicht
kannten, als Sie herkamen. Kaum eine Viertelstunde weit
liegt unter uns die kleine Eisenbahnstation Patsch, von da
aus erreicht man Innsbruck aufs schnellste mit der Bahn.
Wer sollte Ihnen wohl herschicken, was im Bahnhofdepot
liegt? Und — — ich möchte so gern irgend etwas thun
dürfen, was Ihnen nützt oder dient."

Sie antwortete nicht gleich und hantierte mit den
Zweigen. Er sah sich inzwischen aufmerksam in der kleinen
holzgetäfelten Wohnstube um, als suche er etwas.

„Wie thöricht kann man doch sein," bemerkte er

nach kurzer Pause, „ich bin vor Ihrer Ankunft mehrere=
mal hier gewesen und habe das kleine Salettl durchs
Fenster betrachtet und mir vorgestellt, wie behaglich es
sich einrichten ließe. Und nun war mir, als müsse es
gerade so eingerichtet sein, nur weil Sie darin wohnen.
Das ist doch thöricht, nicht wahr? Dazu vergesse ich auch
noch ganz, daß Sie fast ohne Gepäck hier angekommen
sind."

Unwillkürlich ließ Anjuta ihrerseits einen Blick durch
das Gemach mit den vielen Geweihen, ausgestopften Vögeln
und Schnitzereien an der Wand gleiten, worin nichts ihre
Anwesenheit bekundete als der mit Papieren bedeckte Tisch
und ein Paar Handschuhe, die vergessen auf einem Stuhl
herumlagen. Es gab schon dies oder das in ihrem Koffer,
womit sie es ein wenig wohnlicher hätte machen können,
aber es hatte sie gar nicht danach verlangt.

„Vielleicht liegt es weniger am mangelnden Gepäck
als daran, daß ich kein besonderes Talent zum Einrichten
von Zimmern habe," sagte sie aufrichtig.

„Das glauben Sie selbst nicht!" meinte er, „wo
eine Frau wohnt, da schmiegen und fügen sich die Dinge
nach ihrem Wesen, als ob sie Leben erhielten, um die
Melodie ihres Wesens wiederzutönen. Ich würde Ihnen
das wohl beweisen können, ganz ohne Worte, durch einen
einfachen Hinweis, wenn ich Sie zu Hause, in Ihrem
Heim sehen dürfte. — — Ich werde es Ihnen aber
sogar jetzt gleich an einer geringeren Sache beweisen."

Anjuta hatte eine verstaubte grüngläserne Vase,
mit goldenen und roten Blumen darauf, aus der Ecke
der andern Fensterbank hervorgeholt und füllte sie mit
Wasser.

„Nun?" fragte sie neugierig, und dachte bei sich mit einem drückenden Gefühl: „wie gut, daß er mich nicht bei mir zu Hause sieht!"

Er war dicht zu ihr getreten und hob ein paar der lose durcheinander geworfenen Farne und Zweige vom Tisch.

„Nichts weiter!" sagte er lächelnd, „ich will nur zusehen, wie Sie das hier aneinanderfügen und ordnen, und welche Sie herauslassen und wo im Zimmer Sie sie verwenden. Manche davon brauchen nicht notwendig Wasser. — — Jeder aber wird von seinem Platz, von Ihrer Hand berührt, auch von Ihnen und Ihrem Wesen und Walten etwas verraten."

Anjuta errötete über das ganze Gesicht. Sie hatte sich nie mit Ordnen von Blumen abgegeben und den ganzen Strauß zusammengeballt ins Wasser stecken wollen.

„Warum legen Sie gerade mir alle diese Eigen= schaften unter, die manchen Frauen besonders zukommen mögen," äußerte sie verlegen, „Sie wissen ja nicht —"

„Weil Sie für mich der Inbegriff einer Frau — der Frau in ihrer feinsten Stille und Einfachheit sind," unter= brach er sie halblaut und leidenschaftlich.

Die Zweige zitterten in Anjutas Hand. Sie sah nur undeutlich die roten Berberitzen zwischen den grünen Farnen glühen, ihr Herz schlug weh und heftig, und ein sonderbares, angstvolles Gefühl kam über sie, als handle es sich nicht um solche geringfügige Handleistung, sondern als stehe sie da mit den Händen voll schwerer, duftender Rosen und verstehe nicht, sie zum Kranze für sich zu flechten.

Sie wußte nicht, wie schön diese scheue Beklommenheit

sie in den Augen deſſen erſcheinen ließ, der neben ihr am
Tiſche ſtand und ſie zaghaft anblickte. Sie wußte nicht,
daß ſie in dieſem Augenblick ſo jung und lieb ausſah, wie
ſie ja in Wirklichkeit noch war, trotz Berufsernſt und
Lebensarbeit — ein junges, errötendes Mädchen neben
einem jungen Mann.

Im Zimmer wurde es noch dunkler als vorher. Ein
Windſtoß ſauſte an den Fenſtern vorbei und gleichzeitig
fielen große, weiße Schneeflocken vor den Scheiben nieder
und löſten ſich noch im Fall in ſprühende Tropfen auf.

Vom Wirtshaus her erſcholl der Klang der Zither;
bald laut, bald leiſer trug der Wind verlorene Töne zu
den beiden hinüber in das ſtille Gemach.

Anjuta hatte die Zweige auf den Tiſch zurückfallen
laſſen und die Augen geſchloſſen wie vor einem Licht, in
das ſie nicht zu ſehen wagte. Sie fühlte nur noch, wie
zwei leiſe Hände ihr Antlitz ganz ſanft umfaßten und
emporhoben — — und dann — dann wollte ſie nichts
mehr wiſſen, nichts mehr empfinden, als nur, daß er ſie
küßte — daß er ſie wachküßte.

Schnee und Sturm trieben ihr Weſen ums Häuschen
den ganzen Abend und die ganze Nacht hindurch und Reſi
war überzeugt, daß ihre ruſſiſche Dame ſich diesmal doch
da draußen allein gefürchtet hatte, denn als ſie ihr das
zweite Frühſtück zutrug, ſtand das erſte noch unberührt
auf dem Tiſch neben der grünen Vaſe mit Berberitzen=
zweigen, und Anjuta ſelbſt war erſt im Begriff aufzu=
ſtehen.

Sie ſah blaß aus, aber das käme nicht von Sturm

und Furcht, sagte sie lächelnd zu Resi, und schaute voll
jubelndem Entzücken hinaus in die zart überschneite Land=
schaft, die im Glanz der vereinzelten, zaghaften Sonnen=
strahlen vor ihren Fenstern dalag. „Mein Paradies!“
dachte sie wieder, und nie noch in ihrem Leben schien ihr
eine so unendliche Schönheit über die Dinge ausgegossen
wie heute — als sei ein ganz neuer Lebensmorgen herein=
gebrochen für alle Dinge und als seien sie alle in ge=
heimem Bunde mit ihrer eigenen Stimmung. Was sie
ansah, schien ihr schön zu werden, und das geringste
Geschehen schmiegte sich ihr zu Füßen, wie im Paradiese
sich Pflanzen und Tiere voll Frieden um den Menschen
geschart und bei ihm geruht haben.

Die Sonne zerriß mit goldenen Pfeilen die letzten
Wolken und leuchtete hoch über den äußersten Bergspitzen
und dann wurde ihr Schein wieder bleicher und der erste
Nebel wob sich leise und silberblau um das ferne Gebirge.
Anjuta harrte und träumte immer noch vor ihrem Fenster,
denn jetzt war die Stunde schon ganz, ganz nah, wo in
der kleinen Eisenbahnstation Patsch der Zug einlaufen
mußte und sie nicht länger allein sein mußte. Allein konnte
sie nichts thun noch unternehmen, allein war ihr ganzes
Wesen nur ein lauschendes Erwarten und Aufnehmen. Es
kam ihr vor, als sei sie nicht mehr hier im fremden Salettl,
sondern zurückversetzt in das kleine Gartenhaus auf dem
elterlichen Gute und noch ein Kind, durch dessen Thür
das Leben erst eintreten soll — das junge, anfängliche,
unbeschwerte Leben, mit Liedern auf den Lippen und
Blumen im Haar.

War es denn nicht eigentlich so? Was hatte sie
denn seither erlebt, das tief an ihr Inneres gerührt hätte?

Es fiel ihr mit einem Lächeln ein, was sie jahrelang für ihren schwersten Kampf und für eine Art von Opfer gehalten hatte: daß sie damals ihrem selbstgewählten Studium der Naturwissenschaften entsagte, um ihrem Bruder zu helfen. Ein Studium für das andre — weiter doch nichts! War es nicht ganz gleichgültig, welches es schließlich wurde? Wie konnte sie sich nur einbilden, daß daran das geringste lag?

Nein, nichts lag daran, und nichts andres wurde daraus, als wieder nur Bücher, und Büchermenschen und Papiere und Gedanken über Papiere — —.

Die Spannung in Anjuta steigerte sich bis zum Schmerz. Die Schatten der Bäume vor dem Haus wurden länger, die Sonne stand tief in einem Ausschnitt der gegenüberliegenden Berge. Warum kam er noch immer nicht? Er mußte den Zug versäumt haben — aber warum that er das? Warum that er ihr das an?

Es konnte auch irgend etwas andres sein, Bekannte mochten ihn in Innsbruck zurückhalten, oder eine unvorhergesehene Besorgung. Jedenfalls kam er bald — was sollte ihm auch wohl zwischen Innsbruck und Patsch besonderes zustoßen?

Ihre Unruhe war thöricht, sie redete sie sich selber aus, aber der inneren Unruhe vermochte sie nicht länger zu gebieten, die nur allerlei äußere Auswege suchte. Nicht daß ihm etwas zustieß, fürchtete sie im Grunde, und nicht die Entfernung von Innsbruck bis hierher.

Nein, nur daß sie von ihm losgerissen werden könnte, auch wenn er jetzt gleich in die Stube träte — sie fürchtete die uneingestandene Entfernung zwischen ihm und ihr, von der er nichts wußte, von der er keine Ahnung besaß.

Ließ es sich denn ändern, daß sie war, die sie eben war? Eine jener Frauen, welche er mied und welche ihn drückten. Er liebte sie ganz naiv und treuherzig — weil sie keinen Kneifer trug und kein kurzes Haar, daher hatte er nicht den geringsten Verdacht. Sie träumte jetzt ein Märchen — ja, das war es: ein Märchen, als ob sie im Paradiese sei, aber aus dem Paradiese mußte die Er= kenntnis sie beide rasch vertreiben.

Eine unsinnige Angst befiel Anjuta. Die Stunden schlichen und brachten ihn nicht zurück. Sie starrte in den Abend hinaus und es kam ihr vor, als müßte sie sich auf die Kniee werfen und beten. Ja, als müßte sie beten wie um Loslösung und Errettung von einer Schuld, um ein Wunder, das sie zurückkehren ließe in die Tage ihrer ahnungslosen Kindheit und ersten Mädchenzeit. Sie wütete mit solchen angstvollen Wünschen an gegen ihr reines, tapferes und tüchtiges Leben — nur weil es sich selbständig und hart ausgewachsen hatte und sich nicht einfügen ließ in diesen blühenden Garten von Lyrik und Liebe.

Sie war am Stuhl niedergesunken und hatte ihr Gesicht in die Hände gedrückt. Jetzt erhob sie sich und erschrak fast über sich selbst. Ihr hätte nicht schwerer und beklommener zu Mute sein können, wenn sie wirklich wie eine Schuldige vor einem Richter stände. Vor dem ersten Mann, den sie liebte, schämte sie sich all dessen, was nicht des Weibes war, beinahe ebenso tief, wie ein Mädchen sich seiner verlorenen Reinheit schämt. Sie hätte einen Mantel um sich hüllen mögen, einen weißgoldenen Mantel, der sie ganz bedeckte und auf immer unkenntlich machte in ihrer ganzen Vergangenheit für den Mann ihrer Liebe und Sehnsucht.

Anjuta schlug ein Tuch um die Schultern und ging hinaus. Dort, unweit ihrer Thür, schlängelte sich der schmale weiße Kiespfad steil nach Patsch hinunter, den Erwin heute in aller Frühe, ein Stück von ihr begleitet, abwärts gegangen war. Heute nacht, mit dem letzten Zuge, mußte er ja kommen! Er würde sie doch nicht in ihrer Angst und Ungewißheit allein lassen.

Sie hielt es nicht länger aus und lief mehr als sie ging, den steilen Weg in die Tiefe. Ein paarmal strauchelte sie, das Buschwerk zu beiden Seiten hielt sie neckend am Kleide fest, und die Dämmerung um sie wurde dichter. Dann kamen Stufen, unebene, in Felsen und steinige Erde gehauene Stufen und endlich schimmerten ihr die Bahnlichter der Station entgegen.

Erhitzt und zitternd von ihrer Anstrengung kam Anjuta unten an. Sie wollte sich in eine dunkle Laube setzen, die am kleinen Stationsgebäude stand, als gerade ein Zug von Innsbruck her einfuhr. Vielleicht kam er aber auch gar nicht von Innsbruck, sie wußte es nicht mehr, sie stand nur still und blickte auf die sich rasch öffnenden Waggonthüren.

Und da that ihr Herz einen mächtigen Schlag und schien still zu stehen. Auf dem erleuchteten Bahndamm erkannte sie deutlich ihre lederne Plaidtasche. Von der Tasche irrte ihr Blick aufwärts und schon wollte sie voraus stürzen, da zögerte ihr Fuß. Der Mann, der die Tasche trug, war ganz in einen großen Mantel gehüllt, aber wenn das Erwin war, so müßte er sich seltsam verändert haben.

Es war nicht Erwin. Sie machte ihm einige Schritte

entgegen und starrte ihn mit weitgeöffneten Augen an wie
ein Gespenst.

„— Ludin!" schrie sie auf.

„Ach was, ist es die Möglichkeit! Sie sind hier,
Anjuta? Wieso denn? Da sehen Sie, ich bringe Ihnen
Ihre Sachen, Herr von Stein hat mir diesen Auftrag
gegeben," sagte der Russe.

„Herr von Stein —," murmelte sie geistesabwesend.

„Ja. Ich traf ihn mit Ihrer Tasche in der Hand
nämlich, gerade als ich vom Postamt Ihre Adresse geholt
hatte. Nun, da sprachen wir uns an, natürlich. Ich habe
ihn wirklich gern, den Herrn von Stein. Famoser Gesell=
schafter, was? Aber gehen wir jetzt hier zu Fuß hinauf?"

„Warten Sie ein wenig. Nicht gleich. Wir können
uns in diese Laube dort setzen, Ludin. Ich bin sehr
müde," sagte Anjuta mit Anstrengung und schritt langsam
auf die Laube zu. „Warum kam denn er — warum kam
Herr von Stein nicht mit?"

„Warum er nicht mitkam?" Ludin schob die schwere
Plaidtasche auf die Bank in der Laube hinauf, „ja, wie
soll ich denn das wissen? Was? Er schien gar keine Eile
zu haben. Die Sachen brachte ich Ihnen ja nun."

„Haben Sie einander denn länger gesprochen?" fragte
Anjuta leise, scheu.

„Ja, gewiß haben wir das. Eine Flasche Wein haben
wir zusammen ausgetrunken. Er war von Anfang an so
entgegenkommend, wirklich beinahe herzlich, der Herr von
Stein. So sind wohl die Leute hier zu Lande, was?
Ich war ihm aber auch ganz interessant, selbstredend.
Stellen Sie sich nur vor, was ich ihm alles erzählen
konnte, nicht wahr?"

„Was denn — erzählen?" fragte Anjuta noch leiser und in der dunkeln Laube schloß sie die Augen und drückte sich die Nägel in die eigenen Hände — „was haben Sie ihm denn nur erzählt, Ludin?"

„Nun, von unsrer Wochenschrift und von Wiranoff und von Ihnen — ja, ganz besonders von Ihnen, davon wollte er auch natürlich das meiste wissen. Und Sie können sich doch denken, wie ich Sie herausgestrichen habe, Anjuta! Unsre erste — unsre Redakteurin, hab' ich gesagt — und Artikel schreibt sie —. Aber sollen wir immer noch hier sitzen bleiben, wie? Könnten wir jetzt vielleicht gehn?"

Sie nickte leise und schwer, wie in tiefem Traum, vor sich hin.

„Jetzt können wir gehen," wiederholte sie apathisch.

*   *   *

Ein kleiner Handkarren mit Anjutas Gepäck stand neben dem Bahndamm von Patsch, und Resi, die ihn in aller Frühe selbst hinuntergefahren hatte, lud die paar Sachen ab und schüttelte ein übers andremal Anjuta treuherzig zum Abschied die Hand, ehe sie sich entschloß, wieder nach Schöneberg aufwärts zu wandern, wo ihre Wirtsfrau sie ungeduldig erwartete. Und was sie nur dem russischen Herrn sagen solle, meinte sie mit verhaltenem Lachen, wenn der aufwacht und die Dame ist über Nacht verschwunden, für die er gestern abend angereist ist —.

„Er schläft noch lang, Resi, und dann kommt er schon nach Innsbruck nach," entgegnete Anjuta und nickte ihr nochmals zu.

Ja, nachkommen würde er freilich gleich, voll Ver=
wunderung und neu angebohrter Redseligkeit — aber doch
wenigstens nicht gleich dabei sein. Nein, nur das nicht!
Nur gleich dabei sein sollte er nicht!

Die kleine Station lag in hellstrahlendem Morgen=
sonnenschein da, ein paar Hühner pickten neben der Laube
im kurzen, versengten Rasen. Anjuta ging ins Haus, be=
stellte sich ein Glas Wein, um in der Laube draußen
sitzen zu können, und setzte sich dann wartend, mit nieder=
hängenden, gefalteten Händen an den Holztisch hin. Ihr
Zug kam noch lange nicht, sie war nur vor Ludin so
früh geflohen. Und es blieb sicher auch ganz gleich, wo
sie war — es blieb sich alles gleich, bis sich in Innsbruck
ihr Schicksal entschied.

Oder war das doch nur eine letzte Täuschung? Hatte
es sich denn nicht schon entschieden? Gestern abend, bei
der Flasche Wein, die beide da unten im Hotel zusammen
ausgetrunken hatten —.

Sie konnte es nicht ertragen, sich in Erwins Em=
pfindungen dabei hineinzudenken. Ihr wurde dann, als
risse ihr jemand das Kleid vom Leibe und stelle sie irgend=
wo an den Pranger —. An einen Pranger errichtet von
Lob — das war der schlimmste Pranger.

Und dann mochte dem Zuhörenden die Scham in
die Wangen gestiegen sein — Scham darüber, daß er sich
so düpieren ließ: hatte sie doch stillschweigend seine An=
sichten gutgeheißen — und vielleicht hinter seinem Rücken
über ihn gelacht? Hatte sie ihn doch so gern von seinen
Phantasien und Träumen zu sich reden lassen — um viel=
leicht heimlich ihre eigene Ueberlegenheit ihn nicht so fühlen
zu lassen?

Anjuta stöhnte leise auf — das war fast unerträglich. Und es würde jetzt auch unerträglich sein, einander wieder-zufinden —. Oder gab es doch eine Brücke, ein Ver-stehen, ein Einswerden —? dachte sie in einer plötzlichen, stürmischen Hoffnung. Wenn sie wissen könnte, wie jetzt seine Grundstimmung war — ob sie zornig war oder traurig.

Ein anfahrender Zug weckte sie für einen Augenblick aus ihren Gedanken. Aber es war nicht der ihre, sie fuhr nach der entgegengesetzten Seite.

Da, als sie sich wieder gegen die Laubwand zurück-gelehnt, sah sie am kleinen Wege, der von Patsch aufwärts führte, keine fünf Schritt vor ihr, im Schatten der Bäume einen Mann lehnen.

Er war wohl eben erst angekommen. Aber sie hatte die wunderliche Empfindung, als müsse er schon lange da so stehen und am Baume lehnen — schon lange.

So gar keine Eile lag in seiner Haltung, er stand unschlüssig, müßig und stocherte mit dem Stock im Rasen.

Das war Erwin.

Er hatte ihr sein Gesicht halb zugekehrt, doch er-wartete er sie ja nicht hier zu finden und das Weinlaub der Laube schützte sie auch hinlänglich vor seinen Blicken.

Schweigend sah sie ihn an, und ihre Lippen bewegten sich leise.

Nein, zornig sah er nicht aus. Auch traurig nicht. Er sah mißmutig aus.

Mißmutig wie jemand, dem etwas Peinliches und Widerwärtiges bevorsteht, etwas, wozu er sich zwingen muß, und der nun dasteht und zaudert.

Jetzt löste er sich langsam vom Stamme des Baumes, an dem er gelehnt, zog seine Uhr, und schlenderte dann mit zögerndem Schritt eine kurze Strecke aufwärts, bis er hinter einer schroffen Biegung des Bergpfades verschwand.

Anjuta regte sich nicht. Sie saß noch immer ganz still mit gefalteten Händen und die Sonne schien blinkend durch die Weinranken zu ihr herein, und die Hühner scharrten und pickten auf dem Rasen neben der Laube.

Die fiebernde Unrast war jäh in ihr erloschen. Um ihren Mund grub sich ein feiner, hochmütiger Zug ein, der sie älter machte und alle ihre Gedanken richtete sie wie Soldaten auf, die sie wehrhaft umgeben sollten gegen den Ueberfall irgend einer erneuten plötzlichen Schwäche. Sie konnte geliebt sein um ihrer selbst willen und ohne sich darum zu bangen, ob sie auch alle Tugenden eines nichtssagenden kleinen Mädchens besaß. Sie wurde geliebt und ehrfürchtig auf Händen getragen, um höherer Tugenden willen!

Schon wollte sie aufstehen und auf den Bahndamm hinaustreten, wo schon näher und näher ihr Zug heranbrauste, der endlich kam, um sie von hier fort zu führen in eine ihrer würdigere Existenz, in eine Existenz der Arbeit und Tüchtigkeit und Kraft — ins Leben daheim.

Da traf sie unvermittelt ein heißer Sonnenstrahl durch eine Lücke im Weinlaub, das der Herbst leise gelichtet hatte, und der Strahl glitt mit zitterndem Licht über ihr Antlitz und über ihren Hals hin und küßte sie glühend — glühend in den Nacken —.

Nur wenige Passagiere entstiegen den Waggons. Ein
Tiroler Bauer mit seinem Buben, der einen schweren
grünen Rucksack über den Schultern trug, ging an der
Laube vorbei ins Stationsgebäude.

Anjuta merkte es nicht. Sie hatte das Tuch vom
Nacken gerissen und den Kopf tief gebückt — — —.

————

Ein Todesfall.

———

Esther stieg die teppichbelegte Haustreppe hinauf, wo gerade das Gas angezündet wurde, schloß im ersten Stock ihre Wohnungsthür auf und trat in den noch nicht erleuchteten Flur. Während sie ihren regenfeuchten Herbst= mantel ablegte, lauschte sie nach dem anstoßenden Kinder= zimmer. Dann erst öffnete sie leise und ging hinein.

Dort lagen die kleinen Zwillinge friedlich schlum= mernd, Wiege an Wiege; das kleine Mädchen hatte eine Faust vor den Mund geschoben, der Bub runzelte die Stirn und schaute im Schlaf voll Wichtigkeit drein. Am Fenster saß die alte Wärterin, die Esthers Pflegeeltern ihr aus der Provinz zugeschickt hatten, in ihrer netten weißen Kopfhaube da und strickte im Zwielicht.

Mit einem Lächeln um Mund und Augen, das den Anblick lang überdauerte, zog sich Esther geräuschlos in ein Gemach neben der Eßstube zurück, das nach vorn, auf eine der breitesten, lautesten Straßen der Hauptstadt hinausging. Die Fenstervorhänge waren zugezogen, eine hübsche alte Messinglampe brannte über einem runden Ecktisch, und im ruhigen Schein, den sie über die fein getönte, glanzlos graubraune Tapete ausstrahlen ließ, hob sich von der Mittelwand hell und weiß und über= raschend schön ein Marmorrelief in schlichter Holzum= rahmung ab, das zwei Arbeiter mit halb entblößten Ober=

körpern in voller Thätigkeit vor dem Schmiedefeuer dar=
stellte.

Esther setzte sich an den Tisch zur Lampe und fing
an zu nähen. Aber schon nach wenigen Minuten hörte
sie wieder auf; es war nichts Notwendiges, was sie da
nähte, und so gern hätte sie etwas Notwendiges gethan.

Sie dachte: gut war es doch eigentlich in den früheren
Zeiten gewesen, wo ein Hauswesen noch einem kleinen
Königreich glich, das jegliches noch aus sich selbst heraus
erzeugen und beschaffen mußte, und wo die Frau mit
ihren Mägden spann und webte und mit dem Gesinde in
groß angelegter Thätigkeit alles zu stande brachte, was
das Leben erfordert. Aber heutzutage und besonders in
solcher Großstadt! Hier hatte man auch alles gar zu vor=
schriftsmäßig bequem, und an jeder Straßenecke konnte
man haben, was man gerade wollte.

Unwillkürlich stand Esther auf und hob ihre beiden
Arme tiefatmend über sich, so daß sie plötzlich fast zu
hoch erschien für dieses kleine Gemach und in ihrer kraft=
vollen, müßigen Haltung voll von einer so edlen Plastik
der Linien, wie wenn sie hier einem unsichtbaren Künstler
zu einer jungen Juno Modell stünde.

Seitdem sie die Zwillinge nicht mehr trug und jetzt
auch fast nicht mehr säugte, kam es ihr vor, als ob sie
etwas Nutzbringendes thun müsse, — als ob eine lange,
köstliche Ferienzeit vorüber sei, in der sie nichts zu thun
brauchte, weil das allgewaltige, das wundergewaltige Leben
in ihr, mit ihr that, was ihm beliebte.

Das feine Lächeln in ihren dunkeln Augen vertiefte
sich, als schaute sie mit einem Lächeln tief in sich selbst
hinein. Bei den Zwillingen würde es ja nicht bleiben!

Sie würde einst ihre große, lichte Kinderstube — die allerschönste Stube des Hauses — mit lieben Kindern, mit Buben und Mädchen voll haben — —.

Unten klappte das Hausthor dröhnend ins Schloß, man hörte rasche, laute Schritte die Treppe zum ersten Stockwerk hinaufgehen. Esther ließ die Arme sinken und kam ihrem Manne in den Flur entgegen, wo er, noch ehe er die Thür hinter sich zuzog, ihr seinen vom Herbstreif nassen Bart auf Hand und Lippen drückte.

„Du kommst ganz zur rechten Zeit," bemerkte sie, sich heiter dagegen wehrend, „ich wußte eben einen Moment lang nicht, was ich mit mir selber anfangen sollte."

„Etwas, was mir leider kaum passieren kann," entgegnete er, „ich komme von den neuen Bauten wie gehetzt nach Hause; bin schon froh, wenn ich mich nicht gleich wieder zu rühren brauche. Uebrigens habe ich dir etwas mitgebracht, was dich außerordentlich interessieren wird," fügte er hinzu, in das kleine Gemach zur Hängelampe tretend, und zog einen Packen Zeitungsblätter aus seinem Rocke.

„Was ist es?" fragte sie und griff nach dem Packen.

„Du weißt, kürzlich sind in Paris in einer Separatausstellung junger Maler und Radierer Eberharts Reproduktionen von Werken seines Vaters und außerdem auch seine Radierung ‚Einsame Fahrt' ausgestellt gewesen?"

Esther entfaltete die Blätter mit verwandeltem, ernstem, bewegtem Gesicht.

„Ja, ich weiß! und hier steht etwas darüber?" fragte sie haftig, aber gleich darauf legte sie die Zeitungen wieder auf den Tisch zurück. „Nicht jetzt. Ich will es lieber später in Ruhe lesen, — später, wenn wir gegessen haben,“ bemerkte sie und steckte ihre Hand unter seinen Arm, „du mußt ja müde und hungrig sein. Es ist auch schon aufgetragen, — komm nur.“

„Ich warte auch gern, wenn dir daran liegt, es gleich zu lesen, Esther,“ sagte er liebenswürdig und folgte ihr ins Eßzimmer, „— es ist in der That interessant, — und es könnte Eberhart in seiner Einsamkeit und Kränklichkeit da unten an der Riviera ordentlich frischen Lebensmut geben, meine ich.“

Sie setzte sich, ohne gleich zu antworten, am Tisch ihm gegenüber und ihre Augen gingen über die Speisen hin, ob auch nichts fehle, und ihre Hände bedienten ihn in ruhiger, freundlicher Aufmerksamkeit. Aber ihre Ge= danken weilten noch bei dem begonnenen Gespräch, denn nach einer Pause sagte sie:

„Glaubst du nicht auch, Georg, jetzt wird er nicht mehr so an sich zweifeln dürfen. Er wird sich gestehen können: der Vater ist groß als Bildhauer, — aber auch ich kann Großes leisten, sobald ich nur ernstlich will, wenn auch nur als Radierer.“

„Warum nennst du das: wenn auch nur als Ra= dierer?“ fragte ihr Mann erstaunt. „Meinst du etwa, dein Pflegevater sei mehr als der Sohn, nur weil er Bildhauer ist?“

„Nein. Aber es ist ihm ja doch als das Höchste er= schienen, zu können, was der Vater konnte,“ erwiderte Esther, „er sollte ja auch Bildhauer werden und wollte es. Und was that er denn später als Radierer? Er radierte, was der Vater schuf, und half so, dessen Ruhm zu verbreiten. Das ist auch so natürlich. Du weißt nicht, wie das gewesen ist von allem Anfang an. Als du in

die Nähe unseres Landhauses kamst, wie die großen Fa=
briken da draußen gebaut wurden, das war ja schon um
die Zeit von Eberharts Erkrankung und Abreise."

„Ich habe immerhin auch früher schon deinen Pflege=
vater in seinem Atelier in der Stadt besucht," bemerkte
ihr Mann und schenkte sich sein Glas mit Rotwein voll,
„und gewisse Konflikte und Gegensätze liegen gleich für
jeden auf der Hand. Eberhart, mit allen seinen Zweifeln
und künstlerischen Irrungen, — soweit ich mir ihn vor=
stellen kann, — ist eben ein moderner Mensch. Dein
Pflegevater, bei all seiner wahrhaft großen Künstlergröße
— vielleicht nicht."

„O!" machte Esther langsam und lehnte sich in ihren
Stuhl zurück. „So kann man nicht über jemanden wie
Vater urteilen. So unendlich gut und verständnisvoll
war er für Eberhart, er war immer die verkörperte
Liebe für ihn. Und nie hielt er ihn oder zwang er
ihn; wie früh ließ er ihn schon fort reisen, sobald es
ihn fort trieb ruhelos, obgleich es sich damals schwer,
nur mit Opfern, ermöglichen ließ. Wie lange war Ebert
in Paris. Aber er gestand selbst ein, daß er auch dort
nicht schaffen konnte, daß er nur herumstand und: ‚an
der Laterne lehnte'. So zog es ihn wieder heimwärts
und daheim litt er, weil er so sehr bewundern mußte,
was er selbst nicht zu leisten vermochte."

Der Architekt stand auf und zündete sich seine Zi=
garre an.

„Armer, kranker Kerl!" sagte er. „Aber einer, in dem
es drin steckte, glaube ich. So mancher geht zu Grunde,
— aber das sind nicht immer die Schlechtesten. Alles in
allem: man muß höllisch dafür sorgen, daß man oben bleibt."

Er küßte Esther auf die Stirn und ging ins kleine
Wohngemach hinüber. Sie erhob sich, läutete dem Mäd=
chen und folgte ihm dann an den Tisch unter der Hänge=
lampe, auf dem noch die Zeitungen zerstreut lagen.

Esther entfaltete sie langsam, eine nach der anderen.
Als sie die Stelle gefunden hatte, die sie suchte, drückte
sie sich in die Ecke ihres Lehnstuhles, stützte die Stirn in
die Hand und las.

Und bald las sie nicht mehr, sondern schaute nur
noch, — schaute in die enggedruckten, kurzen, schwarzen
Spaltenzeilen hinein wie in eine weite dämmernde Fern=
sicht, in der Eberharts Gestalt wandelte und ihr winkte.

„Schmale dunkle Holzleisten umschließen ein selt=
sames Blatt," schrieb der Referent in seinem Kunstbericht,
„— eine kleine Radierung mit breitem Rand. Ganz im
Vordergrunde ein Stück Landes, nur eben ein Streifen,
eine schlichte Heimat in hellem Garten. Und an dieses
Gestade geschmiegt: das Meer. Seine Wellen haben sich
heran gewiegt und im Zurückbranden ziehen sie ein kleines
Fahrzeug mit wie im Uebermut, und der Wind, der see=
wärts will, hilft ihnen dabei; er bläst das Segel voll,
so daß der Nachen hinausschießt wie auf machtvollen
Flügeln. Der Mann im Nachen hat das Auge auch see=
wärts gewandt. Sein Wille ist wie der des Sturmes:
mit ganzer Kraft hinaus! Auf machtvollen Flügeln.
Aber seine Ruder ruhen. Ist nicht, wo er das Große
glaubt, vielleicht nur das Grenzenlose? Vielleicht! Viel=
leicht wird er im nächsten Augenblick den Kopf nach der
Heimat zurückwenden. Aber schon liegt sie klein und ent=
fernt da, und mit immer breiteren Händen drängt der
Sturmwind ihn weiter: es gibt keine Heimkehr. — Das

ift: Einsame Fahrt. Die Radierung darf erzählen,
und was diese erzählt, hört sich an wie ein Schicksal.
Das liegt in der Stimmung, welche durch die raffinierte
Feinheit der Technik in allen Nuancen zur Geltung kommt.
Man sieht die Gestalt des Mannes nur vom Rücken her,
aber welch ein Ausdruck in dieser Rückenlinie, — welch
ein Abschiednehmen in dieser Gestalt. Die Wellen unter
dem Nachen weniger bewegt als am Ufer, und weiterhin
immer lichter und stiller, und endlich wo sie fern — fern
den Himmelsrand streifen, sind sie ganz fein mit leiser,
trockener Nadel gezeichnet. Und dann — darüber hinaus
— versagt der Stichel ganz und gibt der blassen, schim=
mernden Unendlichkeit Raum."

Esther hob den Kopf und sah mit zerstreuten großen
Augen zu ihrem Manne hinüber. Er saß über eine
Zeitungsspalte Politik gebeugt und stieß, aufmerksam
lesend, von Zeit zu Zeit den Rauch aus seiner Zigarre.
Ohne es selbst zu wissen, beobachtete sie ihn minuten=
lang. Sie bemerkte, wie die Asche an der Zigarre lang
wurde, ohne daß er diese aus dem Munde nahm, und
wie endlich ein kleines graues Aschengekräusel auf seine
Weste niederstäubte, deren oberster Knopf offen stand.
Und während sie das alles wahrnahm, sah sie doch eigent=
lich nur Eberhart vor sich, — sah ihn in einsamem Nachen
verschlagen auf grenzenlosem Meer, — ja, einsam und
sturmverschlagen, sich selbst aber sah sie in bequemer Zu=
flucht untergebracht und geschützt.

Am Meer war sie mehr als einmal mit Ebert ge=
wesen. Das Landhaus nahe einer norddeutschen Stadt,
in dem die Pflegeeltern den größten Teil des Jahres zu=
brachten, lag nicht allzu weit vom Ostseestrande. Also

mit solchen Gefühlen und Stimmungen, Sehnsuchten und
Bitternissen mochte Eberhart damals am Ufer gestanden
haben, dem Sturm zugehört und dem schrillen Schrei der
Möwen und den schimmernden Dunst der Ferne auf sich
haben wirken lassen. Daran hatte sie nie gedacht. Wenn
sie mit ihm am Meer war, dann hatte sie sich wider=
standslos einwiegen lassen vom Rhythmus der Wellen, von
diesem urewigen Aufundnieder, das, gleich Atemzügen
des Erdballs selbst, die gewaltige Wogenbrust hob und
senkte. In ihrer Phantasie schaukelte kein losgerissener
Kahn, entführte kein brausender Sturm in lockende
Fremde, verwirrte sie kein Schillern und Blenden wech=
selnder Wellen. Alles schien sich aufzulösen in den rhyth=
mischen Gesang des unendlichen Ganzen, — Wiegenlied
und Hymne zugleich —.

Als es Zeit war, schlafen zu gehen, stand Esthers
Mann auf, gähnte nachdrücklich und legte seine Zigarre
beiseite. Er wußte genau, wie viel die Uhr zeigte, ohne
hinzusehen. Und er hatte ein gutes Recht darauf, früh
müde zu sein, denn früh mußte er wieder heraus und
ein jeder seiner Tage glitt rasch und anstrengend hin und
kannte fürs erste auch kein Ziel außer neuen Anstrengungen
und neu zu erklimmenden Sprossen.

Esther war leise hinaus gegangen, um in seinem
Zimmer das Fenster zu schließen; seitdem die unruhigen
Zwillinge da waren, schlief sie mit den Kindern allein.
Wie sie nach einer Weile zurückkehrte, nahm ihr Mann
sie in seine Arme und sagte lächelnd:

„Du bist noch immer wie ein Stück von ihnen dort
— von deinen Pflegeeltern und dem ganzen Haus, —
ein lebendiges Stück, das alles und jedes an seinem

eigenen Fleisch und Blut fühlt. Du bist eine treue Seele, Esther. Ich glaube, eine solche kleine Judenwaise — das wird ein eingeboreneres Familienmitglied als die Glieder der Familie selbst."

Sie schlang ihre Arme um seinen Hals und drückte den Kopf mit den schweren, dunklen Flechten gegen seine Schulter.

„Du hast ja nur geraucht und gelesen!" sagte sie verlegen, „du wünschtest wirklich gar nicht, dich zu unterhalten."

„Ich wünschte dich nicht zu stören!" entgegnete er mit gedämpfter Stimme, und er küßte sie.

* * *

Mitten in der Nacht wachte Esther auf. Irgend ein Traum, auf den sie sich gleichwohl nicht besann, weckte sie durch seine Wucht. Es war nicht ganz dunkel im Zimmer, der Kinder wegen brannte eine kleine verhüllte Nachtlampe. Aber ihr bleicher Schein schien das ganze Gemach nur mit lauter einzelnen gespenstischen Schatten zu füllen, mit ganz erstaunlich vielen Schatten, als habe er die vollkommene Finsternis nur in lauter Teile geteilt wie eine schwarze dicke Masse.

Esther legte sich auf den Rücken und schloß die Augen, doch konnte sie nicht wieder einschlafen. Ihre Gedanken fingen zu arbeiten an; sie dachte an die Radierung, an die alten Pflegeeltern, an die Liebe, die groß und zärtlich und sorgenvoll am erkrankten einzigen Sohn hing. Und er selbst erhob sich so deutlich vor ihren Gedanken; wie ein schmaler Schatten löste er sich aus der dunklen Ecke neben ihrem Lager los.

Schmal war er, ja wahrhaftig schmächtig genug mit
seinen feinen Gliedern und seinem feinen Gesicht. Der
Vater meinte von ihm, daß er einer feinen Federzeichnung
gleiche. Seine Haltung fiel leicht ein wenig steif aus,
wenn er nicht müde in sich selbst zusammensank, und es
gab irgend eine Stellung, in der er etwas von einem
alten Herrn an sich hatte. Mitunter lachte er selber
darüber.

Er mied auch körperliche Anstrengungen, als ob er
wirklich ein alter Herr sei, und Esther entsann sich, wie
ungern er weite Wege machte oder Pakete in der Hand
trug. Eines Tages traf er sie vor dem elterlichen Garten,
als sie, mit guten Gaben beladen, eilends zu den Armen
des nächsten Dorfes hinüber wollte. Da rief er sie an:

„Bleibe so stehen! Bleibe doch nur, bitte, so schwer
beladen stehen! Du bist schön wie ein Bild, wie du so
dastehst, — so groß und so stark und so gut, — und mit
so frohem Gesicht über alle deine schweren Schätze. —
Bist du eigentlich wirklich so gut? Bist du eine heilige
Elisabeth oder dergleichen?“

Sie schüttelte den Kopf über seine Begeisterung, die
sie stillstehen hieß, anstatt ihr etwas abzunehmen, und
entgegnete ihm dann offenherzig:

„Ich will dir ein Geheimnis anvertrauen, Ebert.
Aber lache mich nicht aus, hörst du? Ich habe die armen
Leute nur lieb gewonnen, weil dein Vater sie zum Gegenstande seiner Kunst macht. Ich habe steinerne und bron-
zene Arme lieb gewonnen, ehe ich die lebendigen Armen
kannte. Begreifst du das? Von seiner Kunst verstehe
ich ja gewiß nicht viel, — oder von Kunst überhaupt.
Aber so viel verstehe ich doch, daß die mageren, oft trau-

rigen Gesichter ihn mehr anziehen als die allerschönsten, und daß ich ihm am nächsten bin unter denen, die darben und leiden und hart arbeiten."

Dabei gingen sie nebeneinander zwischen den Sommerfeldern hin, über denen die Lerchen jubilierten. Eberharts hagere nervöse Hand strich über die zitternden Aehren. Nach einer kurzen Pause sagte er mit seiner wohlthuenden, ein wenig umflorten Stimme, die sich nie sehr laut erhob:

„Du irrst dich über Vaters Kunst. Die entspringt gar keiner Weichherzigkeit und will auch gar nichts predigen mit ihrer Armeleute-Auswahl, — dazu ist sie viel zu hoch und rein und tendenzlos gemeint. Vater findet einfach im arbeitenden und oft auch darbenden Volk Gebärden und Körperlinien, deren Schönheit lauter zu ihm spricht als die konventionellen oder verhüllten oder verkümmerten Körperformen unserer Stände. Das ist eine Sache des Geschmacks. Wenn aber seine Werke schon etwas predigen müßten, so wäre es nicht von einem mitleiderregenden Mangel, sondern von einem unsere Schaulust weckenden Besitz des Volkes."

„Aber all das Trübe und Elende?" fragte Esther. „Ich kenne es, seitdem ich sie besuche. Und auch er muß sie ja aufsuchen."

Eberhart versetzte zögernd:

„Ja, er gibt ihnen in seinen Werken eben mehr Schönheit, als sie haben. Er sieht mehr, als vorhanden ist. So sind Vaters Augen. Mit solchen Augen sieht man stets, was man sehen will, was einem dienlich ist. Ich besitze keine solchen, leider. Mich würde es daher als Künstler umbringen, mich mit ihnen zu befassen."

Eine Zeitlang gingen sie schweigend weiter. Dann fragte Esther naiv:

„Möchtest du dir lieber unter uns glücklichen Menschen Modelle suchen?"

„Unter uns glücklichen Menschen?" wiederholte er staunend und blieb vor lauter Erstaunen stehen. „Nein! ich würde wohl immer nur Arme finden. Aber es gibt auch ganz andere Arme, von anderen Qualen gequält und von anderen Fiebern verzehrt, — Arme, in denen alles gärt und nagt, was unsere Zeit in ihren modernen Menschenseelen hervorbringen will und noch nicht weiß, wie. Und auch von diesen Armen kann man sagen, daß sie die wahren Arbeitenden und dennoch ewig Unbelohnten sind, die für die Satten, Zufriedenen, Besitzenden rast= los voraus arbeiten, während diese sich auf dem Erwor= benen und Ererbten ausruhen dürfen."

Esther entsann sich so deutlich des Gesprächs, deut= lich bis auf das leise Vibrieren seiner Stimme bei den letzten Worten. Aber so aufmerksam sie auch zugehört hatte, wußte sie ihm doch nichts zu entgegnen. Sie konnte sich nicht vorstellen, wie man alles dieses, was er da sagte, in Stein sollte hauen können. So schwieg sie wieder.

Eberhart köpfte mit seinem Stock eine langstengelige Mohnblume, die sich weit aus dem Feldrain über den Weg beugte, und bemerkte in gereiztem Ton, in den er so oft verfiel:

„Du siehst: meine Kunst könnte niemals so deutlich zu dir reden wie Vater seine. Und selbst wenn du in diesem einzelnen Fall seine Kunst mißverstanden hast, — gleichviel, so wirkt sie doch auf dich, und also lebst du mit ihr und in ihr. In meiner Kunst würdest du nicht leben. — Uebrigens existiert sie ja gar nicht.“

Damit ließ er sie am Eingang des Dorfes allein weitergehen, denn in die Hütten und zu Kranken hinein= zugehen, vermochte er nicht über sich. So lehnte er denn wartend an einer hohen Espe und schaute mit etwas zu= sammengekniffenen Augen angestrengt in die Höhe, wo irgend ein Vogel über ihm kreiste. Esther aber entfernte sich ruhig, froh, ein wenig ungeduldig die reichen Spen= den zu verteilen, die sie im Arm trug.

Doch jetzt, heute abend, da sprach ja doch seine Kunst zu ihr, redete zu ihr aus einer fremden Schilderung seines Bildes. Seine Kunst hatte plötzlich für sie einen beredten Mund bekommen, und Esther kam es vor, als müsse sie jetzt an ihren Lippen hängen, als habe sie gar keine Zeit zum Schlafen. Eberhart hatte ihr noch so viel zu sagen! Wenn sie jetzt bei ihm sein könnte! Sie hatte ihn da= mals nicht verstanden, — hierin nicht und vielleicht in vielem nicht. Wäre sonst sein Leben eine „Einsame Fahrt“ geworden? Und doch waren sie miteinander auf= gewachsen, von Esthers achtem Jahr an. Und hatte sie nicht auch an ihm gehangen mit der ganzen Kraft ihrer Seele? Aber ihr war, als habe sie nur den Vater immer ganz verstehen können. So hoch er auch über ihr stand, besaßen sie doch eine verwandte Sprache.

Wenn der Vater am Meeresufer saß, dann lauschte er wohl auch auf den großen Rhythmus der großen Wogen und nicht auf das Locken der Ferne, dachte Esther noch, und dann schlief sie zu einem unruhvollen Schlummer ein.

Schon in aller Frühe wurde sie durch das Kinder= gezwitscher aus den beiden Wiegen zu Seiten ihres Bettes

geweckt, und trotz der schlechten Nacht erwachte sie frisch
und kräftig, in immer dem gleichen wohligen Glücksgefühl
über die lallenden Laute, die mit Morgengrauen als die
allererſten Laute des Tages ihr Ohr zu treffen pflegten.
Ihre nächtliche Unruhe kam ihr gar nicht mehr in die
Erinnerung; den ganzen Vormittag war sie immer so
vollauf in Anspruch genommen, daß ihre Gedanken nicht
einmal Zeit gefunden hätten, über diesen warmen Thätig=
keitskreis der weiblichen und mütterlichen Fürsorge über=
haupt hinaus zu greifen. Aber heute ging ihr alles haſtiger
als sonst von der Hand, als ob sie über ihren stillen,
sorgenden Beschäftigungen leicht etwas Wichtigeres ver=
säumen könnte. Nachdem ihr Mann fortgegangen war
und die Zwillinge gebadet hatten, wollte sie sich mit einer
Arbeit zu ihnen in die Kinderstube setzen, — da ertönte
scharf die elektrische Klingel im Flur.

Es war der Telegraphenbote. Er brachte ein Tele=
gramm an sie von den Pflegeeltern. Er brachte eine
Nachricht, die sie dort selbſt wohl erst soeben erhalten
haben mochten.

Eberhart war tot.

An einem Blutsturz gestorben. Gestern abend, als
sie bei der Lampe saß und von seiner Radierung in der
Zeitung las und sich zu ihm hin sehnte, — da war er
schon tot — —.

Esther ging mechanisch zu ihren Kleinen hinein, sie
hob das kleine Mädchen auf den Schoß und streichelte es
geistesabwesend. Der Bube schrie ungeduldig; da griff
sie in seine Wiege und schüttelte den grell bemalten
Hampelmann vor dem Kinde, das nach Ebert genannt
worden war.

Ebert war tot. Gestorben im Moment, wo er ihr plötzlich deutlich zu werden anfing, gerade, als ob er ihr noch etwas sagen müßte. Ein ungeheuer angstvolles Gefühl von Verlust und Versäumnis schlug lähmend über ihr zusammen; eine sonderbare spitze Angst saß ihr am Herzen, — keine Trauer.

Sie bekam heftiges Herzklopfen und dachte noch wie in halber Betäubung, daß sie infolgedessen die Kleinen nicht wie sonst gegen Mittag nähren dürfe.

Und dann: daß sie nach Hause schreiben müsse. Nach Hause, wo Schmerz und Verzweiflung herrschten, und grenzenloses, untröstliches Weh um den einzigen, über alles geliebten Sohn.

Sie konnte sich die Mutter vorstellen in diesem Schmerz, — den Vater nicht. Sie konnte sich nicht denken, wie er ohnmächtig und willenlos sich vom Schicksal schlagen ließ.

Da ließ sie den Hampelmann fallen und drückte ihr Gesicht in die dünnen blonden Härchen ihres kleinen Mädchens und weinte lange und schwer.

Sie vergrub sich förmlich in ihr Mitleid mit den alten Eltern, um ihrem eigenen Leid nicht in die Seele zu schauen. Sie beweinte ja an ihm auch den Bruder. — Nur den Bruder? — Hatten sie sich nicht auch geliebt?

Nein, daran hatte sie nie wirklich glauben können, sie bestritt es gegen sich selbst, sie hatte es vor sich selbst geleugnet und zu vergessen gesucht. Wie konnte sie auch daran glauben? Ebenso unendlich selten wie sie Eberhart stark und hoffnungssicher und lebensfroh gesehen, ebenso selten sah sie etwas davon, — daß er sie liebe.

Aber jetzt überkam es sie, jetzt, wo er nicht mehr

lebte, überfielen sie alle jene seltenen, lebensvollsten Mo=
mente, als sträube ihre Phantasie sich damit gegen seinen
Tod und nähre und beseele ihn mit allem Lebendigsten,
das sie kannte, wie wenn er sich damit ins Dasein zurück=
retten ließe.

Er hatte ihr doch einmal strahlend und lachend in
die Augen geblickt und ihr die Hände geküßt und von
seiner herrlichen Künstlerzukunft zu ihr gesprochen. Sie
saß am Fenster und nähte. Aber über seinen Worten
war die Näherei zu Boden geglitten, und ganz entzückt saß
sie da und lauschte diesem beredten Strom des Lebens, der
plötzlich einmal von ihm ausging, bis sie tiefatmend sagte:

„O, Ebert, wie herrlich muß es sein, schaffen zu
können! Und wie viel wirst du gewiß noch schaffen und
wie Großes!“

Da beugte er sich von der Fensterbrüstung, an der
er lehnte, zu ihr herab, ganz nah zu ihr, so daß sie
seinen Mund dicht über sich sah, — diesen schwungvoll
modellierten, bartlosen, zarten Mund, den sie so liebte.

„Weißt du, was dazu gehören würde, Esther?“ fragte
er viel leiser, „weißt du, was ich dazu haben müßte?
Ich müßte einen Menschen so ganz besiegen können, daß
er voll Enthusiasmus an mich glaubt und zu meinen
Werken aufschaut, als seien sie schon geschaffen. Siehst
du, daraus würde ich Selbstvertrauen schöpfen! Doch
wenigstens e i n m a l gesiegt haben, mich einmal als Herr
und Meister fühlen! Du weißt nicht, wie klein und matt
es macht, immer nur zu bewundern und zu verehren!“

Das Letzte fügte er kaum vernehmbar hinzu. Esther
regte sich nicht. Seine Hände umklammerten fester die
ihren, seine Blicke tauchten tiefer in die ihren. Ein

schwacher Herbstregen schlug an das Fenster und verfinsterte das Gemach.

„Mache mich zu d e i n e m Herrn und Meister, — ü b e r d i ch — dann werd' ich es auch in der Kunst!" murmelte Eberhart. „Sprich mir nach: mein Herr und Meister."

„Mein Herr und Meister!" sagte Esther hingerissen.

„Liebe, liebe Esther. Liebe — Esther! Jetzt hast du einen Zauberspruch gesagt, weißt du das auch? Wie sollte der nicht stark und groß und siegreich auftreten, dem du dich beugen und geben willst?" — — —

Seine Stimme klang voll Glück.

Damals wähnte sie sich von ihm geliebt. Damals streckte sie sich demütig und verlangend dieser Liebe entgegen. Warum war es bei dieser einzigen seligen Stunde geblieben? Warum konnte er sie nicht festhalten?

Eberhart verbrachte die nächste Zeit in der Stadt, beim Vater im Atelier; der Vater erzählte, er arbeite so angestrengt, daß er keine Ruhe habe, heimzufahren. Als er dann aber kam, sah er ebenso müde und unruhig aus wie früher.

Esther erwartete ihn am Gitter. Und dann gingen sie schweigend, Hand in Hand, tiefer in den herbstlichen Garten hinein, auf dessen Kieswege das bunte Laub sanft und leise, wie im Traum, niederfiel, ohne daß es ein Windhauch gestreift.

Und plötzlich fuhr er auf:

„Es ist wahnsinnig, so zu leben! Ich möchte tausendmal lieber tot sein. Lieber tot sein als ein Stümper!"

„Du bist kein Stümper!" sagte sie traurig. „Du wirst schon noch leisten können, was dir vorschwebt. Denke doch nur daran, was du gestern gesprochen."

„Gesprochen!" wiederholte er und lachte nervös. „Ja=
wohl: Worte gemacht. Handelt es sich um Worte?"

Und vor der alten Gartenbank, die unter breiten,
rostbraun gefärbten Kastanien stand, setzte er sich nieder
und zog Esther neben sich.

„Alles das war Unsinn, Esther, alles das war nur
Sehnsucht. Ohnmächtige Sehnsucht, weißt du? Ach, ich
bin so müde! Ich kann nicht so hinleben neben dem
Vater, ich tauge nicht einmal dazu. Nicht einmal zum
Handlanger. Zu nichts!"

Sie wollte etwas erwidern, ihn trösten, aber da
fühlte sie seinen Kopf niedergebeugt auf ihren Hals und
am Halse fühlte sie seine Thränen. Tief erschüttert schwieg
sie still. So hatte sie Eberhart nie gesehen, so hatte er
sein Innerstes niemandem gezeigt. Er weinte lautlos,
sein ganzer Oberkörper zitterte dabei, und sie regte sich
nicht; es war das erste Mal, daß sie einen Mann
weinen sah, und fast erstaunte es sie, daß es ganz ebenso
sein sollte, wie auch Frauen weinen. Ein grenzenloses
Mitleid mit ihm überkam sie.

So saßen sie lange aneinander geschmiegt, und er
klagte leise und sie tröstete leise, so gut sie es verstand.
Und es kam ihr auch vor, als ob er ruhiger würde und
sich gerne zureden ließ. Als es anfing feucht und kühl
zu werden, strich sie ihm zärtlich über das Haar, wie
einem großen lieben Kinde, und mahnte zum Aufbruch.

„Du kannst dir schaden, wenn du länger bleibst,"
sagte sie und erhob sich von der Bank, „und im Hause
suchen sie uns gewiß schon."

Eberhart fuhr sich mit der Hand über die Stirn
und sah mit seinen noch geröteten Augen verwundert auf,

als besänne er sich erst jetzt wieder auf die Gegenwart.
Und mit einemmale sah sie deutlich, wie etwas Gereiztes
in seinen Blick trat, beinahe etwas Feindseliges. Und
dabei fixierte er sie doch, sein Auge glitt langsam über
ihre Gestalt und ihr Gesicht hin, ablehnend, kalt und
mit so fremdem Ausdruck, daß Esther dunkel errötete.

„Was ist dir nur?" fragte sie bestürzt, „ist etwas
geschehen?"

„Geschehen? Nein, wieso?" entgegnete er verlegen
und zornig, „wieso geschehen? Weil ich dich anblicke?
Du bist wunderschön, Esther, für unsere Künstleraugen,
— untadelig schön. Daher blickte ich dich an. Darf ich
nicht? Also dann verzeih."

Damit ließ er sie stehen und ging ins Haus.

Was hatte sie gethan? wodurch ihn verloren? oder
vielleicht ihn gar nicht besessen? Begreifen konnte sie
diese Wandlung niemals, aber eine Ahnung ging ihr
schon damals dunkel durchs Herz, als sie am Abend des=
selben Tages in das Wohnzimmer gehen mußte und Eber=
hart dort auf einem Schemelchen bei seiner Mutter kauern
sah. Die beiden sprachen gar nichts miteinander, — die
Mutter war eine liebe, einfache Frau, der wohl nur seine
frühesten Kinderjahre wahrhaft gehört hatten und die im
Hause allzu bescheiden hinter den anderen zurücktrat. Sein
Kopf lag auf ihrem Schoß und ihre welke Hand auf
seinem Kopf.

Wie er Esther kommen hörte, schnellte er empor,
trat ans Fenster und rückte seinen Anzug zurecht. Er
war errötet.

Es entsetzte ihn also, sich hier so von ihr finden zu
lassen. Haßte er sie denn? —

Oder haßte er vielleicht sich selbst, weil er sich vor=
hin bei ihr ausgeweint hatte, — bei ihr, der gegenüber
er so gern der starke, siegende Mann, der starke, siegende
Künstler sein wollte, — der „Herr und Meister"?

So oft sie fortan seinem Blick begegnete, war es
immer der gereizte oder feindselig ablehnende Blick, der
sie traf, und nie mehr kamen sie sich warm und herzlich
nah. Erst als Eberhart nach dem Süden geschickt wurde,
begann er in seinen Briefen nach der ehemaligen Esther
zu suchen und zu rufen, die ihm von klein auf Gespielin
und Freundin gewesen war. Niemals erinnerte er sie
mehr an jene beiden sonderbaren Tage. Aber er schrieb
doch so, wie man einem sehr teuren Menschen schreibt,
dem man abgerissene Blätter und Worte, Tagebuchnotizen,
Banales und Tiefgehendes wahllos durcheinander senden
kann. Sogar Erörterungen künstlerisch=technischer Natur
kamen vor, von denen Esther nichts verstand. Sie hörte
mit feinem Ohr diesen einsamen, sehnsüchtigen Ton aus
allem heraus, antwortete einfach und schwesterlich und
betrachtete sich mehr als die Verwalterin wie als die
Besitzerin der empfangenen Blätter. Mit ihrer Verlobung
wurde auch dieser Briefwechsel flüchtiger, dann schlief er ein.

Nun hatte Ebert also niemanden gewußt, zu dem
er noch reden konnte. Er war ganz vereinsamt.

Und endlich starb er.

Nun brauchte er keinen mehr.

Aber Esther fühlte sich wie eine Schuldige an seiner
Vereinsamung. Mit nie da gewesener Gewalt, gebiete=
risch drängte sich die Erinnerung an Eberhart — jetzt,
wo er tot war — in ihr Leben, in ihr geheimstes Leben.

Esther erhob sich; sanft nahm sie das kleine, in ihren

Armen eingeschlummerte Mädchen auf und bettete es in
die Wiege. Die alte Wärterin kam herein und machte
sich fürsorglich mit dem anderen Baby zu schaffen; während ihr Kopf in der großen weißen Haube sich über das
Kind beugte, schaute sie ein paarmal mit klugen fragenden Augen zur jungen Frau auf. Aber Esther bemerkte
es nicht; sie stand in Gedanken verloren am breiten Fenster
und starrte auf die helle, laute Straße hinaus, in der
im lärmvollsten Mittagsverkehr die Menschen sich drängten
und die Fuhrwerke durcheinander rasselten.

Sie nahm nichts Einzelnes wahr, nur die kalte ge-
schäftsmäßige Hast des gesamten Bildes, die alles Einzelne
verschlang und in den allgemeinen Trubel einordnete. Da
bemerkte sie einen braunen, verwahrlosten Pudel, der herren-
los zwischen den Droschken und Pferdebahnen umherlief
und verschiedene Passanten prüfend anschnupperte. Sein
verwirrtes Lockenfell hing ihm ungeschoren tief über die
Augen, so daß er immer erst mühsam den Kopf hoch-
heben mußte, um deutlich etwas zu erkennen. Manche
stießen ihn mit einem Fußtritt beiseite, ein paarmal schlug
ein Kutscher mit der Peitsche nach ihm und das Hinter-
rad streifte seinen Rücken, ohne ihn jedoch zu erfassen.
Esther blickte zerstreut auf die ratlosen, ängstlichen Bemühungen des Tieres, das sich endlich resigniert mitten
auf den Straßendamm niederließ und vertrauensvoll sein
Schicksal erwartete. Halb geistesabwesend dachte sie: „Jeder
andere Rassenhund würde seine Schnauze an den Boden
drücken und zielbewußt seinen Herrn verfolgen, und der
Pudel, dieser klügste des Hundegeschlechts, hat so schwach
entwickelte Instinkte, daß er sich wehrlos vom vorüber-
hastenden Leben niedertrampeln läßt, während er dasitzt

und tiefsinnig nachsinnt, wo sich sein Herr und sein Ziel wohl befinden mag?" Aber je länger sie hinsah, desto mehr wurde ihr zu Mute, als ob aus dem Elend des armen Hundes etwas zu ihr aufschriee mit menschlicher Stimme und Gewalt.

Und mit unwillkürlichem Entsetzen faßte sie nach dem Fenstergriff, wie wenn es bei ihr allein stände, Rettung zu bringen — —.

*　　*　　*

Inzwischen war ein grauhaariger Mann im Reiserock und schwarzem Schlapphut in das Haus getreten. Er läutete an der Wohnung, ließ sich aber Esther nicht anmelden, sondern ging sogleich in das Kinderzimmer hinein und leise auf die beiden Wiegen zu.

Esther hing schon an seinem Halse.

„Daß du kommst, Vater!" flüsterte sie und sah ihn mit angstvollen, zärtlichen Augen an und küßte ihn immer wieder, „reisest du — hin?"

Er nickte und beugte sich einige Augenblicke über die Wiege, in der der Bub lag, und schaute schweigend auf das kleine vom Schlaf gerötete Gesicht zwischen den blauen Vorhängen.

„Ich reise schon in wenigen Stunden weiter," sagte er dann und richtete seine etwas schwere, mittelgroße Gestalt auf, „ich muß dorthin, — ihn mit mir in die Heimat nehmen, weißt du."

„Ja, ihn der Mutter bringen, nicht fremder Erde überlassen. Aber konntest du jetzt fort von der Mutter? Wie trägt sie es?"

Er fuhr sich mit der Hand über die Stirn. „Die

Mutter hat es erwartet. — Denke nur, sie hat es wirk=
lich erwartet. Seine Briefe mögen ja so geklungen haben,
aber wie kann man so etwas herauslesen und sich hinein=
fügen? Begreifst du das? Siehst du, ich glaube, sie hat
schon getrauert und ihn beweint, ehe er — ehe er tot war.
Und jetzt stellt sie alle seine Bilder um sich auf und ver=
sinkt ganz in ihre Erinnerungen. — Esther, es ist schrecklich,
das anzusehen. Zu sehen, wie sie es schon so vollkommen
begriffen hat, daß er — daß er — gar nicht mehr ist."

Esther führte ihn von den Kindern fort in ihr kleines
Wohngemach, wo sie ungestörter waren. Dort setzte sie
sich zu ihm und nahm seine Hand in die ihren.

„O daß du da bist!" sagte sie wieder; „es ist ein
solcher Trost, dich da zu haben. Mir ist es ein Trost.
Es war entsetzlich, mit der Nachricht so allein zu sein."

Er senkte den Kopf ein wenig und brütete vor sich
hin und schwieg. Er und Esther hatten einander sehr
geliebt und sich immer verstanden. Sie empfanden es
wie eine Zuflucht, in dieser Stunde beisammen sitzen,
schweigen zu können.

Esthers Blick hing am Gesicht des Vaters. Es sah
weniger schmerzvoll aus als bestürzt, erstaunt. Seine
Augen, helle, fast kinderhaft lichte und hellblickende Augen,
schauten unter den buschigen, graugelben Brauen mit
einem sonderbaren, verwunderten Ausdruck hervor. Esther
fiel unwillkürlich ein, wie sie einmal in der Nacht ge=
träumt hatte, ein ihr lieber Mensch sei auf schreckliche
Weise zu Grunde gegangen, und wie im Traum ihr erstes
Gefühl nur eine einzige, entschiedene Ableugnung der
schrecklichen Thatsache gewesen war. Von dieser gespannten,
heftigen Willensanstrengung war sie plötzlich erwacht.

Ein solcher Ausdruck, etwas von der Ableugnung eines furchtbaren Traumes, stand im Gesicht von Eberharts Vater geschrieben. Das Herz krampfte sich ihr zusammen und in ihre Augen traten Thränen. Er konnte ja, wie er auch innerlich dagegen anrang, von diesem Traum nicht erwachen.

Da hob er den Kopf, streichelte ihre Hand und sagte unvermittelt:

„Nicht wahr, du hast vor zwei Jahren mit Eberhart viel korrespondiert? Er schrieb nur dir so — so wie ihm eben zu Mute war. Nicht wahr?"

„Ja," entgegnete sie zögernd.

„Ich weiß es. Ich weiß, es sind die einzigen Worte Eberharts, in denen er selbst steckt. Er war vor mir verschlossen. Zu Hause vielleicht auch vor dir. Die Entfernung von dir riß ihn auf. Sie that da etwas sehr Schmerzhaftes an ihm, aber sie riß ihn auf."

Esther errötete dunkel. — Sie antwortete nicht.

„Gib mir die Briefe zu lesen, Esther, — jetzt, hier."

Sie erhob sich mit heftig klopfendem Herzen vom Sessel.

„Das ist nicht dein Ernst, Vater! Du weißt, daß Eberhart voraussetzte, niemand sollte diese Briefe je sehen. Und dann — dann war auch manchmal ein kleiner Zwiespalt zwischen euch, — du weißt es, — und Eberhart war manchmal erregt, wenn er schrieb."

Der Alte machte eine weite, müde Handbewegung.

„Ach, Kind, was das anbelangt; was da war, mußte so sein, wer will das menschlich richten! — — Aber das andere, was du da sagst: daß diese Briefe nur für dich bestimmt waren, — ja, ich weiß, ich weiß —." Er erhob sich ebenfalls und wie sie Auge in Auge einander gegenüberstanden, fügte er laut und mit überzeugter, eindringlicher Stimme hinzu:

„Esther! eben darum — gerade darum! In den Briefen ist ein Stück von Eberharts Seele verschlossen. Ich muß sie haben, in sie hineinschauen, — mit oder ohne seine Einwilligung. Was habe ich von den Bildern, welche die Mutter um sich aufstellt? Ich sehne mich nach diesem Bilde von ihm. Gib es mir heraus!"

Esther weinte. Es war etwas in seinen Worten, was sie erschütterte. Gerade wie sie selbst, schlich er erstaunt und geängstigt um diesen Toten und wollte ihm ins Herz schauen — und sein Rätsel lösen — und ihn verstehen.

Der Alte nahm ihr Gesicht in seine Hände und zwang sie sanft, ihn anzusehen.

„Es kostet dir einen Kampf," sagte er weich, „vielleicht sogar einen Gewissenskampf, der einen Stachel läßt. Aber kämpfe ihn durch und ergib dich drein. Gehorche mir, Esther."

Wann hätte sie ihm nicht gehorcht?

Schweigend verließ sie das Zimmer, und als sie nach Verlauf weniger Minuten zurückkehrte, reichte sie ihm mit gesenkten Augen den Stoß durch ein schmales weißseidenes Band zusammengehaltener Briefe.

Mit beinahe heftiger Hand griff er nach ihnen und trug sie in die Fensterecke, wo, tief in die schweren Vorhänge hineingedrückt, ein Sessel stand. Esther konnte es nicht über sich gewinnen, dabei zu sein; sie ging hinaus und sorgte dafür, daß inzwischen Erfrischungen bereit gestellt würden, ehe die Stunde der Weiterreise da war.

Erst nach geraumer Zeit betrat sie das Zimmer wieder.

Der Alte saß noch immer auf seinem Platz in der Fensterecke und las in den Briefen, ohne Esthers Eintreten zu bemerken oder zu beachten. Bisweilen ließ er das Blatt, in dem er gerade las, sinken und schaute mit einem visionären Blick vor sich hin auf die ihm gegenüberliegende graubraune leere Wandfläche, als erhebe sich dort vor seinen Augen etwas, das seine tiefste Aufmerksamkeit erfordere und ihn in hohem Grade reize.

So hatte Esther ihn ungezählte Male im Atelier bei der Arbeit gesehen. Beinahe vergaß sie bei seinem Anblick die eigentliche Veranlassung, die ihn in diesen Briefen lesen ließ. Ganz war aus seinen Zügen die etwas starre, gleichsam verwunderte Miene von vorhin gewichen. Aber auch keine Trauer lag darauf. Nur eine konzentrierte Geistesspannung.

Esther setzte sich still neben den Ofen auf den Rand eines Stuhles und sah mit großen, staunenden Augen zum Alten hinüber. Sie konnte nicht verstehen, daß Eberharts Briefe nicht anders, aufregender und rührender auf ihn gewirkt hatten. Aber dieser greise Kopf mit seinem seltsam machtvollen Ausdruck fesselte sie dermaßen, daß sie ihren Blick nicht von ihm abzukehren vermochte.

Und wie sie so saß und ihn stumm betrachtete, ging wunderbarerweise auch etwas von dem Trost, den sie instinktiv von seiner Anwesenheit erwartet hatte, von ihm aus, — gerade jetzt, wo er sich gar nicht um sie kümmerte. Denn das empfand sie tief im Herzen: er, der Schwerbetroffene, war auf irgend einem Wege mit dem Tode fertig geworden, — er ging soeben diesen Weg, während er schwieg und las und vor sich hinschaute mit seinen kinderhaft hellen Augen. Auf irgend eine Art war er aus dem schrecklichen Traum erwacht, in welchem er seinen Sohn tot wissen sollte. Wie er das vollbracht, wußte Esther freilich nicht. Aber was sie fühlte, war, daß Kraft und Frieden von ihm ausgingen und die geängstigte Seele zu ihm sich flüchten konnte.

Lange Zeit saßen sie schweigend in der Stube.

Dann legte der Alte den letzten Brief zu den übrigen. Seine Augen leuchteten voll inwendiger Freude.

„Ich habe ihn nicht gekannt, wie er war; nein, ich habe ihn nicht gekannt!" sagte er, von seinem Eindruck ganz benommen, in sich vertieft. „O mein liebes Kind, welche Schönheit wohnte in seiner Seele!"

Esther stand unwillkürlich auf. Da wandte er sich zu ihr und fuhr lebhaft fort:

„Es ist voll von einer unendlichen Schönheit, was in ihm rang und was ihn gemartert hat, weil es heraus wollte zur Blüte, zu einer seltsamen, neuen Kunstblüte. — Der Sieg war ihm gewiß." —

Esther kam zu ihm und schmiegte sich an ihn. „O Vater!" sagte sie leise, „könntest du doch jetzt zu mir davon sprechen! Könntest du noch hier bleiben!"

Das Bewußtsein, dicht vor der Weiterreise zu stehen, schien ihm jetzt erst wiederzukommen. Er erhob sich zerstreut.

„— Hier bleiben? meinst du? — Nein, Kind, das kann ich nicht. Ich muß heimreisen, — weißt du, jetzt heimkommen zu meiner Arbeit. Ich sehe ihn vor mir, — ich sehe ihn licht und groß vor mir, — nie noch sah ich ihn so, — nie noch sah ich einen Menschen so. Ich sah den Menschen nie so tief in die Seelen, — oder nur

in ganz einfache Seelen. Er — er hätte das wohl ver=
mocht mit seiner mitzitternden, wunden, sehnsüchtigen
Seele. Ihn will ich aufrichten wie einen Sieger! Dann
kommst du, nicht wahr? und siehst ihn? Er soll sich selbst
ähnlich werden, wie er es sich selbst nie geworden."

Voll bewegter, glühender Freude sprach er. Es war
ganz unmöglich, zu denken, daß man ihn jetzt an den Zweck
seiner Reise, an die Leiche des Sohnes erinnern könnte.

Esther grauste es fast.

„Vater! er ist tot!" wollte es in ihr aufschreien.
Aber sie blieb stumm und schmiegte sich fester an ihn.

*   *   *

Tage, Wochen, Monate gingen hin. Der Winter
kam früh mit Schnee und Stürmen und der Frost ver=
eiste die Scheiben. Für Esther war es ein unmerkliches
Weitergleiten des Lebens; es kam ihr oft vor, wie wenn
sie daneben ganz für sich allein noch ein anderes Leben
führe, das nichts zu schaffen hatte mit dem Wechsel der
Jahreszeiten und den täglichen Beziehungen. Von Eber=
hart sprach sie selten. Denn wenn sie es ihrem Manne
gegenüber einmal that, so empfand sie doch, daß er dabei
nicht an dasselbe dachte, auch wenn er dieselben Worte
für seine Gedanken benutzte wie sie. Ihm war Eberhart
kaum bekannt gewesen und in seiner Art, von ihm zu
reden, lag unwillkürlich viel liebenswürdige Freundlich=
keit gegen Esther; in Wirklichkeit beschäftigte ihn jetzt
sein Berufsleben und stellte erhöhte Forderungen an seine
Zeit und Gedankenkraft. Aber sie dachte immer an Eber=
hart: sie lebte nur noch nach rückwärts, immer tiefer
ins Vergangene hinein; die Erinnerung ging wie eine

Aehrenleserin über Felder, die längst gemäht waren, und hielt Nachernte und sammelte — und sammelte —. Manchmal geschah es Esther momentweise, daß sie sich bewegte oder eine Redewendung machte, wie Eberhart es gethan, dann fühlte sie sich froh angeregt, bis ihr die Ursache davon bewußt wurde — — und eine plötzliche Einsamkeit alles wieder entfärbte und begrub.

Esther hing an ihrem Mann und den Kindern, aber als sie heiratete, war immerhin die Enttäuschung mit Eberhart schon vorangegangen. Vor ihrer Verlobung und noch über diese hinaus schrieb er ihr ja jene Briefe, die sie dem Vater zu lesen geben mußte.

An einem solchen Tage, wo die zweifelnden Klagen, die Verzweiflung am eigenen Talent in einem neuen Briefe Eberharts Esther beunruhigten und betrübten, hatte der Vater ihr zum erstenmal vom Antrag ihres Mannes gesprochen.

Sie befand sich in seinem Schlafzimmer, bemüht, ihm den rechten Arm, den er so sehr viel brauchte und der etwas gichtleidend war, mit einer Salbe einzureiben.

„Du bist geschaffen zum Sorgen und Pflegen, zur Frau und zur Mutter," hatte der Vater gesagt und ihr über das Haar gestrichelt, „du mußt auch früh heiraten, Esther. Das ist auch nicht genug für deine starke, blühende Kraft: das Haus mit uns beiden Alten und dann Eberharts Klagelieder. Geht er nicht herum, als ob du ihm helfen solltest?"

Sie wollte nicht gern vom Inhalt des Briefes sprechen, aber weil ihr Herz schwer war von seinem Kummer und weil sie doch an seine Zukunft glaubte, kam ihr das Wort auf die Lippen:

„Vater, er geht herum wie in Knechtsgestalt."

„Du hast manchmal Reden im Munde wie das alte Testament, Esther. Laß dich nicht von Mitleid bethören. Ich will dir eines sagen: jetzt gibt es Frauen, die ihre Männer stützen und leiten müssen, und es gibt Männer, denen das gefällt. Das ist der Selbstmord der Frau."

Sie errötete, aber gleichzeitig ging ihr etwas kühl über die Nerven. Vor ihrem Geiste stand jene Scene, wo auf der Bank im Garten Eberhart sich bei ihr aus= klagte und ausweinte — —. Der Vater sprach unbewußt aus, was sie am tiefsten unsicher machen mußte. Es war, als ob auf sein bloßes Geheiß Eberhart sich zurück= verwandelte in einen Bruder.

Inzwischen sprach der Vater in heiterster und auf= geräumtester Weise weiter.

Er erzählte ihr davon, wie fröhlich es hier im Hause werden würde, wenn sie einmal mit kleinen Pflegeenkeln zum Besuch käme. Ganz merkwürdig genau wußte er, was für Enkel er sich wünschte, und auch wie ihr Vater beschaffen sein sollte, wußte er. Er wollte Buben haben, aber auch ein Mädelchen sollte dabei sein, und das sollte just so ausfallen wie Esther selbst, sagte er zärtlich. Zu= letzt steckte er Esther mit seiner lebhaften Stimmung an, und während sie da zusammen im Schlafzimmer plau= derten, er in Hemdsärmeln, sie noch den Salbentopf in der Hand, malten sie sich wie zwei Kinder eine ganze helle, kinderfrohe Zukunft in allem einzelnen aus und glaubten selbst voll Vertrauen an ihre eigenen Phantasiegebilde.

Esther fühlte sich wie eine Braut, wie eine Frau und wie eine Mutter, ehe noch von des Vaters Lippen der Name dessen fiel, den er für sie gewählt hatte — — —.

Könnte sie ihn nur oft so sprechen hören, dann würde ihr leichter ums Herz werden, dachte Esther jetzt oft bei sich. Aber sie hörte nichts von zu Hause. Die Mutter, die ohnehin selten und ungewandt schrieb, teilte nur einmal ausführlicher etwas mit: sie erzählte von Eberharts Büste, die soeben fertig geworden sei und die man ihr hinausbringe, um sie im Landhaus aufzustellen.

An dem Abend, wo Esther diese Kunde erhielt, kam sie leise in das Zimmer ihres Mannes, der am Schreib= tisch saß und Pläne und Berechnungen durchsah.

„Nun, besuchst du mich einmal, Liebste?" bemerkte er freundlich, ohne sich stören zu lassen.

Esther kniete neben ihm am Tisch hin und lehnte ihr Gesicht an seinen Arm. Sie sagte leise:

„Laß mich auf ein paar Tage zu den Eltern reisen. Ich sehne mich dorthin."

Ihr Mann legte sofort den Bleistift nieder und sah sie lange nachdenklich an.

„Hast du Briefe?" fragte er.

„Einen kurzen von der Mutter. Sie ist das Schreiben nicht gewöhnt, weißt du. So erfahre ich wenig. Der Vater schreibt nicht mehr. Mutter sagt, daß er Tag und Nacht arbeitet. Seit er heimkehrte, arbeitet er ohne Aufhören, wie noch nie. Kaum kommt er noch zu ihr hinaus. Sie ist ganz allein — —"

Esther stockte. Dann aber, als habe sich gegen ihren Willen eine falsche Motivierung ihrer Bitte in ihre Worte hineingeschoben, fügte sie noch leiser hinzu:

„Er hat auch eine Marmorbüste von Eberhart voll= endet."

„Und diese Büste möchtest du sehen?"

„Ja, Georg. Ich habe alles überlegt, auch der Kinder wegen alles geordnet. Am dritten Tag will ich wieder zurück sein."

Er nahm ihr Gesicht in seine Hände und hob es empor zu sich.

„Sage mir eins: würdest du auf der Reise bestehen, wenn ich sie unterlassen wünsche?"

Sie wurde ein wenig blasser. Aber ihre Augen blickten ihn fest und ergeben an. Ihr kam kein Gedanke daran, seinen Willen zu mißachten. Sie war die ganze Zeit in inneren Sorgen herumgegangen, die nicht ihn zum Gegenstande hatten, aber dieser Frage gegenüber fühlte sie sich wieder zurückversetzt auf den ihr zuerteilten Platz: nie hatte sie so tief und deutlich gefühlt wie in dieser Minute, daß der Vater sie nicht nur einem be=stimmten Mann zugeführt habe, sondern in diesem einen dem Mann überhaupt, dem sie dienen und folgen wollen um jeden Preis als sein Weib.

„Dann reise ich nicht!" sagte sie.

Er küßte sie auf den glatten, dunkeln Scheitel.

„Ich danke dir, Esther. Gewiß sollst du reisen. Morgen noch. Ich will dafür Sorge tragen, du Liebe. Was ich wissen wollte, war etwas anderes, das ich dich nicht geradeaus habe fragen mögen."

Sie schloß ihre Hände um die seinen, die auf den Papieren ruhten.

„Was ist es, Georg?"

„Ich wollte wissen, ob du, wenn du nun reisest, — ob du auch wieder ganz als dieselbe zu uns heimkehrst, von den Eltern — — und von der Büste."

Das Blut schoß ihr in dunkler Welle über Antlitz,

Hals und Nacken. Die Art, wie er „uns" von sich und
den Kleinen zusammen sagte, rührte sie seltsam. Plötz=
lich wußte sie, daß auch er diese Zeit über gelitten
und ihr Fernsein von ihm bemerkt und schmerzlich em=
pfunden hatte.

Sie drückte knieend ihre Stirn gegen seine Hände.

„Ich w a r verreist, Georg, — aber ich bin wieder
bei euch und zu Hause," sagte sie reuig. —

Gegen Mittag des folgenden Tages reiste Esther ab.
Noch vor Einbruch der Dämmerung langte sie an und
fuhr mit einem Wagen in das Landhaus zur Pflegemutter
hinaus, die ihr Kommen nicht erwartete.

Wie ausgestorben lag das lange einstöckige Haus im
weiten Schneegefilde; im Garten schienen die Büsche ihr
kahles Strauchwerk mühsam hochzustrecken, um über den
Schnee hinauszureichen, dessen Last sie niederdrückte; in den
hohen Linden vor der Einfahrt krächzten ein paar Raben
Willkommen und aus dem Hof erscholl das freudige Ge=
winsel des alten Wächterhundes, der, wild an seiner Kette
zerrend, einen befreundeten Ankömmling wittern mochte.

Die Magd, die Esther geöffnet hatte, führte sie durch
einige leere, kalte Zimmer in das kleine Boudoir, wo
die Mutter in ihrem Lehnstuhl saß und strickte, — ganz
in sich selbst zusammengesunken und für die Vorgänge
draußen bei der Anfahrt sichtlich teilnahmslos. Um so
unbegrenzter war ihre Freude beim Anblick der Pflege=
tochter; so heftig und stark äußerte sich das Glück des
Wiedersehens bei der alten Frau, die ihre Gemüts=
bewegungen immer sehr verbarg, daß Esther den Eindruck
gewann, als habe ihr Kommen eine Tote erweckt, und sie
es heimlich bedauerte, sich nicht angemeldet zu haben.

Das kleine Zimmer war noch wie ehemals, nur die vielen Bilder Eberharts aus seinen verschiedenen Lebens=jahren hatten sonst gefehlt. Um zwei von den Photo=graphien hing ein welkes Kränzchen. Die Büste hingegen war nicht zu sehen in diesem Gemach, wo Esther sie be=stimmt zu finden meinte.

„Sieh dir die Bilder an, Kind," bemerkte ihre Pflegemutter nach dem ersten Sturm der Begrüßung, „erinnerst du dich ihrer aller? Sieh, auf diesem ist er noch ganz klein, so klein, daß du ihn noch nicht kanntest. Mir ist es das liebste Bild. Damals gehörte er noch so ganz mir allein. Ebert saß gern auf meinen Knieen, — Geschichten durfte ich ihm aber nicht erzählen —. Kannst du dir das denken? Er erzählte mir welche. Vielleicht nicht eigentliche Geschichten, aber doch so aller=hand Seltsames, was er so nannte."

„Hier ist also jetzt Eberharts Zimmer für euch," murmelte Esther, und die Frage nach der Büste wollte sich ihr auf die Lippen drängen.

„Hier ist Eberharts Zimmer nur für mich," unter=brach die alte Dame sie in seltsamem Ton, „für Vater ist Eberharts Zimmer wohl sein Atelier."

„Wie meinst du das, Mutter?"

„Ich meine nur, dort ist er wohl mit ihm zusammen, wenn er arbeitet. Er dachte ja auch nur an Eberhart, so lange er an der Büste formte. Und seitdem arbeitet er so fort und fort, — er ist ganz vertieft in neue Ent=würfe und Gedanken, sagt er, und fühlt sich wie in seinen jungen Tagen. — Nein, hier sitzt Vater nicht gern bei den Bildern und Kränzchen. Auch am Grab war er nicht mehr. Es steht noch das Holzkreuz, denke dir. Und jetzt könnte doch schon ein Marmorstein aufs Grab.“

Esther küßte ihre Hände und suchte sie zu beruhigen. „Er denkt an ihn auf seine besondere Weise,“ sagte sie leise, „aber hast du die Büste nicht hier bei dir?“

Die alte Frau machte eine abwehrende Handbewegung, sobald Esther der Büste erwähnte.

„Hier? nein, hier ist sie nicht. Sie steht im vorderen Zimmer, wo ich nicht hinkomme. Die Büste kann ich nicht ertragen. Ueber der Büste hat er alle Trauer vergessen, — wenn du nur wüßtest, wie glücklich er jetzt ist. Den armen Jungen selbst, der da draußen liegt, hat er darüber ganz vergessen. — — Es ist auch gar nicht Eberhart, diese Büste, es ist gar nicht mein armer, blasser Junge. Er soll darauf noch nach dem Tode so aussehen, wie der Vater ihn haben möchte, damit er ihm Freude macht. — — Mir macht sie keine Freude, mir kann dieser Stein kein Trost sein. Ich habe ihn geboren, ich habe ihn verloren, mir bringt nichts ihn zurück . . .“

Nach den letzten Worten sank sie in ihrem Stuhl wieder ganz in sich selbst zusammen und sah so gramvoll und herbe aus, daß Esther das Herz weh that. Das hatte die große einsame Trauer aus dieser sanften, immer hinter dem Vater und seinem Willen völlig zurücktretenden Frau gemacht. Ja, sie war vereinsamt nach Eberharts Tode, aber nicht, weil sie den Vater seltener um sich hatte, sondern weil sie damit auch ihn aus dem Herzen verloren hatte.

„Geh nur und sieh es dir an,“ sagte die alte Frau müde, als Esther erschüttert still schwieg und wünschte, sie möchte die Mutter mit sich nehmen können in ihr Heim und zu ihren Kindern, „geh nur und komme dann wieder zu mir. Es steht im dritten Zimmer. Du mußt es auch gesehen haben, wenn Vater zum Speisen kommt."

Esther ging durch die angrenzende Eßstube, durch eine zweite Wohnstube und kam endlich in das sogenannte Staatszimmer des Hauses, das in gewöhnlichen Fällen selten jemand betrat. Da, dem Fenster gegenüber, auf schwarzem Postament stand Eberharts lebensgroße Büste.

Esther stieß fast einen Schrei aus, als sie ihrer ansichtig wurde. Es war nicht mehr sehr hell im Raum, aber keines weiteren Lichtes bedurfte es, um Eberhart in vollem Leben vor sich zu sehen. In Esthers Brust zog sich zitternd etwas zusammen, etwas von Schmerz und jubelnder Freude, als erblicke sie ihn wieder, einen Totgeglaubten, als begegne sie ihm wieder, einem Auferstandenen, hier in der kalten Stille des Zimmers, — — aber als einem, in dem alle irdischen Klagen verstummt, alle zagende Verzweiflung still geworden war, — einem zum Sieg Erlösten.

Sie blieb stehen und atmete kaum. Diesem Eberhart dort hatte die Hand des Vaters sanft sein Alltagsgewand von den Schultern genommen, das trübe, graue, in dem sie ihn immer wandeln sahen, sie hatte ihm das Seelenfeierkleid übergeworfen, das er so selten vor den Augen der Menschen trug, das er aber dennoch besaß, tief verborgen besaß in köstlichem Schrein, als seinen geheimen Königsmantel und Purpur. Ja, das war er, der Eberhart jener flüchtigen Stunde, in der er Esther von seiner herrischen Liebe und seiner goldenen Zukunft gesprochen, in der er an sich selbst als an ihren Herrn und Meister und an das Glück geglaubt hatte — — —.

Aber mit einem halben, kaum merklichen Lächeln sah er über sie hinweg, ein wenig aufwärts, wie in weite, lichte Fernsicht, und seine Stirn leuchtete in reiner Klarheit, und sein zarter Mund schien zu beben im Rausche eines, dem geoffenbaret wird —.

Und plötzlich begriff sie es: er war ihr unmännlich vorgekommen, nicht Mannes genug gewesen und nicht fertig genug mit sich selbst, um ein Weib und ein Weibes= glück wirklich zu meistern —: nur weil seine volle Mannes= kraft um ein Höheres und Weiteres, ja um ein Gött= licheres sich noch blutig rang in unermüdlichem Kampfe.

Das hatte sie damals nicht verstehen können —, doch was lag daran? Er hatte einen Augenblick lang bei ihr Halt gemacht, sie vielleicht einen Augenblick lang zu einem Siegeszeichen und Symbol seiner eigenen Seele gemacht —, doch an ihr lag nichts. Leise schwand die reuevolle Sorge, die heimliche Unruhe, ob sie nicht gegen ihn gefehlt und ihn seiner Einsamkeit überantwortet habe, leise schwand die geängstigte Trauer dieser ganzen letzten Zeit aus ihrem Herzen. Und in Frieden nahm sie Ab= schied von Eberhart: noch einmal grüßte ihn ihre Seele —, und gab ihn hin an das Ganze des Weltalls, in dem er mehr bedeutete als sie.

Sie trat von ihm zurück mit einer Gebärde der Ehrfurcht —, zurück in den Kreis ihres eigenen weib= lichen Daseins, der sie eng und lieb umspann, und den sie ganz verstand und dem sie ganz gehörte.

In ihren Gedanken tauchte die Erinnerung an Eber= harts Radierung „Einsame Fahrt" auf, die sie kurz vor

Eintreffen der Todesnachricht im Zeitungsblatt geschildert
fand. Und sie gedachte des wundervollen goldenen Herbst=
tages, an dem Eberhart sich einschiffte zum Winterauf=
enthalt im Süden, — zu „einsamer Fahrt“. Da hatte
sie ihn zum letztenmal gesehen. Zum letztenmal standen
sie zusammen am Meeresstrande, und er blickte zweifelnd
und hoffend in die Ferne hinaus, und sie lauschte dem
eintönigen Wellengemurmel, diesem Rhythmus des urewig
gebundenen gleichförmigen Auf und Nieder der Meeres=
wogen, der ihr wie eine Hymne schien und wie ein Wiegen=
lied zugleich.

Da zog hoch oben ein dunkel schwankender Streifen
über dem Meere hin, — eine lange Schar von Wander=
vögeln, die den Herbst flohen, der Sonne entgegen. Sie
schauten beide auf nach den schwebenden schwarzen Punkten.

„Sie verlassen wie du das Heimatsnest,“ sagte Esther
traurig.

Er hörte nicht hin. Blaß und still hob er die Hand
vor die Augen, schirmte sie vor dem blendenden Licht und
sah weit — weit hinaus.

„Glaubst du nicht,“ meinte er zaghaft, „daß es mit
einer großen Sehnsucht ist, wie mit dem Zug der Vögel
nach Süden: — ein Zeichen, daß es schon irgendwo
blüht —?“

Zurück ans All.

———

Fast ein jeder, der ihr begegnete, wandte den Kopf nach ihr um, doch hätte keiner zu sagen gewußt, was an ihr auffiel. Selbst im gar nicht extravaganten Königsberg mußte ihr englischer Promenadenanzug für das Muster korrekter Kleidung einer Dame besten Standes gelten, die an diesem wolkenlosen Septemberabend im Schein der untergehenden Sonne noch ein wenig durch die stark belebten Straßen ging. Ihre fein gebaute, schmächtige Gestalt mit schmal abfallenden Schultern bewegte sich lässigen Schrittes vorwärts, und nur ganz selten schaute sie auf; wenn es jedoch geschah, verlor ihr großer, ruhiger Blick nie den Ausdruck tiefster Gleichgültigkeit für das Getriebe der Menschen und Wagen um sie. Wenn sie den Straßendamm überschritt, ohne um sich zu sehen, konnte man jedesmal meinen, es sei ein günstiger Zufall, daß sie nicht überfahren worden sei. In der rechten Hand, die im Wildlederhandschuh steckte, trug sie einen dicken graubraunen Büschel, der sich nicht deutlich erkennen ließ, und schwenkte ihn im Gehen unmerklich hin und her, wie jemand, der von einem Landausflug an diesem sommerlichen Herbsttage etwas Schönes mitgebracht hat und nun mit seiner Freude und seinen Gedanken noch daran haftet, während schon die Stadt ihn umschließt.

Der leichte Abendwind spielte mit ihrem weichen braunen Haar, das sie offen trug, und das unter dem kleinen Herrenstrohhut über den Nacken bis knapp an die Schulterlinie fiel, wo es ringsherum schlicht abgeschnitten war, ohne sich natürlich zu wellen oder durch Kunstmittel gelockt zu sein. Die schon vereinzelt auftauchenden Lichter hinter den Schaufenstern und in den Straßenlaternen warfen gelbe, unruhige Reflexe über ihr Gesicht mit seinen noch jugendlichen Zügen. An der weit geöffneten Thür eines großen Obst- und Delikatessenladens, der auch bereits hell erleuchtet wurde, blieb sie stehen. Sie beugte sich über die gefüllten Fruchtkörbe, die zu Seiten der Thürpfosten ausstanden, nahm prüfend einen Apfel, eine Pflaume in die Hand und ein Ausdruck fast heiterer Geringschätzung zuckte dabei um ihren Mund. Einer der Ladengehilfen in weißer Schürze kam heran und wollte sie nach ihrem Begehr fragen, aber als der Inhaber der Handlung, ein starker, behäbiger Mann, der an der Kasse stand, sie draußen bemerkte, ging er sofort auf sie zu, schob den dienstbeflissenen Jungen beiseite und begrüßte sie mit tiefer Ehrerbietung.

„Ich fürchtete schon, daß gnädiges Fräulein wieder abgereist wären, ohne noch einmal vorzusprechen," sagte er.

Sie richtete sich aus ihrer gebeugten Haltung auf, erwiderte seinen Gruß mit einem Nicken und trat auf die Schwelle des Raumes, in dem es aufdringlich nach Obst, Fischen und Gewürzen roch.

„Zeigen Sie mir doch einmal I h r e Haselnüsse!" äußerte sie und hob zugleich die Hand mit dem dicken Büschel hoch. Der Ladeninhaber griff hastig danach. Es war ein Haselnußbüschel, an dem die Nüsse in ihrer

zackigen Blattumhüllung in riesiger Größe, dolbenförmig,
wie Beeren an der Weintraube, saßen.

„Gott, o Gott!" rief der Ladeninhaber.

Inzwischen hatte der Junge eine Handvoll Hasel=
nüsse aus einer gefüllten Tonne herbeigebracht und bot
sie dem Fräulein hin. Sie ließ sie durcheinander kollern
und lachte vergnügt auf.

„Solche armen, kleinen Dinger! Ohne jede rechte
Pflege aufgewachsen!" sagte sie in einem Ton, als spräche
sie von verwahrlosten Proletarierkindern, und fügte hinzu:

„Also, Herr Gesellius, es ist abgemacht? Mehr als
den genannten Absatz habe ich nicht zu vergeben. Ich
war meiner Sache sicher und habe schon im Frühjahr
die meisten Geschäfte perfekt gemacht. Nur der über=
reichlichen Ernte ist es zu danken, daß ich auch mit Ihnen
noch eins abschließen kann."

„Gewiß, gewiß!" beeilte sich der Inhaber zu er=
widern und blickte den braunen imponierenden Büschel
fast in Ekstase an, — „mein Gott, hätt' ich's früher
gewußt! Ich könnte ja viel mehr anbringen. Aber
nicht wahr, außerdem schicken gnädiges Fräulein mir noch
die versprochene Aepfelprobe?"

Sie nickte und wandte sich zum Gehen. „Jawohl,"
bestätigte sie, „und was ich Ihnen noch sagen wollte:
mit dieser Größe und Güte der Haselnüsse ist eine Neuerung
verbunden, die diese Saison wahrscheinlich auch hier in
Königsberg durchschlagen wird. Diese verachteten Nüsse,
welche man bisher höchstens Kindern zu knacken gab, wer=
den jetzt Tafelobst. Sie nehmen endlich die ihnen ge=
bührende Stellung ein. Man serviert sie, wie sie am
Strauch wachsen, in solchen bizarren Büscheln. Sie sollen

sehen, es wird Modesache. In Kopenhagen, wo sie
es mir seit den ersten Probesendungen nachzumachen
versuchen, da ist es bereits so gut wie eine Mode=
sache —."

Die letzten Worte richtete sie noch von der Straße
her zu dem sie unter vielen Bücklingen hinausgeleitenden
Mann. Mit einem weit helleren, weit weniger anteillosen
Gesicht ging sie dann die Straße hinunter, ihrem ganz
nah gelegenen Hotel zu. Unterwegs zog sie ihre Uhr und
beeilte, nachdem sie einen Blick darauf geworfen, ihren
lässigen Schritt.

Als sie in das Hotel eintrat, kam der Portier ihr
entgegen und meldete, daß in ihrem Zimmer zwei Damen
auf sie warteten; „die eine schon seit geraumer Zeit,"
setzte er hinzu.

Der helle Ausdruck schwand aus ihren Augen, sie
stieg müde die kurze Treppe hinauf und betrat ihre Stube
mit einer Miene so starrer Gleichgültigkeit, daß es wie
ein kühler Lufthauch von ihr auf die beiden anwesenden
Damen auszugehen schien. Dennoch sprang die eine von
ihnen, ein hübsches, blondes junges Mädchen, lebhaft auf
und ging mit ausgestreckter Hand auf sie zu, sichtlich er=
freut und in herzlichem Tone ausrufend:

„Cousine Irene! wie froh bin ich, dich wiederzu=
sehen! Ich hätte dich doch überall gleich wieder erkannt,
trotz der ewig langen Zeit. — — — Weißt du, ich ließ
mich nicht abweisen, weil —"

Irene drückte die ihr dargebotene Hand, aber ließ
sie schlaff gleich wieder aus der ihren gleiten und fiel ein:

„Ich danke dir, Ella. Ich habe mich ein bißchen
verspätet, die Schuld liegt an mir. — — Die Damen

kennen sich wohl noch nicht? — Ella Werner, meine Cou=
sine, die morgen mit mir zusammen auf das Gut unsers
Onkels reisen soll, — Frau Doktor Fuhrberger, aber
bitte: Doktor durch sich selbst, nicht durch den Mann,
— eine unserer deutschen Frauenführerinnen, die hier in
Königsberg den armen Frauen durch ihre Reden den
Kopf heiß machen will."

Frau Doktor Fuhrberger, eine kleine, sehr volle Frau,
deren weibliche Korpulenz ihrer Herrenweste mit der flach
gestärkten Leinenbrust und burschikosen Krawatte gewisser=
maßen humoristisch widersprach, schüttelte tadelnd den
Kopf.

„Nein, — nein, von Ihnen, Fräulein von Geyern,
grade von Ihnen ist dieser Spott etwas wie ein Sakri=
legium. Nämlich von allen Frauen der Welt müßten
grade Sie sich in aktivster Weise an unseren Bestrebungen
beteiligen. Ich fühle es, — ja, ich möchte sagen: ich
wittere es, — und ich weiß auch durch ein Wort von
Ihnen, das Ihnen neulich entschlüpft ist, wie Sie über
die Männer denken und wie sympathisch wir uns be=
rühren."

Irene von Geyern hatte ihren Hut abgelegt, sich
ihren beiden Gästen gegenüber tief in einen weichen
Sessel hineingedrückt und streifte langsam ihre wildledernen
Handschuhe von den Händen.

„Weil ich gegen die Männer bin, bin ich noch lange
nicht für die Frauen," bemerkte sie achselzuckend, aber
leise, müde, ohne den vorherigen Anflug von Ironie in
der Stimme, als fürchte sie einen lästigen und sie lang=
weilenden Streit.

Frau Doktor Fuhrberger sah sie lächelnd und sieges=

gewiß an, voll Luft und Kraft zum allerlängsten Dis=
put, und entgegnete herausfordernd:

„Wer wie Sie denkt, wer wie Sie seinen Plaß
männlich ausfüllt und seinen Mann stellt, der hat auch
schon Sehnsucht verspürt, gleichviel, ob er es eingestehen
mag oder nicht, — alle Rechte der Männer teilen zu
dürfen, um es ihnen gleichthun zu können. O, glauben
Sie nur: wir schauen auch der uneingestandenen Frauen=
sehnsucht scharf ins Herz.“

„Wirklich?“ fragte Irene mit ihrer matten Stimme
und in ihre großen, ruhigen Augen trat eine seltsame
Traurigkeit, die weit, weit vom Spotten entfernt war,
„ja, das mag ja sein, doch in mir täuschen Sie sich mit
Ihren Hoffnungen und Anforderungen. Mich reizt nicht,
was Männer besißen. Mannesrecht ist ja, alles mitzu=
machen, — und ich mag nichts mitmachen.“

Ihre Cousine Ella, die während der Unterhaltung
mit dem fremden Gast von ihr mit einem Anstrich ver=
wandtschaftlicher Intimität zurückgesetzt worden war, lehnte
inzwischen in ihrem Sessel, ohne mitzusprechen, und sah
in Sinnen verloren auf Irenens Hände, die kraftlos ge=
faltet in deren Schoß ruhten. Sie erinnerte sich aus
ihrer Kindheit noch so gut dieser wunderfeinen Hände —
Irene besaß Hände und Füße wie ein Königskind —,
aber damals waren sie weiß gewesen, mit feinen blauen
Aederchen, und jeßt waren sie gebräunt und ziemlich breit
in all ihrer Magerkeit, mit zwar noch edelgeformten, aber
ganz kurz abgeschnittenen und völlig glanzlosen Nägeln.

Irenes Hand widersprach fast ihrem übrigen Aeußeren,
sie war gleichsam das Gesundeste und jeßt am wenigsten
Aristokratische an ihrer Erscheinung. Die blassen Züge

hatte keine Sonne zu bräunen vermocht und das licht=
braune, so schlicht und kunstlos zurückgekämmte Haar ließ
eine selten schöne, aber marmorbleiche Stirn frei. Dieses
Haar störte durch seine etwas fahle, wie verblichene Farbe
ein wenig den Eindruck von Irenens Schönheit; Ella
schaute sie immer wieder an und fühlte einen förmlichen
Zwang, sie in ihrer Phantasie weißhaarig zu sehen, das
junge Gesicht in schneeweißer Umrahmung — —.

Wer konnte wissen, welche alten Erinnerungen dabei
mitwirken mochten; Irene hatte, als sie beide ganz kleine
Mädchen waren, die mit Puppen gespielt, manchmal wie
ein altes Weiblein ausgesehen, wie das altklugen Kin=
dern öfters ergeht. Auch diese Traurigkeit im Blick, wie
jetzt eben in ihrer Antwort an Frau Doktor Fuhrberger,
besaß sie damals schon — aber nicht momentan wie jetzt,
sondern konstant —, jene große, stille, sich selber unfaß=
bare Kindertraurigkeit, die gleich einer riesigen, nacht=
dunkeln Wand hinter mancher kleinen Menschenseele steht
und ihr das strahlende Leben verschattet. —

Ella genoß die Vorteile eines ungestörten Zuschauers
so sehr und vertiefte sich während ihrer stummen Be=
trachtungen so ganz in ihre alte Schwärmerei für das
kleine Irene=Mädchen ihrer Kinderzeit, daß sie fast ver=
dutzt emporschreckte, als Frau Doktor Fuhrberger sich er=
hob und mit unnötiger Energie erklärte, sie müsse nun
endlich wieder abrudeln, um so mehr, da sie überhaupt
nur angerudelt sei, um Irene zum Abschied noch einmal
ihre Liebe zu gestehen, gegen die kein Widerstreben etwas
nützen werde.

Irene geleitete höflich ihren Gast bis aus dem Zim=
mer auf den Hotelgang, und Ella freute sich inzwischen

ungeduldig auf den Moment, wo sie Irene endlich allein
sehen und mit anderer Wärme würde begrüßen und ab=
küssen können, als vorher im Beisein der Fremden. Sie
sah im Geist schon, wie Irene nun gleich mit einem tiefen
Seufzer der Erleichterung eintreten mußte, — und bereits
kitzelte es unwiderstehlich ihre Zunge, über die soeben
hinausgegangene propagandistische Dame eine lustige Be=
merkung zu machen; wie zwei spottgierige Schelme blitzten
ihre sehr hübschen blauen Augen Irene entgegen.

Irene kam herein, sah etwas erstaunt in Ellas frohes,
erregtes Gesicht und erwiderte deren Blick so verständnis=
los und kühl, daß eine rasche Blutwelle Ellas Wangen
purpurn übergoß.

Sie fühlte sich blitzschnell beschämt und wie gemaß=
regelt dadurch, daß Irene wohl vornehmer empfand als
sie und unwillkürlich durch diese zurückhaltende Vornehm=
heit ihren Gast, der eben noch bei ihr gesessen, vor einem
lustigen Witzwort schützte.

Aber das war es nicht allein, darüber wäre Ella
wohl gleich hinweggekommen. Doch da war das unver=
ändert Kalte in Irenens Miene, gerade als sei ihr die=
jenige, die sich nun noch im Zimmer befand, ihre Ver=
wandte und Kindheitsgespielin, genau so fremd, lästig
und gleichgültig wie die andere, die sie kaum kannte. — —

Ella machte eine unbeholfene Bewegung mit den
Armen und bemühte sich, unbefangen auszusehen, aber
irgend etwas würgte sie an der Kehle, und ihre Augen
verschleierten sich und brannten ihr. Sie trat schnell
ans Fenster, als blickte sie hinaus.

Da fühlte sie nach sekundenlanger Pause Irenens
Hand an ihrem Nacken — kühle — kühle Finger, die

unaussprechlich sanft ihr über Hals und Schultern hin-
glitten und doch in ihrem leisen Tasten etwas Suchendes
besaßen, was Ella ganz heimlich durchschauerte.

Irene sagte halblaut:

„— Ueberwind es. — — Das bißchen Erregung,
— wirf es von dir. Es ist nicht den Augenblick wert, den
du daran leidest. Verbiet dir's, an mir zu leiden. — —
Sieh, ich bin 'mal so.“

Und in Ella stieg stürmisch der Wunsch auf, sich an
sie zu schmiegen statt jeder Antwort, — an sie, deren
Kälte sie eben noch kränkte und deren nachfühlendes Verständnis sich dennoch in alles einschlich. Und in diesem
Augenblick gewann Irene eine alte, schon von beiden ver-
gessene Ueberlegenheit zurück, die sie bereits besessen hatte,
als sie noch wie ein altes Weiblein ausgeschaut, und
Ella wie ein gutes, dummes, liebes Kind. —

Irene läutete den Kellner herbei und ließ kaltes
Abendessen mit Bier und Wein im Zimmer servieren,
während sie nebeneinander am Fenster standen.

„Jetzt sollst du zeigen, ob du auch noch denselben
Appetit hast, wie damals, wo du dir so gern irgend
etwas Schönes von mir zustecken ließest, die niemals
Appetit zu was bekam,“ äußerte sie und setzte sich zu Tisch.

„O, das weißt du also doch noch?“ fragte Ella froh,
„du hast doch nicht alles von damals vergessen.“

Irene nickte ernsthaft, mit einer ablehnenden Miene,
als ob sie sagen wollte: „Ach ja, ich vergesse gar nicht
so leicht, ich behalte allerlei — mit dem Kopf.“ Dann
lenkte sie das Gespräch mit den Worten ab:

„Also morgen kommst du rechtzeitig zum Frühzug, nicht
wahr? Ich bin aber gar nicht sicher, ob es dir für einen

ganzen Monat beim Onkel Geyern gefallen wird. Wir leben
so einsam, und du bist ja das Landleben nicht gewöhnt.“

„Gerade deshalb freue ich mich so darauf,“ behauptete
Ella, die es sich gut schmecken ließ, „du weißt nicht, wie
schwer es ist, die Sommer in Berlin zu versitzen und am
Lyceum zu unterrichten, — besonders, wenn man gar
kein Talent zum Lehren hat, wie ich. Ich lerne gern,
treibe vieles, interessiere mich für alles, aber lehren —“

„Doch erwachsene Mädchen, keine Kinder,“ unterbrach
Irene sie, „das sind doch mehr Vorträge als Unterricht.“

„Kinder wären mir lieber,“ murmelte Ella, „auch
wenn sie mehr Plage machen sollten. — — Ueberhaupt:
Landleben und Kinder um mich — ach —!“ sie brach
rasch ab und fügte hinzu:

„Aber erzähle mir vom Onkel Geyern. Ich habe
ihn ja auch lange nicht gesehen. Ungefähr vor zehn Jahren
besuchte er meine Eltern einmal. Schon damals kam er
mir ganz alt vor, — gewiß doch über sechzig. Also muß
er jetzt steinalt sein?“

„Gewiß ist er alt. Warum fragst du das so ver=
wundert, als ob das eine Merkwürdigkeit sei?“

„Ja, weil, — ich kann’s nicht recht begreifen, —
wenige Jahre, nachdem er bei uns war, kamst du doch
zu ihm, und da warst du doch höchstens achtzehn, — wie
ist es denn da möglich —“ sie stockte und verwirrte sich.

„— Daß er mich damals heiraten wollte, meinst
du?“ ergänzte Irene ruhig, „ja, das sind so Launen,
die alte Herren manchmal haben, wenn sie ganz junge
Mädchen sehen, und wenn diese jungen Mädchen allein
stehen und wenig bemittelt sind. Aber warum bist du
denn darüber so rot und verlegen geworden?“

„Ich fürchtete nur, — ich hatte Angst, weil es mir so herausgeplatzt war," gestand Ella, noch immer durch Irenens Art darüber im Zweifel, ob sie nicht eine neue Taktlosigkeit begangen habe.

Irene schaute sie sinnend an.

„Wie bist du lebhaft!" sagte sie, nicht tadelnd, nur erstaunt, „wie springt das Blut in dir herum. — — Und w i r sind Altersgenossen!"

„War dir denn das nun nicht gräßlich?" fragte Ella zaghaft, aber mit unwiderstehlicher Neugier; „es ist doch daraufhin gewiß schwer, so zusammen zu bleiben, Tag für Tag. — — Ist es denn nicht wirklich gräßlich, daß ein so alter Mann, gewissermaßen wie ein Großvater alt —"

„Sein Alter war das einzige mir nicht Gräßliche daran," fiel Irene mit ihrer ruhigen Stimme ein, „und dann blieb ich bei ihm — weil es etwas bei ihm gibt, was ich liebe —."

Das sagte sie zögernd, erklärte es nicht weiter und versank in Gedanken.

Ella entsann sich dessen, wie böse Zungen bei Gelegenheit dieses monströsen Heiratsantrages, nach welchem Irene dennoch beim Alten geblieben war, von „Erbschleicherei" gesprochen hatten, denn richtig setzte der Alte sie ja schließlich zur Erbin ein, — aber wie viele und einander lächerlich widersprechende Urteile konnte man überhaupt über Irene hören, und dabei kannten die wenigsten sie persönlich näher. Die einen nannten sie eine in allen weichen Katzenkünsten erfahrene erbschleichende Kokette; die anderen ein Weib ohne alle liebenswürdigen Reize, Lockungen und Schwächen des Weibes; die dritten ein zartes, gebrechliches fin de siècle-Wesen, nebst ihrem

Bruder, einem ziemlich verlebten Weltmann, die beiden
letzten eines alten Geschlechts; die vierten warfen ihr rübe
Mannweiblichkeit und robuste Grobheit vor; die fünften
endlich faselten nach einem kurzen Besuch auf dem Gute
etwas von krankhaftester Sentimentalität.

Klug werden konnte man also sicherlich nicht aus
dem, was andere Leute sagten, aber in Ella regte sich
ein dunkles Gefühl, daß auch sie selbst nicht viel klüger
werden und sich vielleicht bald in ebensolchen Widersprüchen
ergehen würde.

Als Irene immer noch schwieg, bemerkte sie nach
einer Weile:

„Von deinem Bruder soll ich dir eigentlich noch Grüße
bestellen. Er will den kommenden Winter in Berlin ver=
leben, und es ist nicht unmöglich, daß er dich aufsucht.“

Irene schüttelte den Kopf.

„Das thut er nicht. Ich störe ihn zu sehr. Wozu
auch? In dem halben Jahr, wo ich vor meiner Ueber=
siedelung zum Onkel noch öfters mit ihm zusammen war,
sind wir einander vollständig überdrüssig geworden,“ ver=
setzte Irene und unterdrückte ein Gähnen.

„Ich kann mir denken, daß seine lockere Lebensweise
dir mißfällt. Aber ihr seid doch Geschwister und in eurer
Familie herrscht von alters her solches unerschütterliche
Zusammenhalten —“

„Wir letzten sind die Erschütterten,“ bemerkte Irene
lächelnd, „übrigens ist es nicht nur wegen dessen, was
du seinen lockeren Lebenswandel nennst. Aber ich hab'
manches gesehen. — Zum Beispiel ein paar Fälle: er
verliebt sich einmal ernstlich, — wenigstens scheint es
ihm einmal selbst ernstlich zu sein — und sofort, mit

allen Gebärden des Schreckens, flieht er, er flieht vor
dem Ernst, der Kraftprobe, dem Leben, den Konsequenzen,
der Verantwortung. Im zweiten Fall: eine bloße ver=
liebte Thorheit, die er löst für eine neue verliebte Thor=
heit, was er natürlich mit einer gewissen Brutalität thun
muß. Was geschieht da? Er sitzt und jammert, er weint
sogar, er hat Mitleid mit dem Mädel, empfindet seine
Untreue als eine Schwäche, und nachts träumt er, daß
sie ihn mit einer Brennschere zu Tode zwickt. — Wenn
ein Mann kein volles Leben mehr in sich hat, den trau=
rigen Rest aber unaufhörlich zu einer Fülle aufbauscht,
dann schaut er aus wie mein Bruder. — — Friede
seiner lebendigen Asche."

Ella schwieg dazu, eiskalt berührt. Nicht zu fassen
vermochte sie es, wie Irenens reizbares Taktgefühl, das
selbst nicht den leisesten Scherz über einen Gast ertrug,
mit solchem unverhohlenen, indiskreten Ekel vom eigenen
Bruder sprach, und ihm nicht einmal die Ehre erwies,
die Stimme entrüstet zu erheben, — diese Stimme mit
ihrem tief gleichgültigen Klang.

Das hätte der Bruder Udo nicht über sich gebracht;
er vergaß doch nie, daß Irene eine von den Geyerns
war, wie er selbst, und also identisch mit ihm, —
mit der Familie als solcher, vor der die blind ange=
borene, eingewöhnte Ehrfurcht seine letzte und einzige
Ehrfurcht war.

Eine lange Pause entstand, während welcher Ellas
Gedanken weit fortschweiften aus dieser Kälte zu dem,
was ihr selbst das Herz wärmte.

„Nun — und du? Von dir selbst sollten wir lieber
sprechen," bemerkte Irene endlich, — „du mein Gott,

nun wirst du schon wieder rot, heut' zum drittenmal!
Was bist du für ein liebes Ding, Ella."

Ella griff unwillkürlich nach einer feinen Medaillon=
kette an ihrem Halse; ihr war, als fasse Irenens Frage
direkt, wie durch Gedankenübertragung, hinein in das,
woran sie soeben gedacht hatte.

Irene sah ihre Verwirrung und ihre Handbewegung.

„Verlobt?" fragte sie.

Ella starrte sie hilflos an.

„Wie kannst du das wissen?" rief sie aus und um=
klammerte ihr Medaillon.

„Du, Kind! du sprichst ja nicht nur mit dem
Munde," entgegnete Irene sehr sanft und schaute ihr
tief in die Augen; „trägst du sein Bild am Hals?"

Ella löste mit einer spontanen Bewegung das Kett=
chen und reichte es mit tiefem Ernst Irene hin. Sie
verstand sich selbst nicht, aber die sie eben noch abgestoßen
hatte, öffnete mit einem einzigen Stimmklang und Blick
ihr Vertrauen und Herz.

„Er ist Landwirt? Forstmann? Gutsbesitzer?" fragte
Irene, noch bemüht, das Medaillon aufzumachen.

„Ja! Landwirt. Aber wann habe ich denn so etwas
erwähnt?" sagte Ella leise, und es kam ihr vor, als ent=
liefen ihr einfach die verschiedensten Mitteilungen und Ge=
danken ganz stumm, ohne ihr Dazuthun. Schon fürchtete sie
wieder Irenens nächste Frage; was würde sie alles wissen
oder wissen wollen von ihrem wortscheuen Glück —?

Irene sah den Männerkopf im Medaillon lange an.

Dann lehnte sie sich weit in ihren Sessel zurück,
verschränkte die Arme über dem Kopf und blickte schwei=
gend gegen die Zimmerdecke.

Sie fragte gar nichts. Durch ihre Augen ging wieder eine große, sinnende Traurigkeit und fast sah sie in diesen Minuten wieder dem alten Weiblein aus ihrer Kindheit gleich, das so voll trüben Staunens war über das Leben.

Ella riß der Anblick von ihrem Stuhle auf, und ehe sie selbst es noch wußte, kniete sie schon neben Irene und umschlang sie mit ihren Armen, im heißen Bedürfnis, zu beichten und zu vertrauen.

„— Wir sind noch weit vom Ziel, — er und ich, — ganz erdrückt von den materiellen Sorgen alle beide, er hat auch noch kleine Geschwister zu unterhalten," flüsterte sie, „und doch — o Irene, so namenlos glücklich! So glücklich mußt auch du werden."

Irene regte sich nicht. Sie sagte nur langsam in einem schleppenden Ton:

„Ich glaube nicht daran, daß die Liebe uns aus unserer Vereinzelung erlöst —."

*   *   *

Den ganzen Morgen nach ihrer Ankunft auf dem Gute war Ella mit dem alten Onkel Geyern zwischen den Feldern und in den Stallungen herumgestrichen. Er hatte dabei ihren Arm durch den seinen gezogen und ihr die Honneurs ganz in der Weise gemacht, als ob sie sich im Salon befänden und er sie in der Gesellschaft orientieren müsse. Ella bat ihm in ihrem Herzen manches stille Vorurteil ab, ganz gewonnen durch seine heitere, ritterliche Art mit ihr umzugehen, und der alte Herr schien völlig entzückt über die Aussicht, dies junge, lebhafte Mädchen wochenlang als Gast im Hause zu haben.

So kamen sie plaudernd und scherzend, im besten Einvernehmen, Arm in Arm zum Mittagsmahl, das, solange die Jahreszeit es zuließ, in der großen glasgedeckten Veranda des Gutshauses eingenommen wurde. Irene, die den ganzen Vormittag unsichtbar gewesen, begrüßte sie flüchtig und zerstreut; sie weilte offenbar mit ihren Gedanken durchaus nicht bei ihnen, und Ella verstand es in diesem Augenblick gar nicht, wodurch sie ihr am gestrigen Abend so innig nah gekommen war. Das Hotelzimmer mit seinem Lampenlicht bildete jedenfalls einen wohlthuenderen Rahmen um das sonderbar Fremde, Isolierte ihres Wesens, als die offene Landschaft mit ihrer hellen, goldhellen Septembersonne, die breit über den herbstlichen Birkenwipfeln flimmerte, so daß es aussah, wie wenn sich die grünen Birkenblätter beeilt hätten, ihr zuliebe auch goldgelb zu werden, damit alles strahlend ihren Glanz allein verkünde.

„Hast du die Milchkuh brüllen hören, Irene?" fragte der alte Onkel und schob seinen Stuhl zurecht, bis die volle Sonne ihm warm in den Rücken schien; „ich will dir nur sagen: sie hat das Kälbchen zu lange genährt, wie ich es von vornherein behauptet, — sechs Wochen ist eben zu lange. Das kleine Tier weigert sich den dritten Tag, andere Nahrung zu nehmen. Wenn du doch einmal auf mich hören wolltest."

„Es wird Nahrung nehmen!" entgegnete Irene tiefernst, als handle es sich um das gefährdete Leben eines teuren Menschen, „wenn du das doch endlich einmal meine Sorge sein lassen wolltest!"

Der Alte wandte sich mit einem Ton unterdrückter Erbitterung an Ella:

„Du mußt wissen," erklärte er gereizt, „ich habe früher immer meine Milchkühe von den Bauern genommen und aus den Kälbern, die bei uns geboren wurden, nur Zugvieh und Schlachtvieh gemacht. Das Aufziehen von Milchkühen ist nämlich eine Kalamität, — sinnlos —"

„Die Bauern betrügen," fiel Irene eisig ein, „bis jetzt haben sie dich noch immer betrogen. Man kann die Fehler einer Milchkuh nicht immer beim Ankauf nachweisen, die stellen sich erst heraus."

Der Alte hob die Augen anklagend zur Verandadecke. Auf seinen eingefallenen Wangen verschärfte sich das leichte Rot, das sie ständig färbte und ihn bisweilen täuschend jünger machte, als er war.

„Du mußt wissen, Ella," erklärte er wieder seiner anderen Nichte, während er ihr mit etwas zitternder Hand Wein ins Glas goß, „Irenens drittes Wort ist: du wirst betrogen. Gerade, als ob alle Menschen Bösewichte und Betrüger seien. Mein Gott, diese guten, harmlosen Kerle von Bauern! Aber Irene hat so schreckliche Angst, einen Groschen zu verlieren."

„Ich bin geizig, mußt du wissen," ironisierte Irene seine Sprechweise.

„Ja, bist du das etwa nicht?!" fuhr er ärgerlich auf — „bist du es nicht? Du hast mit deinem Geiz mir schon die schönsten und spekulativsten Pläne gänzlich verdorben. Du gehst herum und hältst dich an die Kleinigkeiten, ich aber finde das des Menschengeistes unwürdig und suche nachzusinnen, ins Große und im ganzen."

„Wobei die einzelnen und ‚kleinen' Dinge, aus denen das Gut besteht, als da sind Tiere und Pflanzen, zu Grunde gehen," unterbrach sie ihn ohne Erregung, „warum siehst du es nicht von dieser Seite an? Du machst Spekulationen, vielleicht sehr geistreiche, aber doch wohl schließlich Geldspekulationen damit, nicht wahr? Ich aber kümmere mich nicht um das Geld, sondern um das Gedeihen der Dinge selbst. Und darum —"

„Nun, darum?" fragte er wild.

„Darum fließt das Geld mir aus ihnen willig und reichlich in die Hände. Es ist ihnen nicht erpreßt, sondern ihr Dank an mich," ergänzte sie gelassen.

Ella fragte sich im stillen, ob diese beiden wohl jeden Mittag so erquickliche Gespräche miteinander führten? Sie vermochte natürlich nichts klar zu beurteilen, doch war ihr Herz auf des Alten Seite. Sie bewunderte sein fast jugendliches Interesse an allem, seine Lebendigkeit, denn was sich in ihm gegen Irenens Kälte aufbäumte, war eben Leben; diese erschien ihr greiser und temperamentloser als der reichlich Siebzigjährige.

Nach dem Mittagsmahl nötigte er Ella, die Schale Kaffee bei ihm zu nehmen.

„Meine eigentlichen Gemächer hast du noch gar nicht gesehen," sagte er und führte sie in ein paar altmodisch und anheimelnd eingerichtete Herrenzimmer, die von seinem Tabak ganz eingeräuchert waren „und wenn du mir etwas besonders Liebes thun willst, dann kommst du auf ein Stündchen hierher, sei es nach Tisch oder in der Schummerstunde. Lieber Gott, wie entbehre ich das; kein Menschenkind kommt mehr her zu mir."

Ella wollte ihm die Pfeife reichen, die schon bereit stand, und ihm seinen langen Großvaterstuhl zurecht rücken, doch wie er das bemerkte, lachte er mit seinem bartlosen, faltigen Mund, der noch sein eigenes wohler=

haltenes Gebiß besaß, und ehe sie sich's versah, drückte
er sie selber in die Tiefen des Großvaterseffels.

„Einen Schemel kannst du auch haben, einen rich=
tigen gestickten Schemel aus alter Zeit," bemerkte er
eifrig und machte es ihr so behaglich, wie er konnte.
„Gott, natürlich, ich bin ein arg alter Knabe, aber muß
man denn immer daran denken? immer und immer nur
daran? Ich fühle mich rüstig, die Sonne scheint, und
da ist man doch voll Lebensfreude, nicht wahr? Reisen
kann ich nicht mehr viel, aber wenn ich hier jemanden
hätte, — nur hin und wieder, — der frohe Augen macht
und mit dem man sich heiter unterhalten kann."

Er stieß den Rauch aus seiner Pfeife, sorgfältig zum
Fenster gewandt, hinaus und murmelte:

„Aber, weißt du, die Irene, die wartet ja nur auf
meinen Tod."

„Aber Onkel!" rief Ella entsetzt aus, „wie kannst
du nur ein solches Wort in den Mund nehmen! Das
ist ja auch nimmermehr dein Ernst. Sonst würdest du ja
auch Irene nicht mit solchem Vertrauen freie Hand in
allem lassen, wie du es mir selbst heute morgen draußen
im Gut erklärt hast."

Er machte ein klägliches Gesicht und zuckte die Achseln.

„Sie versteht es eben besser, — man muß ihr eben
freie Hand lassen," sagte er unruhig, — „oder was es
nun sein mag: ihr gelingt alles. Mir mißlingt alles.
Es ist ja wahr, ich habe früher mich nicht um Land=
wirtschaft gekümmert, sondern um Philosophie und so
manche Kunst betrieben und in der Welt gelebt —. Aber
sie brachte doch auch keine praktischen Kenntnisse mit.
Und nun beachte einmal das Gesinde: niemand mag sie

leiden, aber nicht nur gehorchen ihr alle, sondern sie
haben auch festen Glauben an ihre Anordnungen —. Sie
ist gleichsam — nicht erst durch mein Testament — Be=
sitzerin von allem. Ob ich auch noch sterbe, ist fast gleich=
gültig, nicht wahr? Und doch kommt es mir immer vor,
als entrisse sie es mir, Stück für Stück. — — Und,
weißt du, wenn ich jung wäre, ich meine wirklich jung,
dann würde ich den Kampf mit ihr aufnehmen und es
ihr wieder zurück entreißen, — Stück für Stück, bis es
wieder mein wäre, mein allein —."

Er stand am Fenster, die lange, hagere Gestalt ein
wenig vorgebeugt, und seine farblosen klugen Augen
schienen etwas Eingebildetes zu fixieren. Er sprach fast
flüsternd, ein Ton von Haß zischte darin.

„Aber Onkel, du träumst!" sagte Ella fast lächelnd,
„es ist ja alles Stück für Stück dein. Was würde denn
anders sein, hier auf dem Gut?"

„Was anders sein würde?!" Seine Augen glänzten
freudig auf, „ein frohes Leben und frohe Geselligkeit
würde hier sein! Menschen mit Lippen und Augen wie
deine, und deinem Lachen, und der Wein würde in den
Gläsern klingen, und das Treibhaus würde seine Blumen
hergeben, — damit man doch fühlt, wozu man auf dieser
schönen Erde lebt. — — Horch!" fügte er hinzu und
legte seine schmalen, langen, aristokratischen Finger an
den Mund, „hörst du? Irene spielt. Auf dem Flügel in
ihrem Wohnzimmer. Bist du Musikkennerin? Irene ist
Meisterin auf dem Flügel. Mozart ist ihr Liebling. —
Weißt du, sie ahnt gar nicht, welchen Gefallen sie mir
damit erweist, daß sie fast täglich um diese Stunde
spielt, ehe ich meinen kleinen Nach=Tisch=Schlummer

halte. Es nickt sich so wundervoll dabei in einen Traum
hinüber."

Ella besaß wenig genug musikalisches Verständnis
und Gehör, aber dennoch ging sie, nachdem sie den alten
Onkel verlassen hatte, langsam und lauschend durch den
großen Obstgarten auf der linken Seite des Hauses, nach
dem Irenens Fenster hinauslagen.

Die Glasthür, die aus ihrem Wohnzimmer direkt
in den Garten führte, stand weit offen. Ella wagte nicht,
auf die Schwelle zu treten, doch konnte sie trotzdem Irene
in ganzer Gestalt vor dem Flügel sitzen sehen, und dieser
Anblick war sehr fesselnd. Ihr schien, daß Irene ganz
anders aussähe als gewöhnlich — mit ihren schmalen
Hüften und in der losen, dunkeln Kleidung, die sie zu
Hause trug, glich sie kaum einer Frau. Auch der ein
wenig emporgerichtete Kopf mit dem halblangen, offenen
Haar, das ihr so schlicht um den Nacken fiel, war wie
der eines Jünglings.

Während sie spielte, schien sie einer angenehmen
Träumerei nachzusinnen und sah liebenswürdiger aus
als sonst.

Ohne die Hände von den Tasten zu nehmen, aber
nur noch leise — leise ein paar Accorde suchend, sagte
sie plötzlich laut:

„Dir geschieht nichts, du kannst gern näher kommen."

Ella stellte sich verlegen in die Glasthür.

„Sahst du mich denn? Ich wollte dich doch nicht
stören," entschuldigte sie sich.

„Mich stört das nicht: — ein Mensch mehr oder
weniger." Irene ließ die Hände sinken und sah über die
Schulter nach ihr hin; „auch ist die Beschäftigung mit

Musik für mich nichts so Intimes, wie du wohl zu meinen scheinst."

„Nicht? Ist sie das nicht für jeden, der sich ihr wirklich hingibt? Entführt sie nicht weit — weit fort von allem? Ich denke mir das als Laie so."

„Ja, — weit, — aber nicht tief: wenigstens mich führt sie nicht tief," entgegnete Irene und schlug einen Ton an, „für mich ist Musik wie Reminiscenz, — verstehst du wohl: nicht eigentlich persönliche Reminiscenz, aber doch so, wie wenn Großmutter den Kindern Geschichten erzählt, Geschichten aus ihrem und aus anderer Leben, — und die Kinder horchen, und es klingt allerlei auch an ihre kleinen Erlebnisse an, — aber fern, und daher sehr süß. So ist es."

Ella setzte sich auf die Kante eines Stuhles neben der Thür. Sie freute sich darüber, Irene so mitteilsam zu finden.

„Hast du nie komponiert?" fragte sie voll Interesse.

„Nein." Irene runzelte die Brauen, sie begriff nicht, wie Ella das nicht nach diesen Worten von selbst wußte.

„Wenn ich komponieren könnte, wäre natürlich die Musik etwas völlig anderes für mich, — und dann hättest du mich gestört. Es wären nicht Großmutters Geschichten, — sondern m e i n e Geschichten, die ich s c h a f f e n würde, aus der Tiefe eigenen Lebens heraus. — — Ich bin ein ganz unproduktiver Mensch."

Irene stand auf und setzte hinzu:

„Sitz nicht so steinern da, du bist ja lebhaft, leg dir doch keinen Zwang an. Habe ich dich gestern so scheu gemacht? Oder hat der Alte dich gegen mich eingenommen?"

„Ach, Irene," rief Ella warm, „der alte Onkel ist gut! Ich hab' ihn lieb!"

„Ich glaube, du hast alle lieb. Hat er dich wirklich mit seinen Hofmachereien gewonnen?"

„O pfui, Irene, mir macht er doch nicht den Hof. Er ist nur so merkwürdig lebensfrisch für sein Alter. Weil er so vollkommen gesund ist, innerlich und äußer= lich. Denke, wie das für sein ganzes vergangenes Leben spricht. Es ist schön!"

Irene lächelte. Sie sagte nachdenklich:

„Du, stelle dir nur vor, mir kommt das dermaßen unnatürlich und ungeheuerlich vor, daß ich manchmal nur schwer der Versuchung widerstehen kann, ihn am Aermel zu zupfen und ihm ins Ohr zu murmeln: alter Mann, es ist Zeit, zu sterben."

Ella stieß fast einen Schrei aus. Sie vermochte nichts zu antworten. Alle Sympathie für Irene war wieder blitz= gleich verflogen und mit einemmal kam sie ihr unheimlich vor.

Um ihren Schreck und ihre Entrüstung zu verbergen, erhob sie sich vom Stuhl und ging betrachtend und mu= sternd durch das helle Zimmer mit seinen alten graziösen Barockmöbeln, der lichtgeblümten Wandbekleidung, an der kein Bild hing, und blieb vor einem wohlgefüllten Bücher= gestell stehen.

Ellas Blick überflog die sauber eingereihten Werke erst zerstreut, dann mit sachverständigem Interesse.

„Von hier werde ich mir manches von dir leihen, was ich besser und gründlicher kennen sollte," bemerkte sie, „und diese alten Ausgaben von Voltaire und Rousseau und den anderen Franzosen! Und hier hast du ja die ganzen Encyklopädisten."

„Daraus haben wir, der Alte und ich, in der ersten Zeit viel gelesen. Wir haben einen gleichen Geschmack im Litterarischen. Er ist ja noch von der Kultur des achtzehnten Jahrhunderts, die so scharf und graziös war," sagte Irene.

„Und dem neunzehnten Jahrhundert hast du zwischen diesen Büchern gar nicht den geringsten Platz gelassen?"

„Nein, so gut wie nicht. Moderne Dinge stoßen mich ab," versetzte Irene kurz.

„So ganz in Bausch und Bogen?"

„Nun ja, eben im Prinzip," entgegnete Irene ungeduldig, denn es belästigte sie schon zum zweitenmal, daß sie Ella etwas erst weitläufig erklären mußte; „ich meine nicht diesen oder jenen Schriftsteller, — ich meine alle Kunst und Wissenschaft, die, zeitlich gesprochen, ganz dicht um uns herum liegt. Ich weiß wohl, daß sie da sein muß, — euretwegen, — aber sie ist mir wider den Geschmack. Dem Alten hingegen würde sie wohl munden, wenn er selbst aus der heutigen Zeit wäre. Ich aber muß mir weit vom Leibe halten, was ich genießen will. Alle Nähe macht mir Uebelkeit, und diese Mißempfindung stimmt nicht gerade liebenswürdig gegen Dinge und Menschen."

Ella schwieg dazu.

„Ist sie denn überhaupt ein Mensch?" dachte sie tief erstaunt.

Irene hatte sich nach der Thür umgewandt, die eben in den Angeln knarrte. Ein Mädchen aus dem Gutsgesinde, mit einem roten Kopftuch, das tief über die Augen herüberstand, und einem Bündel in der Hand, stand auf der Schwelle und hielt sich am Thürgriff fest, in einer Art von verlegener Ratlosigkeit. Sie wollte sichtlich ihre Anwesenheit irgendwie bemerklich machen, ohne zu stören, und sah dabei doch aus, als hätte sie viel lieber das rote Kopftuch vollends übers Gesicht gezogen.

„Sie sind es, Maleine," bemerkte Irene in kurzem, sachlichem Ton. „Sie wollen sich wohl verabschieden. Ja, hier ist Ihr Buch."

Dabei trat sie an den Schreibtisch und händigte dem Mädchen aus einem Fach allerlei Papiere und Zeugnisse aus.

Maleine nahm sie in Empfang, drehte sie zwischen ihren starren, geröteten Fingern unschlüssig hin und her, bemüht, irgend etwas, was ihr das Herz abdrückte, herauszubringen, und stürzte plötzlich auf Irene zu, unter heftigem Schluchzen nach deren Händen langend.

Als Irene ihr brüsk die Hand entzog, warf sie sich auf die Kniee.

Ella schaute mit mitleiderfüllten Augen auf ihre unbeholfene, unförmliche Gestalt, die das große geflickte Umschlagetuch nicht zu verbergen vermochte und die in dieser Lage zu peinlicher Wirkung kam.

„Lassen Sie das Geheul, Madeleine, es ist mir zuwider," befahl Irene, und um ihre Lippen legte sich ein so starker Ausdruck des Ekels, daß sie zuckten.

Das Mädchen blieb liegen und weinte herzbrechend weiter.

„Nie wieder!" stammelte sie, „nur noch fürs eine Mal, nie wieder —" und sie hob die gerungenen Hände zu Irene auf.

„Immer wieder!" unterbrach Irene sie voll Abscheu, mit einer jähen Wendung ihren Fuß vor Maleinens Berührung zurückziehend, wie wenn sie in etwas Grauenhaftes getreten sei. Des Mädchens Hände sanken plötz-

lich; diese Gebärde hatte etwas dermaßen Beredtes und
Vernichtendes gehabt, daß selbst ihr Weinen stockte.

Mühsam am nächsten Stuhl sich hochhebend, suchte
sie wieder in aufrechte Haltung zu kommen, griff nach
dem Bündel, das neben sie hingekollert war, und schwankte
aus der Stube.

Ein Schweigen entstand. Irene, noch immer den
Ekel im Gesicht, ging an die Thür und schloß sie.

„Was hat sie denn verbrochen?" fragte Ella endlich
halblaut.

„— Sahst du es nicht? —"

„Das?! — — Aber, Irene, ist denn das so schlimm,
daß man einem Menschen fast einen Fußtritt gibt —?!
Ich meine, auf dem Lande, da passiert —"

„— Auf dem Lande, da ist es ganz nett, wenn die
Menschen sich paaren, wie das Vieh auf dem Felde,"
ergänzte Irene in eisigem Ton.

„Ach nein, das meinte ich nicht. Aber ich mußte
doch denken, daß sie mindestens eine Diebin oder ganz
unmögliche Kreatur sei, nach deinem Verhalten."

„Eine Diebin ist im Gutswesen sehr unbequem. Aber
zu vergleichen ist das gar nicht. Denn schließlich, ob ein
Stück dem einen oder dem anderen gehört, ist mir, ab=
gesehen vom bißchen Vorteil, ganz gleichgültig. Ich kann
mich unmöglich ernstlich erregen um der Gesetze willen
oder der Moral der Leute —"

„Nicht um die Moral?! Ja, aber dann — weshalb
dann die ganze Entrüstung jetzt — —"

„Mein Gott! Aus Ekel!! Was liegt daran, ob
es tausendmal legitimiert geschieht! Am Fall von Maleine
kann ich einfach den Ekel zeigen, den ich tausendmal

hinunterwürgen muß. Aber mit Frau von X. oder Y.
ist es genau so ekelhaft. Ich ertrag's nun einmal nicht,
dies — dies — —" ihr Gesicht verzerrte sich, „ein
Mörder, der da tötet, ist mir noch lieber, als dies — dies
verfluchte schmutzige Leben machen —"

Sie brach ab, setzte sich hin und deckte die Hände
vor die Augen.

In Ella stürmte und gärte es. Eine tiefe wühlende
Empörung gegen Irene wallte glühend in ihr auf und
raubte ihr die Worte. Was in dieser zornigen Erregung
in ihrem eigensten Innersten vorging, vermochte sie selbst
gar nicht zu analysieren, aber es war etwas, was alle
ihre Instinkte feindselig wider Irene kehrte.

Als diese nach einer langen Pause die Hände von
den Augen nahm und aufblickte, saß Ella blaß, mit zu-
sammengepreßten Lippen da und starrte vor sich hin.

Irene kam ein Lächeln.

„Nein, was bist du doch für ein lebhafter Hase!"
sagte sie, „wie leidenschaftlich wirkt jegliches auf dich.
Ich bin sicher, du möchtest jetzt am liebsten auf mich los-
springen vor Zorn, — nun, thu deinen Gefühlen keinen
Zwang an, momentan kann nichts mir ernstlich unsym-
pathisch sein, nach — nach diesem —"

Ella hob die Augen mit einem Blick, der Irene be-
troffen machte.

„Ich kann nicht!" stieß sie hervor, „sprich jetzt nicht
mit mir, — ich hab' dich so gar nicht — nein, so gar
nicht mehr lieb, Irene, — was soll da Zorn, — wir
sind zu weit voneinander zum Zorn."

„Zu weit voneinander, — ja, d a s sind wir wahrlich," bestätigte Irene langsam, „und das fühlst du nun

erst und kannst mich nicht mehr lieb haben, und leidest
darunter, du — du Kind, denn lieb haben ist dir natürlich."

Als Ella schwieg, setzte sie nach einer Pause hinzu:

„O, ihr Gefühlsmenschlein! wie hängt ihr vom Mo=
ment ab! Gestern noch überfiel dich ebenso schlecht moti=
viert das Vertrauen zu mir, und du zeigtest mir dein
Herz und das Bild im Medaillon, das du über dem
Herzen trägst. Und heute bewirkt ein ebensolches Nichts,
— irgend eine Meinungsäußerung, irgend ein fremdes
Weib — eine so maßlose Kränkung —" Ella sprang so
jäh von ihrem Stuhle auf, daß sie verstummte.

„Ja, eine maßlose Kränkung!" rief Ella ganz außer
sich, und ihre blauen Augen flammten und blitzten so,
daß ihre einfache, freundliche Erscheinung fast etwas von
unwillkürlichem Pathos bekam; „— es kränkt mich, weil
ich diesem Weibe immer noch näher stehe als dir! Es
kränkt mich, weil das, was du so furchtbar beschimpftest,
auch mein — ja, auch mein höchster und heiligster Lebens=
traum ist, verstehst du mich? Weil, wer Schande darauf
wirft, auch Schande auf mich wirft, so wahr ich Braut
bin, so wahr ich einst Mutter zu werden hoffe. Und
du, die du deinen Fuß vor unsrer Berührung zurück=
ziehst, behalte deine bösen, unmenschlichen Gedanken ganz
still bei dir und tritt zur Seite, — tritt zur Seite vor
uns, denn uns gehört der Weg, — nicht aber dir, —
nein, nicht dir."

Sie brach ab, fast zitternd vor Erregung, und lehnte
sich dicht in die Vorhänge der Glasthür, vor welcher sie
stand. Sie war dunkel errötet, und in ihren Augen
funkelten Thränen.

Irene verhielt sich ganz schweigend.

Sie hatte die Hände um die Kniee gefaltet und den Kopf sinnend ein wenig geneigt.

Von draußen ertönte nur das helle Gezwitscher einiger Schwarzdrosseln auf dem Kiesweg des Obstgartens, und von Zeit zu Zeit schlug leise der im lauen Winde hin und her schwankende Zweig eines großen Birnbaums an die Fensterscheibe.

Da, nach einer langen, beklemmenden Stille, atmete Irene tief auf und sagte mit ihrer verschleierten Stimme:

„Ja, du bist ein Mensch, den sich das Leben zu seiner innigen Freude geboren hat. Du hast Kraft und Herz und den Mut der Liebe in dir. So wie du, jung und unverdorben, sollten alle sein."

Ella meinte anfangs, sie verstehe nicht recht. Langsam, mit grenzenlosem Erstaunen im Gesicht wendete sie sich um.

Nein, Irene sprach nicht ironisch, sondern sichtlich in vollem Ernst. Daß sie überhaupt ironisch sprechen konnte, begriff gar nicht, wer sie so sah. Ganz verwandelt schien sie im Ausdruck ihres Wesens.

In ihren Augen lag die tiefe, seltsame, große Traurigkeit ihrer Kindertage; die Gesichtszüge waren ein wenig schlaff, wie in hoffnungsloser Müdigkeit, und ihre ganze Haltung besaß etwas beinahe Rührendes.

Als sie Ellas Erstaunen bemerkte, und wie in deren beredtem Mienenspiel, das nichts verheimlichen konnte, Reue, Verwirrung und neu aufsteigende Wärme miteinander kämpften, schüttelte sie leise den Kopf und fuhr fort:

„Nein, nein, halt an dich, du großes Kind. Denke nur nicht, ich erklärte dir soeben meine Liebe. Mir ist das alles nicht sympathisch, — was ich dir da eben sagte, und was wie Lob klingt. Ich spreche ihm nur seine Be=

rechtigung zu, — und beherzige deine Worte: daß solche
Unwesen, wie ich selbst, beiseite treten sollen. — — Es
ist kleinlich und allzu menschlich, etwas nicht zu loben,
weil man es nicht liebt."

Sie sprach das letzte mehr zu sich selbst als zu Ella
und schien sie gar nicht weiter zu beachten, sondern ihren
eignen Gedanken nachzuhängen. Ella stand da und starrte
sie an in den widerstreitendsten Gefühlen. Es drängte
sie, Irene in die Arme zu nehmen und ihr zu helfen, —
sie wußte nicht, wie und auch nicht einmal, wobei. Sie
wußte nur, daß sie ihr unaussprechlich leid that.

Nach kurzer Pause bemerkte Irene in freundlichem
Ton, als entsinne sie sich eben plötzlich einer ihr inter-
essanten Thatsache:

„Erinnerst du dich — vorgestern — der Frau Doktor
Fuhrberger? Ich habe sie in Königsberg wiederholt gesprochen. Und immer von neuem versicherte sie mich ihrer
Sympathie. Was ich auch that, um ihr klar zu machen,
daß ich ihre Ziele und Bestrebungen absolut nicht teile,
fühlte sie sich doch heimlich mir nachgezogen, als wittere
sie trotz alledem: die gehört zu uns. Siehst du, das
kennzeichnet etwas. Es kennzeichnet, daß in der Bewegung,
die sie vertritt und die ja mitten ins Leben greifen und
sich das Leben erobern will, — daß in dieser Bewegung
irgend ein kleiner Keim Todesgeruch hat. Irgend ein
Absterben des vollen weiblichen Naturlebens, ein schlaffes
Nachlassen der vollen Instinktfreudigkeit der Frau — —.
Denn wo die noch vollauf da ist, — — da hat man
mich nicht so verhängnisvoll gern. Da hat man mich:
‚gar nicht mehr lieb‘ — — wie du."

Mit diesen Worten stand sie langsam auf, trat zu

der ganz Verwirrten hin und that, was soeben erst diese
selbst hatte thun wollen: sie nahm sie leise in ihre Arme
und streichelte ihr über das blonde Haar.

„— Jetzt solltet ihr heiraten und das Nest bauen,“
sagte sie unvermittelt, „— jetzt, solange so viel Sonne
so warm aus dir heraus scheint. Könntet ihr’s denn nicht
mit bescheidenen Ansprüchen erzwingen und mit etwas
Kraftaufwand?“

Ella schüttelte heftig den Kopf; ihre eignen Lebens=
und Liebessorgen, die sie nie ganz vergaß, drückten ihr
bei dieser Aeußerung so schmerzhaft das Herz zusammen,
daß all ihr Mitleid mit Irene verflog; wie mit einem
Zauberschlag schlich das Vertrauen zu Irene als zu einer
ratwissenden, überlegenen Macht sich in sie ein.

„— Wir arbeiten — und arbeiten — alle beide;
wir schränken uns ein und setzen alle unsre Kraft daran,
endlich ganz zusammenzukommen, — wir mühen uns —
und mühen uns Tag um Tag ab, — und wollen ja
vom ganzen Leben nichts — nichts weiter, als unser
Liebesglück. Aber es geht nicht, wohl noch lange nicht,
und die trüben kleinen Sorgen ersticken alle Freude,“
sagte sie und aus ihren Augen liefen heiße Thränen.

Irenens Blick haftete mit einem undefinierbaren
Ausdruck an diesen strömenden Thränen. Sie schwieg
und betrachtete sie mit staunendem Interesse.

*   *   *

Noch braute und dampfte der Frühnebel so stark
über den Feldern, daß er alle Umrisse verbarg, und weit
hinten, am östlichen Waldessaum, schossen die ersten
Strahlen der Sonne rotgelb und fächerförmig über den

nebelverhangenen Horizont. Den Rock aufgeschürzt, ging Ella durch den Gutspark den Stallungen zu, um sich von der ersten Melke ein Glas warmgemolkener Kuhmilch zu holen. Noch war es dafür zu zeitig; drüben im Hof ord= neten ein paar Mägde erst die großen, zum Durchseihen der Milch bestimmten Blechgefäße auf einem Karren und schienen sich mit dem Herüberfahren noch gar nicht beeilen zu wollen. Aber nach dem gestrigen Abend hatte Ella nur kurz und unruhig geschlafen und vor Morgengrauen sich schon hinausgeschlichen, denn das war einer der ländlichen Genüsse, für den sie gern jeden langen Schlummer hingab.

Aus dem Kuhstall drangen unbestimmte Laute, ein Kettenklirren und ein verschlafenes Gebrumm; die niedrige Thür war bereits aufgeschlossen worden und stand halb offen, und Ella wollte eben eintreten, um ihr Glas auf die Holzbank am kleinen Stallfenster niederzusetzen, als sie zu ihrer äußersten Verwunderung aus der Tiefe des Raumes Irenens Stimme ertönen hörte.

Beim ersten Schritt in den großen, weiten Stall vermochte sie nichts deutlich zu unterscheiden. In der dichten Dämmerung blinkte nur hie und da ein sanftes, rundes Rinderauge auf oder der blank gescheuerte Stein= rand einer Krippe, auf den durch die Thüröffnung ein wenig graue Helligkeit fiel. Die Luft war schwül zum Ersticken hier drinnen, und mit dem warmen Stallduft mischte sich beißend ein scharfer säuerlicher Geruch, der von einer gelbbraunen Flüssigkeit in der Tränke aufstieg.

Irene bemerkte die Eintretende sofort und erhob sich hinter der Tränke von den Knieen, auf denen sie neben einem kleinen mageren Kälbchen gekauert hatte. Ueber ihrem dunkeln Wollgewand hing eine durchnäßte Schürze,

die Aermel hatte sie hoch hinaufgestreift und in der linken
Hand hielt sie einen Milchkübel.

Als Ella voller Staunen näher kam, setzte sie den
Kübel auf den Rand der Tränke und äußerte nur in tief
befriedigtem Tone:

„Es hat Nahrung genommen. Zum erstenmal. Aber
jetzt ist die Gefahr überstanden. Ich wußte wohl, daß
ich es durchsetzen würde.“

„Hast du das Kälbchen gefüttert, von dem der Onkel
gestern mittag sprach, und das so nach der Mutter schrie?“
fragte Ella neugierig.

„Ja. Es gelingt langsam — langsam. Ich habe
mit meiner Hand das Muttereuter nachgeahmt und es
saugen lassen,“ entgegnete Irene und hob die milchbenetzte
rechte Hand, indem sie ihr eine seltsame Form gab, „man
muß sich dazu nur möglichst die Nägel herunterschneiden,
natürlich. Die Mutter ist jetzt ganz getrennt, eine pracht=
volle Kuh! Noch grämt und sehnt sie sich sehr, man
kann’s nicht ohne Kummer ansehen, aber leider ist der
Schmerz ihr nicht zu ersparen.“

Sie sprach tiefernst und von der Sache, die sie Ella
schilderte, völlig eingenommen. Dann band sie die Schürze
ab, trat vor die Thür, die sie weit aufriß, und schaute
mit über die Augen gelegter Hand nach dem Milchkarren
und den Mägden aus, die eben herankamen.

„Gut, daß du jetzt erst kamst,“ bemerkte sie dabei
zu Ella, „gestern sagte ich dir, daß die Beschäftigung mit
Musik mir nichts Intimes sei und ein Mensch mehr oder
weniger mich nicht weiter störe, — aber hiermit ist es
anders. Zwischen meinen Tieren und Pflanzen, da mag
ich gern allein sein. Daher mied ich euch gestern morgen,

dich und den Onkel, als ihr stundenlang jede kleinste Stelle des Gutshofes unsicher machtet."

Durch das Anfahren des Karrens wurde Ella jeder Antwort auf diese liebenswürdigen Worte überhoben; Irene rief den Mägden einige Anordnungen entgegen, und wie ihre Stimme dabei frostig klang, so wirkte auch ihr Gesicht beinah düster durch den gänzlichen Mangel an Wohlwollen und Heiterkeit darin. Mit gesenkten Augen, scheu und linkisch defilierten die kräftigen Landmädchen mit ihren Blechkannen, eine hinter der andern, an Irene vorbei in den Stall, während sie, einem dunkeln schmäch= tigen Schatten gleich, in der Frühdämmerung an der Holzthür lehnte.

Draußen hatte inzwischen das Morgenlicht den Himmel der ganzen Breite nach rosig gefärbt. Der Nebel fing an, sich zu zerteilen, er wand sich in flachen Streifen über die Stoppelfelder und Wiesen, und am Himmel ballte er sich leicht zu harmlosen Wölkchen, die ziemlich eilig über der Landschaft dahin segelten, als gelte es zur Frühstücksstunde noch ein Ziel zu erreichen, während man unten auf der Erde kaum etwas vom Winde spüren konnte, der sie hoch oben trieb.

Irene trat vor die Stallthür und warf einen prüfen= den Blick über den rosigen Himmel.

„Es wird wieder ein wundervoller Tag, der reine Sommertag, — und ich denke, noch eine Reihe ähnlicher Tage," äußerte sie beinahe froh; „ich freu' mich für das Obst. Den Obstgarten hast du noch gar nicht vernünftig angesehen, denn was der Onkel zeigt — —! Ich führe dich später hin; du mußt ja als künftige Landwirtsfrau Interesse dafür haben."

Ella nickte und entgegnete:

„Ja gewiß, besonders nach allem, was ich schon davon gehört habe. Weißt du, neulich hörte ich, wie mehrere unserer gemeinsamen Bekannten die abenteuerlichsten Vermutungen darüber aufstellten, wodurch du zum Beispiel — du allein — die riesigen, büschelförmig wachsenden Haselnüsse erzielst."

„Durch Entendünger," sagte Irene.

„Durch —?"

„Entendung. Man muß den Enten ihren Aufenthalt in der Nähe der Büsche gewähren; zwischen Haselnüssen und Enten besteht eine geheime sympathische Beziehung."

Ella fing an zu lachen.

„Siehst du, das ist es: das menschliche Gelächter, wenn irgend etwas eine Nasenlänge übers Verständnis geht," fuhr Irene ohne alle Schärfe, nur mit einem bei ihr seltenen Eifer fort, „man fängt erst jetzt eben an, auf diese wichtigen und geheimnisvollen Zusammenhänge in der Natur zu achten, — ist das wohl glaublich?! Wo hat man bisher seine Nasen und Augen und Ohren gehabt? — — Ich verwende Stunden, Tage, Wochen darauf, so etwas zu erraten. — — Aber ich höre zum Beispiel des Onkels Lachen noch, als ich ihm von der Benutzung der Hühnerbrutanstalt abriet. Die ganze Herrichtung derselben war ein wahrer Nonsens! so recht eine seiner Ideen!"

„Warum denn? warum rietest du ihm ab?" fragte Ella lebhaft interessiert.

„Warum? Weil die kleinen Küchlein aus der Brutanstalt in der dritten Generation ihre nützlichsten Instinkte einbüßen. Sie kennen nicht mehr die Signale des

Hahns beim Futterfinden, sie verlieren die blinde Sicher=
heit ihres kleinen Lebens."

Ella schien etwas sagen zu wollen, was sie nur mit
Mühe unterdrückte. Ein paar Minuten lang schwiegen
beide und lauschten stumm dem unermüdlichen Jubilieren
einer Lerche über dem Stoppelfelde zu seiten der Ställe.
Dann fuhr es Ella plötzlich heraus:

„— Erkläre mir nun, — nein, das ist nun wirk=
lich etwas, was ich gar nicht begreifen kann: du lebst in
diesen Dingen so mit ganzer Seele, — gehst geradezu
mit Hingebung in sie ein, — und doch hast du gestern
so schroff behauptet, daß du gar nichts leiden magst, was
dir nah auf den Leib rückt, und daß du nur genießen
kannst, wo eine große Entfernung hergestellt ist."

Irene unterbrach sie brüsk:

„— Wer redet denn von Genießen? Wer sagt dir
denn, daß das für mich Genußgegenstände sind? Wie
kannst du denn wissen, ob nicht für mich eine starke,
sehr starke Selbstentäußerung dazu gehört? Habe ich etwa
den Körper, oder die Gewohnheiten, oder die Nerven für
Landarbeit —?"

„Das ist es ja eben, was ich nicht begreifen kann,
Irene," meinte Ella schüchtern, „warum würdest du dich
wohl dazu zwingen, und hierbei alles ertragen — selbst
das trächtige Muttertier und das hungrige Kälbchen, wäh=
rend — während zum Beispiel Maleine dich so unbarm=
herzig fand."

„Ach, Maleine!" wiederholte Irene mit einem ver=
ächtlichen Stirnrunzeln, „nun, da ist eben die Grenze
für mich, da wird mir der Ekel riesengroß. Zwischen
Pflanzen und Tieren kommt er noch nicht auf. Ihr

Menschen, ihr isoliert und beklemmt mich mit hundert=
fachem Widerwillen, — aber zwischen diesen viel primi=
tiveren Daseinsformen, zwischen ihnen, die noch so ganz
unmittelbar aus dem Naturboden herauswachsen, da löst
er sich ein wenig, — und ich selbst löse mich ein wenig
von mir selbst, — und da thue ich vielleicht faktisch
ein wenig, was ihr alle so ausgiebig und mannigfach
und in immer neuen Sensationen und Leidenschaften und
Liebschaften zu thun versucht, aber doch vergeblich ver=
sucht: ich verschmelze mit dem, was um mich ist —."

Ihr Gesicht war sehr ernst geworden und in seinem
Ernst fast andachtsvoll.

Ella fragte nicht mehr. Sie schämte sich ihres Fragens
plötzlich, und all des Unbeholfenen, Schweren, Plumpen,
das der Mensch zum Menschen redet. Irenens Art, wenn
sie mit dieser verschleierten Stimme sprach, die wie matte
Musik sein konnte, wirkte so suggestiv, daß Ella einen
Moment lang nachzuempfinden meinte, wie man viel
lieber eine kühle Blume durch die Finger gleiten lassen
mag, als einen Menschen umarmen —.

Eine der Mägde kam mit den ersten noch dampfen=
den Blechkübeln voll schäumender Milch aus dem Stall,
und Ella ging nach ihrem Glas, um es sich füllen zu
lassen. Als sie wieder heraustrat, sah sie Irene nicht
mehr vor der Thür. Der Morgen verging, ohne daß sie
einander mehr begegneten. Aber wie auch die Mittags=
stunde heranrückte, ohne daß Irene sich blicken ließ und
wie endlich ihr Bescheid an den Diener erging, für sie
kein Gedeck hinzulegen, da wurde Ella unruhig und wollte
sie aufsuchen.

„Um Gottes willen nicht!" sagte der Onkel, der eben

mit zwei wundervollen La France=Rosen zu Tisch kam
und Ella darum bat, sich eine ins Haar und eine an die
Brust zu stecken, „du brauchst dich um Irene nicht zu
sorgen. Sie speist manchmal gar nicht, manchmal etwas
ganz Drolliges, allein auf ihrem Zimmer, zum Beispiel
irgend eine Grütze oder simple Suppe, zuweilen auch
wieder lauter kleine Delikatessen. Wozu sie stören?“

Er schmunzelte ganz zufrieden beim Anblick der
kleinen Tafel zu zweien, und bemühte sich, für Ella den
angenehmsten und unterhaltendsten Tischnachbarn abzu=
geben. Bald waren sie auch alle beide in der heitersten
Laune. Hier fühlte Ella sich nicht mehr unbeholfen und
schwer und plump, hier fürchtete sie nicht, irgendwo an=
zustoßen, zu verletzen oder mißzuverstehen. Sie brauchte
sich in ihrer Lebhaftigkeit und Frische nur zu geben, wie
sie war, um mit dem alten Onkel vortrefflich zu har=
monieren und ihn ordentlich zu verjüngen.

Als sie beim Dessert anlangten, ließ der Alte in
seines Herzens Freude Champagner aus dem Weinkeller
heraufholen. Der selten mehr benutzte silberne Eiskübel
wurde an den Tisch gebracht, der Pfropfen flog von der
dickhalsigen Flasche, die altmodischen langen spitzen Kelch=
gläser klangen und des Alten rosig gefärbte Wangen röteten
sich tiefer, wie bei einem Kinde, das übermütig die Schule
schwänzt.

„Mit dir ist gut leben!“ bemerkte er zu Ella und
füllte ihr Glas von neuem, „ja, wenn du wüßtest, wie
das war, als ich mit Irene zum erstenmal Champagner
trank —. Seitdem hat er mir förmlich bitter geschmeckt,
mußt du wissen.“

Ella schwieg vorsichtig, weil ihr jetzt erst einfiel, daß

des alten Onkels Gefühle Irene gegenüber ehemals ganz beträchtlich andere gewesen seien als jetzt, und daß jetzt vielleicht noch ziemlich viel von der Rankūne des Zurück= gewiesenen in ihm ihr Wesen treiben mochte. Sie selbst hatte ihn gern in seiner ritterlichen Liebenswürdigkeit, aber sie konnte sich ganz gut denken, daß vor einem Jahr= zehnt diese sich in einem gefährlichen Uebergangsstadium befunden haben mochte.

Nach ein paar ferneren Gläsern von sehr kaltem fran= zösischen Champagner erhielt die zunehmende Redseligkeit des Alten einen elegischen Anstrich. Er fing an, Ella von der Notwendigkeit zu unterhalten, nach dem Tode nicht begraben, sondern in einem Krematorium verbrannt zu werden.

„Nur nicht zur Erde zurück!" erklärte er ganz feurig, „in Rauch und Flammen aufgehen soll des Menschen Hülle! Eine häßliche Vorstellung weniger würde dann am Tode kleben, und darauf kommt es an! Wenn wir nur erst selbst den Tod uns in unzerstörbarer Anmut denken könnten, würde vielleicht das Sterben festlicher, fast heiterer."

„Mir ist wirklich das eine so unangenehm wie das andere," gestand Ella treuherzig, „und das Hübscheste am Tode fände ich noch, wenn es, am Ende eines schönen und langen Lebens, — ein Tod zu Zweien wäre."

Der Alte nickte beifällig.

„Achte nur darauf, daß man mich wirklich verbrennt, denn Irene, die ist für den Erdhaufen," sagte er und kam in seinen Gedanken immer wieder auf Irene zurück; „sie behauptet, so ein Erdhaufen, aus dem es grünt und sprießt, sei etwas Köstliches. Sie denkt gleich an den

Dung, — siehst du, das ist wirklich ihre Spezialität, — Entsendung und Gräber," konstatierte er trübe.

Ella, der des alten Onkels Stimmung bedenklich zu werden begann, ermunterte ihn dazu, die Festtafel zu zweien jetzt aufzuheben, um sich in seinem Zimmer ein wenig aufs Ohr zu legen.

„Nun gut, Liebste, Schönste," entgegnete er gehorsam und hob aufstehend sein Kelchglas gegen sie, „dann laß uns noch einmal anstoßen: auf unsere Seelenverwandtschaft, nicht wahr? Denn ich passe doch wirklich viel besser zu dir als Irene, ist es nicht so? Du wirst mich ihr vorziehen, weil ich vergnügter bin, — — weil wir beide vergnügter sind —"

Ella nickte, stieß mit ihm an und trank aus.

„Jugend strebt zu Jugend!" bestätigte sie übermütig und war sich ziemlich im unklaren darüber, ob sie selbst noch weit von einem Champagnerschwips sei.

Nachdem sie den Alten sorgsam in seine Stube geleitet und es ihm auf seinem türkischen Diwan mit allerlei Kissen und Decken bequem gemacht hatte, richtete er sich nochmals auf und horchte nach dem Fenster hin.

„Irene spielt nicht," murmelte er, „wenn sie doch spielen wollte, — mich einlullen. — — Tafelmusik — — Schlummermusik; ach, ich bitte dich, suche sie auf und sage ihr, daß sie mir altem Mann den Gefallen thun soll," fügte er fast kläglich hinzu, und die tiefe Müdigkeit lähmte seine Zunge.

Ella ging leise hinaus. Unaufgefordert zu Irene ins Zimmer kommen mochte sie nicht, so durchschritt sie wie gestern den Obstgarten und fand auch wieder die Glasthür weit offen, doch war das Zimmer heute leer.

Ella kehrte um und trat aus der Gitterpforte des Gartens ins freie Feld. Da, mitten in einer hoch= halmigen Wiese, die kein Mäher berührt hatte, stand Irene. Um sie herum machte ein ganz junges Füllen groteske Sprünge, wobei aber seine langen, ungelenken Beine und der unverhältnismäßig schwere Kopf es fort= während ins Straucheln brachten. Irene neckte das Füllen und spielte mit ihm, bald klang dessen lautes Wiehern, bald ihr helles Auflachen über die wogende, duftende Wiesenfläche hin, und bei jeder raschen Bewegung, die sie that, fiel Irene das lose Haar über Stirn und Augen. Träge ruhte die Mutterstute dicht dabei und schaute, kleekauend, mit schläfrigen Augen zu.

Wer Irene so aus dieser Entfernung sah, konnte sie dem Wuchs und den Gebärden nach für ein halbwüchsiges Mädchen, das auf der Wiese tollt, halten.

„Und das ist es also, worüber sie die Musik ver= gessen hat!" dachte Ella und starrte sie an wie ein Rätsel. Ihr schien, als müsse es Irene peinlich sein, hierbei er= tappt zu werden, und schon wollte sie sich leise zurückziehen.

Da rief Irene über die Wiese:

„Warte doch, ich komme schon, wollte dich ohnehin sprechen!" Und bereits kam sie heran, während das Füllen, den dünnen Schweif schlagend, ihr erstaunt nachsah.

„Du findest das Tier gewiß ungeheuerlich häßlich, nicht wahr?" fragte sie und strich sich das Haar aus dem heißen Gesicht, „aber das seidenweiche Fellchen solltest du nur anfühlen! Und im Handumdrehen wird's schön werden, — wunderschön."

Ihre Augen, die sehr geschwächt waren und wenig Licht vertrugen, mit der Hand beschattend, schaute sie

auf die Wiese zurück, über der die Nachmittagssonne breit
flimmerte und zitterte.

„Ist das nicht eine Art von Paradies, das Leben
dieses kleinen Füllens, das hier auf derselben Wiese ge=
boren worden ist und sie für den großen Weltgarten
hält?" bemerkte sie, „das eigentlich von nichts weiß, als
von diesem hochhalmigen Gras und roten Klee unter sich,
vom blauen Sonnenhimmel voll Sonne über sich und
vom warmen, atmenden Mutterkörper, der ihm Nahrung,
Zuflucht und Nachtlager ist? Ja, sicherlich ist das ein
Paradies. Und es ist gut, daß das Tier nicht vernehm=
lich reden kann und uns das Paradies seines Lebens
schildern, sonst würde uns alle die Sehnsucht blaß und
krank machen."

„Wie bist du heiter und wie siehst du hell aus,"
sagte Ella froh, „und ich war in Sorge um dich, weil
du nicht zu Tisch erschienen bist."

Irene schüttelte leicht den Kopf und schlug den Weg
ins Haus ein.

„Wenn ich froh scheine, so ist es dein Verdienst,"
entgegnete sie, „ich will es dir schon erklären. Wolltest
du jetzt in dein Zimmer gehen? Kann ich dich vielleicht
dorthin begleiten?"

„Ja, gewiß, wenn du mir eine Freude machen willst."
Ella ging den kürzesten Querweg durch den Park in ihre
Stube, die im Erdgeschoß neben den allgemeinen Wohn=
räumen lag. „Der Onkel wird jetzt wohl seit langem
eingeschlummert sein und deine Musik nicht mehr ver=
missen."

„Er wird sich schon leicht genug daran gewöhnen,
oder sich ein anderes Schlummerlied ausdenken. Denn

nun kommt bald auch ganz anderes Leben ins Haus, wenn du deinen Landwirt heirateſt und hierher ziehſt und auch deine beiden kleinen Brüderchen mitnimmſt, für die du jetzt ja auch noch ſorgen mußt," ſagte Irene.

Ella blieb beim Eintreten in ihr Zimmer unwill= kürlich auf der Schwelle ſtehen. „Wie meinſt du das?" fragte ſie verſtändnislos.

Irene ſetzte ſich mitten auf den Diwan, hob den Kopf und fuhr ruhig fort:

„Der Alte wird förmlich aufleben! Und ihr alle werdet im Glück und in Arbeit um ihn leben. Er wird euch nämlich die Gütereien ein für allemal teſtamentariſch vermachen."

„Mein Gott, redeſt du denn irre!" rief Ella jetzt erſchrocken und kam zu ihr, „ich war ja noch eben mit dem Onkel Geyern zuſammen. Er weiß von nichts."

„Er wird es morgen wiſſen," verſetzte Irene, „denn es iſt das Vernünftige und Richtige, und ich übernehme es, alles einzurichten. Vertraue mir darin nur ganz. Der Alte macht ſich ſelbſt damit die innigſte Herzensfreude, und meinem Willen folgt er ſtets, trotz allem Gebrumm, — denn er fühlt ja doch nur zu gut, wie ſachlich meine Entſcheidungen ſind, wie wenig ſubjektiv beeinflußt —"

Ella war vor ihr niedergeſtürzt und hatte ihr Geſicht in Irenens Schoß hineingedrückt. Sie weinte.

In Irenens Züge trat ein Ausdruck von Leiden.

„Nimm dich zuſammen!" ſagte ſie kurz, „nimm es doch als gegeben und ſelbſtverſtändlich, und benimm dich auch ſo. Es handelt ſich ja nicht um einen Weltumſturz. Wie kann man ſich um ſo etwas dermaßen erregen."

„— Ich kann's ja noch gar nicht glauben!" rief

Ella glückselig heraus aus ihren Thränen und blickte auf
mit nassen, strahlenden Augen, die wie die Augen eines
beschenkten Kindes aussahen, „— sich das nur vorzustellen,
daß wir jetzt endlich, — endlich, — und so plötzlich —;
und daß wir in unserem ganzen Glück hier um dich leben
werden, — o Irene, auch alle für dich —"

„Mir scheint, du träumst," bemerkte Irene kühl und
ablehnend, „ich werde ja gar nicht dabei sein. Ich werde
demnächst von hier fortgehen."

„Du wirst fortgehen?!" Ella schaute sie erschrocken
an und griff nach ihren Händen, „— gerade jetzt? Aber
wohin, warum? O Irene, ich glaubte ja, du hättest
mich doch im Grunde lieb und wolltest mich deswegen
gern hier haben, — lieber, als mit dem alten Onkel
allein hausen."

Irene lächelte unmerklich, ein nur ihr eigenes Lächeln,
das nur um die feinen Mundlinien huschte, ohne den
Blick zu beleben.

„Wenn der Alte nicht mit mir hier wäre, gefiele
es mir freilich noch besser. Aber wenn es schon die Umgebung eines Menschen sein muß, dann doch noch am
liebsten die des Alters. Hingegen mit euch Jungen, —"
sie warf einen seltsamen Blick über Ella hin und fügte
leiser hinzu: „— wenn du erst bist — wie Maleine —"

Ella kämpfte rasch die peinliche Empfindung herunter,
die sie bei Irenens Worten überfiel; die starke, warme
Dankbarkeit in ihr und ein fast jauchzendes Glücksgefühl
überfluteten alles. Dennoch kam ihr nun erst wieder
zum Bewußtsein, wie weit — wie so unendlich weit von
einander sie standen, gerade jetzt, wo sie sich durch Irenens
Handlungsweise so nah schienen.

Sie bemerkte schüchtern:

„Aber, liebe Irene, dann ist ja alles dies nur ein Verlust für dich! Du gehörst ja so ganz hierher. Du hängst an jedem Pflänzchen, jedem Tier, jedem Stein hier, — mehr als an irgendwas sonst!"

„Pflanzen, Tiere, Steine und Aehnliches gibt's eben überall, die sind doch nicht an das Gut des Onkels Geyern gebunden," versetzte Irene achselzuckend, „dadurch unterscheiden sie sich ja eben so angenehm von den menschlichen Gegenständen, an die ihr euch zu hängen liebt, und von denen jeder so schrecklich individuell thut. Mir gilt das gleich. Ich werde in jedem Grashälmchen und jeder Wolke finden, was ich nötig habe. Mein ist nicht das Gut des Alten, denn mein ist das ganze All."

„Nein! trotzdem ertrag' ich's nicht! Daß wir dich von hier verjagen sollen, ertrag' ich nicht!" rief Ella lebhaft und sprang auf, „du magst das nun beschönigen, wie du willst, es bleibt ja dann doch ein ungeheures Liebesopfer, eine Verzichtleistung von solcher Selbstlosigkeit —"

Irene wurde ungeduldig.

„Opfer! Verzichtleistung! Ich will dir etwas sagen, Ella, es ist lästig, daß man dir alles so überdeutlich erklären muß, damit du es nicht nach der Schablone beurteilst. Siehst du, viel gelernt magst du haben, und sogar über allerlei nachgedacht, was man so nennt, aber besonders gescheit bist du nicht, Liebe."

„Du bist ein edler Mensch, Irene! Und das redest du alles nur, um es zu verhüllen," beharrte Ella ohne Empfindlichkeit.

Irene seufzte.

„Sahst du denn nicht vorhin auf der Wiese, wie

froh ich aussah? Und erklärte ich dir nicht, du seiest schuld daran? Nun also. Du hast mich auf einen Ge=danken gebracht, der mich froh machte, — wie soll ich das deinem hausbackenen Verstand nur erläutern? In mir wirkte dein Wort von gestern abend nach, daß solche Wesen wie ich beiseite treten sollten, — nein, fahr jetzt nur nicht gleich auf! — nun, und da begriff ich irgend=wie, daß ich mich vielleicht in eine bessere, reinere Har=monie mit allem setzen könnte, wenn ich das wirklich einmal thäte. — — Dem Gefühl nach kann ich nicht mit euch verschmelzen, ich vermag es nicht, — aber durch eine solche Handlungsweise kann ich es bis zu gewissem Grade: ich klemme mich nicht mehr störend zwischen eure Andersartigkeit, sondern gebe ihr Raum, — und gewinne so auch ein wenig Teil daran.“

Sie vermochte nicht weiter zu sprechen, weil Ella an ihrem Halse hing und ihren kühlen, blassen Mund mit Küssen bedeckte, aber sie wehrte sich dagegen.

„Sprich nicht so, — ich kann dich gar nicht so sprechen hören, — du hast ein besseres Herz als wir alle,“ bat Ella stürmisch, „und darum kann es auch so nicht bleiben! Nein, gewiß nicht! Mag der Anfang sein, daß du selbstlos am Glücke anderer baust, — das Ende wird dein eigenes Glück sein, und du wirst noch leben und lieben und jubeln wie ich!“

„Nie wird ein zartes Wiesenhälmchen zu einem Fruchtbaum,“ antwortete Irene überlegen und suchte die Aufgeregte zu beruhigen, „laß gut sein. Nur auf dem kleinsten, bescheidensten Posten kann ich dem Leben und seinen Zwecken dienen, — mitmachen kann ich nicht. Wenn du dich im warmen Egoismus deiner Verliebtheit

an deinen Mann lehnst oder das Säugen deines Kindes
als Genuß fühlen wirst, so steckt schon selbst in alledem
ein unendlich viel größerer Aufwand von Gefühl als in
meiner ‚Verzichtleistung‘ für euch.“

Sie machte sich aus Ellas Armen frei, als ertrüge
sie nicht länger die Liebkosungen, die sie widerstrebend
geduldet und absolut nicht erwidert hatte. Dann ging
sie schweigend und in sich gekehrt im Zimmer auf und ab.

Die Sonne leuchtete schon ziemlich tief durch die
großwipfeligen Buchen und Birken des Parkes und füllte
in schrägen Strahlen das ganze Gemach mit einem ruhigen
Goldlicht, das wie eine verklärte Helligkeit über jedem
Gegenstand lag.

Irene mochte dadurch an die späte Nachmittags=
stunde erinnert werden; sie hielt in ihrem Auf= und Ab=
schreiten inne.

„Man erwartet mich im Gesindehaus,“ bemerkte sie,
„dies hier war ja auch eine ellenlange Unterredung! Du,
bleib hier und schreib den Brief, der dir nun wohl
schon auf dem Herzen brennen wird, Frau Landwirtin.“

Und an Ella herantretend und ihr in das rosige,
leuchtende Mädchengesicht blickend, fügte sie langsam hinzu:

„Ich wünsche dir Glück. Du wirst allerlei Glück
empfinden — es gibt ja mehrere Sorten davon, — aber
eines — meines — werdet ihr doch nie empfinden. Wenn
ihr auch gern hier auf dem Gute lebt und jedes Stück
lieb gewinnt, als Landwirte und als Menschen, — so
wie ich macht ihr es euch doch nicht zu eigen. So gleich=
wertig, Größtes wie Geringstes, als sei alles eins! und
als sei es nicht etwa nur für uns Menschen da, sondern
in eigener Schönheit waltend von Ewigkeit zu Ewigkeit,

— und wir selbst nur ein Teilchen, ein winziges, davon, das demütig mit überfließt ins gewaltige Ganze."

Plötzlich sagte sie in verändertem Ton, — mit einem fast gequälten Ton in der Stimme:

„Weißt du, Künstler empfinden den Dingen gegen= über ähnlich. Am ehesten noch Künstler. Daher hab' ich wohl in manchen Augenblicken gedacht — vermessen ge= hofft — da läge Rettung für mich. Aber ich bin kein Künstler, — — bin unfruchtbar," schloß sie ganz leise, wie man Schande eingesteht.

Sie war bei ihren letzten Worten erblaßt.

Langsam wandte sie sich zur Thür.

Ella hatte während der ganzen Zeit mit nieder= hängenden Armen dagestanden und sie großen Auges an= geschaut. Jetzt sagte sie in bringendem Flehen:

„Irene! — geh nicht so fort! Sieh, wie soll ich dir danken, — selbst wenn ich dich umarme, ist dir's unangenehm. Nicht ein einziges Mal hast du mich ge= küßt oder lieb berührt. Irene, — entlaste mich — laß mich dir nah sein, — mich verbrennt's!"

Irene hob die Hand, seltsam, fast feierlich, wie je= mand, der segnen will. Aber die Hand streckte sich, glitt mit geöffneten Fingern von Ellas Haar auf deren weichen Nacken, in zögernder, fast scheuer Liebkosung. Und wieder fühlte Ella insgeheim, wie an jenem ersten Abend des Wiedersehens mit Irene, das Suchen und Beben in diesen tastenden Fingern, — etwas wie eine Sehnsucht oder eine Frage, oder auch nur eine Bangigkeit, die sie nicht verstand; und als nun Irene ihr Gesicht in die kühlen Hände nahm, um sie auf den Mund zu küssen, da durch= schauerte es sie und sie schloß unwillkürlich die Augen — —

Kaum jedoch hatte Irene leise das Zimmer verlassen, als Ella zum Fenster stürzte, es weit aufriß und sich hinauslehnte. — Wenn sie wirklich ins Gesindehaus ging, so mußte sie die Buchenallee entlang hier in einiger Entfernung vorbeikommen.

Der Himmel brannte. Wie wenn sich an der untergehenden Sonne längs der ganzen westlichen Horizontlinie die Landschaft zu lodernden Flammen entzündet hätte, färbte ein tiefes, purpurnes Rot den gesamten Hintergrund, von dem sich die Bäume des alten Parkes in fast feierlicher Regungslosigkeit abhoben. Ganz sonderbar kohlschwarz standen sie gegen diese Feuerwand da.

Jetzt kam Irene. Langsam schritt sie und der Saum ihres Gewandes berührte die Erde. Ein paarmal blieb sie stehen und streckte den Arm nach den herbstlichen Zweigen aus, als ob sie sich von den bunten Blättern pflücken wollte. Und dann unterschied sie sich kaum von den Bäumen — kohlschwarz gegen purpurrot auch sie — und Aeste und Zweige und alle Linien ringsum schienen sich hinter dem Rücken der Sonne zu neuen bizarren Formen zu verbinden, in denen Irenens erhobener Arm und seine Rückenlinie nur ein paar dunkle Linien mehr bildeten.

Ella faltete die Hände und sah ihr mit heißen Augen nach. Vor ihren Augen schwirrte und flirrte es vor lauter ungestümem, in seinem Ungestüm fast schmerzhaftem Glück, es überfiel sie förmlich mit all seinen plötzlichen Zukunftsbildern, die sich gegenseitig jagten und verdrängten. Irene dankte sie das alles, Irene hatte ihr das Lebensglück ins Zimmer gebracht, wie man eine Rose bricht und ins Fenster wirft. Aber erst in der Minute, in der

Irene selbst sie verließ, empfand sie es ganz und fiel ein letzter Bann von ihr ab.

Sie wollte ihr danken, so gerne, so gerne! Aber sie vermochte nichts zu denken, nichts zu fühlen, als nur das Glück, — und von diesem warmen Glück stand Irene so weit — so weit! Da schritt sie nun zwischen den großen, alten Buchenbäumen hin, zart und schmächtig und den Kopf ein wenig gebeugt, wie in lastender, müder Traurigkeit, — und Ella zog sich plötzlich das Herz zusammen und ihr war, als müsse sie ihr noch etwas nachrufen, — laut, laut, — und als ginge Irene langsam von ihr, immer ferner und ferner von ihr, nicht nur mit den paar Schritten, die sie that, sondern immer ferner ihrem Dank und ihrem Verstehen. — —

Ella preßte beide Hände vor die geblendeten Augen.

Nein, das wollte sie Irene immer gedenken, was diese gethan, lebenslang und bis an den Tod. Nur jetzt, nur im ersten Rausch und Jubel, da entglitt sie ihr gleichsam. — War das schon Undank? Immer wieder würde Irene ja doch vor ihr stehn, wie ein Blick aus dem Dunkel, wie eine große, traurige Gebärde. — Nur jetzt — nur jetzt nicht! Erst etwas vom Vollglück, etwas von der herrlichen Fülle des Lebens, — doch dann, ja, dann sollte Irene es sein, die einen breiten Raum einnahm in ihr und immer zugegen war, — aber später, — — — später, — — ja, doch vielleicht erst viel, viel später, — — — — im Alter, — erst im Alter, — — — — — — — — — — — im Tod —.

Inhaltsverzeichnis.

CPSIA information can be obtained at www.ICGtesting.com
Printed in the USA
BVOW08s1134191114

375828BV00018B/412/P